银行项目融资实务培训

立金银行培训中心 著

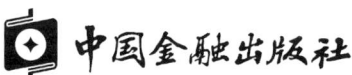

责任编辑：任　娟
责任校对：张志文
责任印制：陈晓川

图书在版编目（CIP）数据

银行项目融资实务培训/立金银行培训中心著.—北京：中国金融出版社，2019.10
ISBN 978 - 7 - 5220 - 0145 - 6

Ⅰ.①银… Ⅱ.①立… Ⅲ.①商业银行—融资—中国—职业培训—教材　Ⅳ.①F832.33

中国版本图书馆 CIP 数据核字（2019）第 125305 号

银行项目融资实务培训
YINHANG XIANGMU RONGZI SHIWU PEIXUN

出版
发行　中国金融出版社
社址　北京市丰台区益泽路 2 号
市场开发部　(010)66024766，63805472，63439533（传真）
网 上 书 店　www.cfph.cn
　　　　　　(010)66024766，63372837（传真）
读者服务部　(010)66070833，62568380
邮编　100071
经销　新华书店
印刷　保利达印务有限公司
尺寸　169 毫米 × 239 毫米
印张　19.25
字数　292 千
版次　2019 年 10 月第 1 版
印次　2022 年 6 月第 2 次印刷
定价　52.00 元
ISBN 978 - 7 - 5220 - 0145 - 6
如出现印装错误本社负责调换　联系电话 (010)63263947

不需要销售单一的银行产品，而应当是去销售金融服务方案
（代序）

立金银行培训中心一直在各地进行客户经理培训。关于客户经理如何培养，我们创造了自己独特的方法，并有着自己的感悟。

我们走访了很多银行，发现客户经理最大的问题就是单纯地销售银行产品，基本上就是银行承兑汇票和贷款，一般是怎么简单怎么来，希望尽快搞定存款。

其实，开发客户根本不难，要精通各类信贷产品，如贷款、票据、保函、信用证等；其中，长期贷款要熟练掌握固定资产贷款、项目融资、开发商贷款等各类工具。

一、我们不要销售单一产品，而应当销售金融服务方案

我给大家举一个例子，来看看方案的重要性。

【案例1】

商业承兑汇票额度与项目贷款组合使用

某银行为某电力项目公司核定1亿元项目贷款额度，期限为3年。电力项目公司为某央企投资，非常在乎融资成本，要求将融资成本控制在6%以内。银行贷款收益达到7%才可以发放贷款。

为了帮助客户降低融资成本，银行采取分段授信方式：

第一年：使用商业承兑汇票保贴额度1亿元，将融资成本转嫁给供应商，电力项目公司成本为零，供应商商业承兑汇票贴现成本为9%；

第二年和第三年：使用项目贷款额度1亿元，项目贷款资金用于定向解付商业承兑汇票，贷款利率定价为8%；

三年加权平均定价这样计算：10000万元×0×1/3＋10000万元×8%×2/3＝533万元。

银行为客户节省了大量财务费用，而自身收益也远远超过8%。

【案例2】

银行承兑汇票额度循环使用

授信额度：银行给某家电经销商核定1000万元银行承兑汇票，额度期限为1年。

第一种方案是启用银行承兑汇票额度，保证金比例为30%，办理银行承兑汇票1000万元，期限为6个月。

银行回报如下：银行存款300万元，中间业务收入5000元。

企业利益如下：使用700万元敞口额度。

第二种方案是启用银行承兑汇票额度，保证金比例为0，办理银行承兑汇票1000万元，期限为6个月。2个月后，银行要求企业立即回补全部保证金1000万元，第一张银行承兑汇票敞口填满。企业立即办理第二张银行承兑汇票，保证金比例为0，期限为6个月。2个月后，再次回补填满，始终周而复始地操作。

6个月内，企业可以办理3次银行承兑汇票。

银行利益如下：银行吸收存款超过3000万元，中间业务收入达1.5万元。

企业利益如下：使用敞口高达3000万元。

如此一个简单的案例，向各位银行客户经理证明了分析方案的重要性。

二、授信方案要同时兼顾客户和银行的利益

授信方案是银行和企业合作的载体，必须同时兼顾银企双方的利益：考虑企业的利益，企业才会愿意接受和使用银行的授信方案；满足银行的利益，银行才会批准这个授信方案。授信方案满足了企业的商业利益目标，使企业可以扩大采购和生意规模；授信方案又可以帮助银行实现商业

利益，使银行获得理想的存款和利息收入。

三、要学会活学活用

基础授信产品就是各类棋子，要能够在棋盘上进行随意的排兵布阵，形成千变万化的组合。所有授信产品务必能够根据不同客户的情况，活学活用。

"凡战者，以正合，以奇胜。"出奇制胜，方为王道。

本书讲解的都是长期贷款品种，希望银行客户经理能够将长期贷款品种与短期贷款品种、票据、保函、结算等进行随意组合，形成千变万化的解决方案。

在这里，衷心祝愿各位银行客户经理走好职业生涯的每一步！

陈立金

目　录

产品篇

【产品一】项目融资 …………………………………………………… 3
【产品二】固定资产贷款 ……………………………………………… 23
【产品三】项目搭桥贷款 ……………………………………………… 32
【产品四】项目前期贷款 ……………………………………………… 37
【产品五】项目营运期贷款 …………………………………………… 44
【产品六】并购贷款 …………………………………………………… 52
【产品七】过桥信托计划（备用贷款）……………………………… 67
【产品八】信托计划 …………………………………………………… 72
【产品九】项目组合融资 ……………………………………………… 78
【产品十】BT 贷款 …………………………………………………… 90
【产品十一】PPP 项目融资 ………………………………………… 111
【产品十二】租赁封闭贷款 ………………………………………… 116
【产品十三】租赁保理 ……………………………………………… 130
【产品十四】房地产开发贷款 ……………………………………… 135
【产品十五】商用房开发贷款 ……………………………………… 146
【产品十六】法人商用房按揭贷款 ………………………………… 150
【产品十七】大型开发商合作方贷款 ……………………………… 159
【产品十八】信贷证明业务 ………………………………………… 163
【产品十九】项目贷款承诺函 ……………………………………… 169
【产品二十】资信证明业务 ………………………………………… 176
【产品二十一】经营性物业抵押贷款 ……………………………… 181

【产品二十二】 保障性住房（棚改房）开发贷款 …………………… 195
【产品二十三】 安慰函项下贷款 …………………………………… 198
【产品二十四】 在建工程抵押贷款 ………………………………… 202
【产品二十五】 央企并购贷款 ……………………………………… 212
【产品二十六】 开发商并购贷款 …………………………………… 213
【产品二十七】 上市公司并购贷款 ………………………………… 216
【产品二十八】 项目尾款 ABS ……………………………………… 219
【产品二十九】 4S 店建设项目贷款 ………………………………… 223
【产品三十】 棚户区改造项目贷款 ………………………………… 231
【产品三十一】 水利建设设施项目贷款 …………………………… 236
【产品三十二】 地下综合管廊项目贷款 …………………………… 238
【产品三十三】 海绵城市项目贷款 ………………………………… 240
【产品三十四】 医疗卫生项目贷款 ………………………………… 242
【产品三十五】 教育设施项目贷款 ………………………………… 244
【产品三十六】 节能环保项目贷款 ………………………………… 246
【产品三十七】 健康养老项目贷款 ………………………………… 248
【产品三十八】 文化旅游项目贷款 ………………………………… 250
【产品三十九】 共有产权房开发贷款 ……………………………… 252
【产品四十】 特色小镇建设项目贷款 ……………………………… 255
【产品四十一】 公共租赁住房项目贷款 …………………………… 258
【产品四十二】 地铁项目贷款 ……………………………………… 261
【产品四十三】 政府购买服务贷款 ………………………………… 263

案例篇

【案例1】 交通行业供应链营销案例 ……………………………… 269
【案例2】 杭州市城市建设投资发展有限责任公司
　　　　　财政项目过桥融资业务案例 …………………………… 272
【案例3】 贵阳运动城项目人民币 80 亿元银团贷款案例 ………… 274
【案例4】 30 亿元社保基金投资南京保障性住房项目 …………… 279

【案例5】天津市保障性住房建设获 30 亿元信托贷款 ········· 280
【案例6】浙商银行保障性住房信贷业务 ········· 281

附　录

固定资产借款合同（示例） ········· 285
贷款受托支付通知书 ········· 292
不可撤销担保书 ········· 293
担保书 ········· 294

立金银行培训中心名言 ········· 297

产品篇

- ☐ 项目融资
- ☐ 固定资产贷款
- ☐ 项目搭桥贷款
- ☐ 项目前期贷款
- ☐ 项目营运期贷款
- ☐ 并购贷款
- ☐ 过桥信托计划（备用贷款）
- ☐ 信托计划
- ☐ 项目组合融资
- ☐ BT贷款
- ☐ PPP项目融资
- ☐ 租赁封闭贷款
- ☐ 租赁保理
- ☐ 房地产开发贷款
- ☐ 商用房开发贷款
- ☐ 法人商用房按揭贷款
- ☐ 大型开发商合作方贷款
- ☐ 信贷证明业务
- ☐ 项目贷款承诺函
- ☐ 资信证明业务
- ☐ 经营性物业抵押贷款
- ☐ 保障性住房（棚改房）开发贷款
- ☐ 安慰函项下贷款
- ☐ 在建工程抵押贷款
- ☐ 央企并购贷款
- ☐ 开发商并购贷款
- ☐ 上市公司并购贷款
- ☐ 项目尾款ABS
- ☐ 4S店建设项目贷款
- ☐ 棚户区改造项目贷款
- ☐ 水利建设设施项目贷款
- ☐ 地下综合管廊项目贷款
- ☐ 海绵城市项目贷款
- ☐ 医疗卫生项目贷款
- ☐ 教育设施项目贷款
- ☐ 节能环保项目贷款
- ☐ 健康养老项目贷款
- ☐ 文化旅游项目贷款
- ☐ 共有产权房开发贷款
- ☐ 特色小镇建设项目贷款
- ☐ 公共租赁住房项目贷款
- ☐ 地铁项目贷款
- ☐ 政府购买服务贷款

【产品一】项目融资

【基本概念与原则】

项目融资是指同时符合以下特征的贷款：

1. 贷款通常用于建造一个或一组大型生产装置、基础设施、大型文旅项目或其他项目。

2. 借款人通常是为建设、经营该项目或为该项目融资而专门组建的企事业法人，也包括主要从事该项目建设、经营或融资的既有企事业法人。

3. 还款资金来源主要依赖该项目产生的销售收入、补贴收入或其他收入，一般不具备其他还款来源。

4. 股东一般不提供担保，而是以项目形成的资产作为抵押，以项目产生的现金流作为还款来源。例如，为建设一条高速公路而成立专门的高速公路项目公司，为了建设体育馆而成立体育馆有限公司等。北京市政府在建设地铁的过程中，基本上是设立独立的项目公司，独立建设、运营每条地铁。这样做的最大好处在于方便项目的独立核算，有效控制项目的建设成本。

【迪士尼贷款案例】

上海迪士尼度假区是由美国华特迪士尼公司（以下简称迪士尼公司）与上海申迪（集团）有限公司共同投资的合作项目。合作双方投资设立了两家业主公司（上海国际主题乐园有限公司和上海国际主题乐园配套设施有限公司）与一家管理公司（上海国际主题乐园和度假区管理有限公司）。上海申迪（集团）有限公司持有业主公司57%的股份，迪士尼公司持有剩余43%的股份。在管理公司中，迪士尼公司持有70%的股份，上海申迪（集团）有限公司持有30%的股份。管理公司代表业主公司负责度假区的创意、开发和运营工作。

上海申迪（集团）有限公司是经上海市政府批准设立的国有企业，负责与迪士尼公司合作，共同投资、建设和运营上海迪士尼主题乐园和配套设施，同时承担上海国际旅游度假区的土地开发、基础设施建设和相关产业发展任务。

作为上海迪士尼项目中方合作主体，上海申迪（集团）有限公司与国家开发银行、浦发银行、交通银行等牵头的银团正式签订贷款协议，一期贷款额度为129.5亿元。

其中，国家开发银行、交通银行和浦发银行承贷额度占贷款总额之比分别为19%（24.54亿元）、15.5%（20.02亿元）、15.5%（20.02亿元）；联席安排为农业银行、中国银行、建设银行、中国进出口银行及工商银行，承贷额度占比均为8%（10.33亿元）。参贷银行还包括上海银行、上海农村商业银行、中信银行、华夏银行。

上海迪士尼项目银团贷款总体分为两期实施，"二期银团将随着上海国际旅游度假区项目的进展而落实，一期和二期将分别满足上海迪士尼项目和上海国际旅游度假区项目的资金需求"。

项目融资流程如图1-1所示。

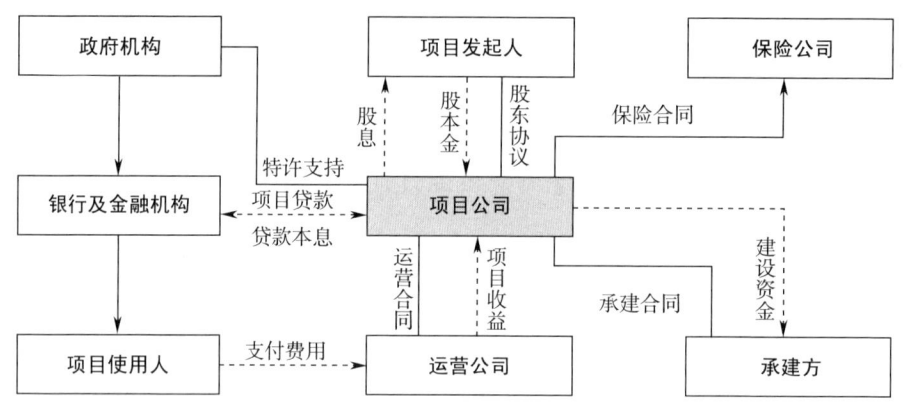

图1-1 项目融资流程

【营销建议】

对于一些有地方政府背景、中央企业投资、世界500强企业投资的项目，授信批复往往很容易，但是如何提高这些项目的银行收益率，却是一个最关键的问题。

单纯做项目融资，对客户提供金额超大、期限超长的贷款，对于银行而言，仅仅是获得贷款利息和一点资金沉淀，收益有限。项目融资一定要配套提供一些组合融资产品，如银行承兑汇票，捆绑买方付息票据和代理贴现；商业承兑汇票，捆绑商业承兑汇票保贴产品和商业承兑汇票保押产品；国内信用证，捆绑买方付息和代理议付产品。延伸服务于客户的上游供应商，有助于提升银行的收益。一些特大型的项目，如道路建设项目、电力建设项目、电网建设项目、石油化工项目、煤矿建设项目、飞机厂建设项目、体育场馆建设项目、地铁建设项目等，需要大量的配套企业，如水泥供应商、钢铁供应商、施工企业等，银行借助项目业主单位沿着产业链营销，效果远远强于只盯住借款人本身。

以高速公路项目融资（见图1-2）为例，高速公路建设公司是典型的资金密集型客户，需要银行提供大额的信贷。省交通厅、省交通集团、发达省份的高速公路建设公司是非常理想的目标客户群体。

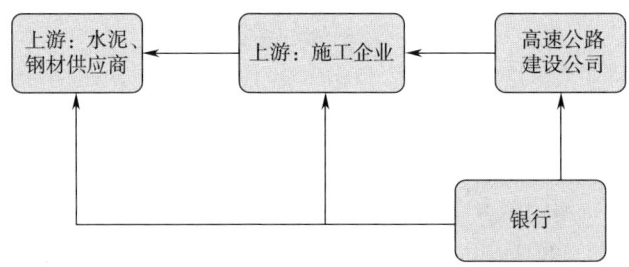

图1-2　高速公路项目融资

高速公路建设公司的主要支出是购买钢材和水泥、支付工程款，主要收入来源是高速公路通行费收入，这类客户的收入非常稳定。银行可以借助高速公路建设公司营销上游施工企业和水泥、钢材供应商。

【银行授信思路】

1. 为省级主体提供大额贷款、银行承兑汇票、保贴商业承兑汇票。
2. 为地市级主体提供贷款。
3. 为高速公路建设公司提供综合授信。

大型高速公路建设公司实力非常强，属于各家银行追捧的对象，若单纯提供流动资金贷款、项目贷款，只能比拼价格。

银行应当设计组合授信方案，在授信方案中嵌入商业承兑汇票、银行承兑汇票、银行保理等产品，通过高速公路建设公司营销其上游施工企业、材料供应商等。

银行可以打通高速公路产业链，形成"高速公路—施工企业—材料供应商"的完整现金流，从整个产业链的现金流中寻找回报。

高速公路建设公司在与银行的合作过程中，议价能力较强，银行若单纯提供流动资金贷款、项目贷款，营销效果往往不理想，应当尽可能地考虑营销上游供应商，综合设计授信方案：针对资金支付与管理要求，设计流动资金贷款、银行承兑汇票、买方付息票据贴现、保理、保函等多项融资产品和资金监管产品，降低客户的财务成本，提高自身的综合收益。

【授信方案模板】

授信方案如表1-1所示。

表1-1　　　　　　　　　　授信方案

××省交通集团有限公司			
授信方案			
额度类型	公开授信额度	授信方式	综合授信额度
总授信额度：300000万元		期限：12个月	
具体授信品种	在总授信额度中占比	是否循环	用途	贡献分析
国内信用证（买方押汇）	10%	是	用于一般性周转	利息收益根据客户的等级情况适当上浮或下调
商业承兑汇票贴现（代理贴现）	50%	是	用于向上游供应商支付货款	（1）保证金存款；（2）关联营销上游企业办理贴现，可以获得贴现利息收入
贷款承诺函	20%	是	向国家发展改革委申请立项时使用	可以给银行提供可观的手续费收入
基本建设项目的固定资产贷款	10%	是	用于项目建设，期限较长	利息收益
并购贷款	10%	是	用于省内、省外的高速公路建设公司股权收购，期限一般较长	（1）利息收益；（2）财务顾问收益
授信总敞口：建议不超过300000万元			
担保方式及内容： 信用（各地交通集团、交通厅实力较强，通常可以提供信用授信）			

注：表头中"具体授信品种"一行实际为5列。

【授信注意事项】

1. 在公路产业链，对于银行而言，最有价值的客户并不是高速公路建设公司，而是公路配套企业，如施工企业、钢材和水泥供应商等。高速公路建设公司实力非常强，对施工企业、材料供应商而言，其处于强势地位，所以可以向上游企业支付商业承兑汇票，银行可以营销交通集团保贴业务。借助高速公路建设公司，关联营销其配套企业，这样的回报远远高于单纯提供流动资金贷款。对于此类客户，银行要考虑的往往不是高速公路建设公司能够给自身带来多少存款，因为银行对这类客户的议价能力较差，所以应着眼于其相关配套企业能够给银行带来的惊人存款。

2. 国内信用证用于补充企业日常物资的采购，用于项目建设前期拆迁、建设原材料订购等资金周转，该品种授信在总授信中占比适中。

提供的融资工具允许在各产品之间串用，例如贷款串用为银行承兑汇票、银行承兑汇票串用为贷款等，从而提高授信产品的使用效率。

3. 银行应当提供大量的商业承兑汇票，借助高速公路建设公司关联营销其供应商、施工企业。通常来说，高速公路建设公司有着非常畅通的融资渠道，尤其是省交通集团、省交通厅，多在资本市场融资，因此，提供贷款较为困难，这类客户对降低财务费用需求迫切，最重要的融资品种应该是票据。

4. 在授信产品结构中，银行可以配比较大金额的商业承兑汇票、少量的贷款。借助商业承兑汇票可以营销众多的施工企业、供应商，而提供流动资金贷款，通常存款沉淀很低，而且利率多是基准利率下浮10%，收益很低。

5. 高速公路建设公司固定资产建设投资金额较大，周期较长，在项目建设期有较多的工程款、材料费等支出。对于这部分支出，银行可以提供银行承兑汇票或商业承兑汇票保贴等产品，帮助企业完成支付，降低企业的融资成本。

6. 公路行业，尤其是政府主导下的高速公路投资集团的并购行为较多，银行可以提供并购贷款，发放一笔期限较长的融资。

【案例1】

海南高速公路股份有限公司授信方案

一、企业基本情况

海南高速公路股份有限公司是海南省国有控股企业,是在原海南省东线高速公路建设工程指挥部办公室的基础上,进行股份制规范化改制,以定向募集资金的方式设立的,公司成立之初的主要任务是承担国家重点工程——海南环岛(东线)高速公路的建设和管理。

二、银企合作情况

银行提供5亿元综合授信额度。

1. 3亿元项目贷款,3年期,利率执行基准利率。
2. 2亿元银行承兑汇票额度,用于向上游企业支付。

海南高速公路股份有限公司授信方案如图1-3所示。

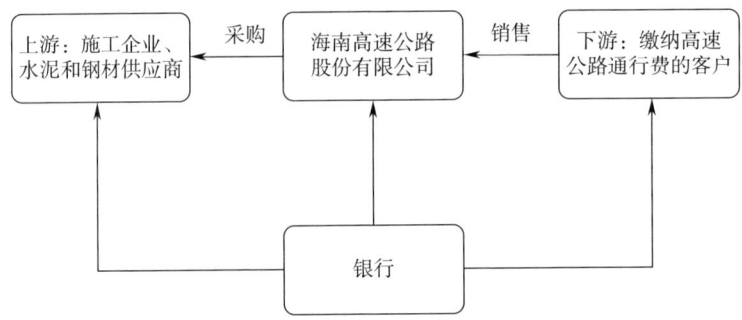

图1-3 海南高速公路股份有限公司授信方案

【项目融资遵循的原则】

1. 符合国家有关投资管理规定,落实项目资本金。项目的资本金为股东方投入的资金,是整个项目抵御风险的基础资金,必须足额到位。

2. 审慎评估并全程关注、监控项目现金流和收益。

必须高度关注项目的经营现金流,在项目的建设期,确保股东方的资金和银行的信贷资金都投入项目中;在项目的经营期,确保项目的经营现金流用于偿还贷款。

3. 建立明确合理的项目建设期和经营期风险分担机制,使风险与收益相匹配。

4. 根据项目建设、生产经营进度，做好贷款发放和分期还款安排。

银行应当根据项目的建设周期和项目的用款进度，合理安排信贷资金的发放，这样既可以降低项目业主方的资金成本，也可以防止信贷资金被挪用。

【办理条件】

（一）借款人和项目应同时具备的条件

1. 借款人依法经工商行政管理机关或主管机关核准登记。
2. 借款人在银行开立基本存款账户或一般存款账户。
3. 借款人及主要股东信用状况良好，在银行融资无不良信用记录，无其他重大不良记录。
4. 国家对拟投资项目有投资主体资格和经营资质要求的，符合其要求。
5. 项目符合国家产业、环境保护、土地使用、资源利用、城市规划、安全生产等方面的政策和银行信贷政策。
6. 项目符合国家有关投资项目资本金制度的规定。
7. 项目已按照国家规定办理审批、核准或备案手续。
8. 借款用途及还款来源明确、合法。
9. 贷款行要求的其他条件。

（二）借款人申请项目融资业务应提交的书面材料

1. 借款申请。
2. 借款人公司章程、营业执照、组织机构代码证书、税务登记证明、贷款卡、验资报告、法定代表人身份证明等。需年检的，还应有最新年检证明。
3. 借款人及其主要股东近三年经审计的年度财务报告和最近一期月度财务报告；经营期不满三年的，依据实际经营期限提供财务报表。借款人为新设项目法人的，可以只提供股东相关资料。
4. 项目可行性研究报告。
5. 国家有权部门的项目审批、核准或备案文件。
6. 国家有权部门对项目在环境保护、土地使用、资源利用、城市规划、安全生产等方面的许可文件。

7. 项目资本金和其他建设资金筹措方案及其落实情况证明资料。

8. 与项目建设及生产经营相关的合同、协议或意向性文件，如总承包合同、特许经营权协议、购买协议、原材料供应合同等。

9. 涉及担保的，还应提供贷款担保相关资料。

10. 贷款行要求的其他资料。

尚未向国家有权部门履行完毕相关手续的，可暂不提供上述第5项和第6项规定的文件，但应提供相关办理进展情况说明并在放款核准前提供相应文件。

【金额、期限、利率与相关管理要求】

1. 项目融资金额应综合考虑项目投资需求、资本金比例要求、预期现金流、项目风险水平及自身风险承受能力等因素合理确定。

2. 项目融资期限应在审慎评估项目风险和偿债能力的基础上，根据项目预期现金流、投资回收期、银行融资金额等因素合理确定。

3. 项目融资利率应按照中国人民银行利率政策以及利率定价管理规定，根据风险收益匹配原则合理确定，利率水平需反映项目融资结构风险大小、各项风险缓释措施充足与否，并考虑其他各项成本、经济资本回报率等因素。

办理项目融资时，可根据业务不同阶段的风险特征和水平，采用不同的贷款利率。

中长期固定利率贷款的审批权限，应严格执行中国人民银行的有关规定。

4. 项目融资应在项目建设期结束或审批确定的宽限期期满后实行分期还款。还款计划应与项目预期现金流情况相匹配，不得集中在项目融资到期前偿还；项目建造完成后，借款人直接将项目资产转让，并一次性获得转让对价的除外。

5. 多家金融机构参与同一项目融资的，应尽可能采取银团贷款的方式。

6. 办理项目融资业务，应尽可能争取由银行担任项目融资顾问，为项目设计综合金融服务方案，组合运用各种融资工具，拓宽项目资金来源渠道，有效分散风险。

【调查、评估、审查与审批】

1. 办理项目融资业务,应按照规定履行调查、评估、审查与审批流程。对符合调评合一、认同评估等项目贷款优化流程范围的,执行优化流程相关规定。

2. 调查人员应主要就以下内容履行尽职调查职责:

(1) 借款人提供的材料是否真实、完整、有效。

(2) 借款人、项目发起人或主要股东的基本情况,包括成立时间、注册资本、治理结构、经营范围、资金管理方式、信用状况、生产经营状况、财务状况、融资情况,以及主要股东的行业地位、资金实力、经营管理水平等。

(3) 贷款项目基本情况,包括项目建设内容、建设条件和可行性、建设进展情况,项目核准(或审批、备案)、土地审批、环境评价等行政审批情况,项目资本金、项目债务资金的来源渠道和方式,以及项目未来现金流等情况。

(4) 项目产品市场情况,包括项目所属行业规划、市场环境、供求状况和未来变化趋势,同类产品市场波动与购销状况,项目生产所需的能源和原材料来源的持续稳定性,项目产品的竞争优势与劣势等。对于项目建成后即移交或转让的,可简化对项目产品市场的调查,但应调查掌握借款人与项目受让方之间的协议以及受让方的资金实力。

(5) 项目投资及筹资情况,包括项目投资构成、资本金比例、自筹资金来源、项目未来现金流等。

(6) 对涉及担保的,应按照贷款担保管理相关要求进行调查。

【风险控制】

银行应以偿债能力为核心对项目融资业务进行全面风险评价,重点包括表1-2中的次目。

表1-2　　　　　　　　　　审查内容

审查重点	风险评价内容
1. 合法性	借款人主体资格及项目建设、运营的依法合规性
2. 项目建设条件	项目建设用地及原材料、燃料、动力来源落实情况及其可靠性,交通、投资区域环境和其他配套条件适应情况,主要设备采购引进情况等

续表

审查重点	风险评价内容
3. 项目可行性	项目所采用工艺、技术和主要设备的先进性、成熟性及适用性，项目产品市场前景、发展潜力、供求现状、销售渠道、竞争能力、盈利能力及其发展趋势等，项目生产所需的能源和原材料是否有长期稳定来源
4. 项目资金筹措	项目总投资及构成的合理性，各项投资来源的落实情况及可获得性；已到位项目资本金的真实性，以及未到位资本金到位的可靠性
5. 项目预期现金流	项目投入运营或销售、转让后产生的现金流量用于偿还到期债务的可靠性
6. 项目股东和项目管理者	项目股东的经济实力、风险承受能力和整体经营情况，项目对项目股东的重要程度及投资者全力支持项目的意愿，负责项目日常生产管理的公司或组织在项目领域的组织管理经验和能力
7. 项目风险分担	项目风险在借款人、出资人、项目承包方、施工方等相关项目参与方之间分配的合理性，是否使最有能力承担某种风险的一方承担该风险。项目是否建立相应机制，防止股东对项目产生重大不利影响
8. 项目融资方案	综合判定贷款金额、期限、还款计划等融资方案安排的合理性和可行性
9. 其他风险	行业基本面、大宗商品价格风险、供应和成本风险、监管风险、外汇风险，以及该项目的竞争优势、潜在竞争对手或技术革新出现的可能性对该项目的影响

【风险应对】

1. 对能源和原材料的稳定供应依赖性大、能源和原材料成本在整个生产成本中占有很大比重的项目，应要求借款人提供长期能源和原材料供应协议，并对协议内容及供应方的履约能力和意愿进行审查。

2. 为降低项目建设开发和试生产阶段的完工风险，应尽可能要求借款人或通过借款人要求项目相关方落实履约担保、完工保证金等完工担保措施，明确在项目建设延期、成本超支、项目不能按期达到完工标准、项目停建以致最终放弃等情况下项目完工担保人的担保责任。

3. 项目资产、项目预期收益等依法可设定抵（质）押的，应要求借款人将项目在建工程及其形成的项目资产、项目收益权抵（质）押给银行。同时，可根据需要，要求项目股东将所持有的借款人股权质押给银行。

符合银行信用贷款条件，或确因相关政府主管部门特殊要求等原因无法办理抵（质）押的，可不提供上述担保，但须签订账户监管协议。

4. 审查审批项目融资业务，应根据项目及其在建设期、运营期等的不同特点，要求借款人或通过借款人要求项目相关方选择银行认可的保险公司投保相应商业保险，如建筑工程一切险、安装工程一切险、综合财产保险及其他有关险种，以转移项目相关风险。商业保险应尽可能由银行代理。

对所投保的商业保险，贷款行应作为第一顺位保险金请求权人，或采取按贷款比例设定赔偿请求权等其他措施保证保险赔偿或给付赔偿金的权益。对不能办理商业保险的，应在贷款调查审查时说明理由。

5. 审查审批项目融资业务，应要求借款人设定专门的项目收入账户，并明确进入账户中的项目收入资金比例不低于银行对该项目的融资占比。该账户资金对外支付需满足约定条件。

6. 审查审批项目融资业务，应明确采用贷款人受托支付方式的起付金额标准，并可根据项目具体情况，合理设定贷款宽限期、关键财务指标控制线等要求。

【审批技巧】

审查审批项目融资，应将以下要求作为放款的前提条件：

1. 项目已按国家规定履行各项必备程序，并取得相应许可文件。银行在争夺优质固定资产项目时，往往需要在项目的相关核准文件下发前提前介入，这时候可以提供预置条件的审批批复。

2. 与贷款同比例的资本金已足额到位。

银行要求项目的资本金足额到位，按照与银行贷款等同的比例发放。

3. 项目实际建设进度与已投资额相匹配。

【贷款发放与支付】

1. 项目融资业务均须执行公司客户贷款发放与支付流程相关规定。

2. 贷款审批设定的前提条件和管理要求，需以法律文件形式落实的，要全部在合同或其他相关法律文件中反映，防止合同对重要条款未约定、约定不明或约定无效。

3. 对经放款核准的业务，应根据项目的实际进度和资金需求，采用贷款人受托支付或借款人自主支付的方式对贷款资金进行管理与控制，监督贷款资金按约定用途使用。

4. 单笔金额超过500万元，或超过项目总投资5%且超过50万元的贷款资金支付，应采用贷款人受托支付的方式。

5. 采用贷款人受托支付方式的，必要时可以要求借款人、独立中介机构和承包商等共同检查设备建造或者工程建设进度，出具共同签证单。银行凭符合合同约定条件的共同签证单进行贷款资金的发放和支付。

6. 采用借款人自主支付方式的，应要求借款人按月或按季度报告贷款资金使用情况，并通过账户分析、凭证查验、现场调查等方式核查贷款资金支付是否符合合同约定。

7. 项目融资发放和支付过程中，借款人出现以下情形的，应与借款人协商补充贷款发放和支付条件，或根据合同约定停止贷款资金的发放和支付：

（1）信用状况下降。

（2）不按合同约定支付贷款资金。

（3）项目进度落后于资金使用进度。

（4）违反合同约定，以化整为零的方式规避受托支付。

（5）借款人指定的放款账户被有权机关冻结或止付。

【贷后管理】

1. 项目融资业务存续期内，应定期进行贷后检查分析。在项目的建设和运营各阶段，要跟踪检查借款人和项目发起人的履约情况及信用状况、项目环保合规情况以及宏观经济和市场波动情况等；要按规定对贷款担保情况进行检查并重新评估其担保能力；要关注借款人及项目是否触及借款合同约定的违约条款。

对分期投保商业保险的，还应督促投保人及时续保。借款人对项目相关保险保单的实质性改动及提前终止，应征得银行同意。

2. 在项目建设阶段，要密切关注项目建设进度、建设质量及资本金到位情况，关注与项目相关的技术、市场、环保条件变化情况。在项目建设成本超支的情况下，对有完工担保或其他建设成本超支安排的，应要求完工担保人或有关责任方按协议约定支付项目建设成本超支款。

3. 对项目实际投资超过原定投资预算金额，借款人申请追加贷款的，应按照原审批金额与追加金额之和来确定审批权限，并重新履行审查审批程序。对审批同意追加贷款的，应按照项目资本金比例要求追加资本金。涉及担保的，需追加相应担保。

在项目融资业务审批时效内，如项目追加投资额度不超过原定投资额度的20%，对项目效益不产生实质影响，且项目无须经政府有权部门重新审批，同时借款合同金额与追加金额之和小于原审批金额的，可不再履行审批程序。

4. 在项目试生产阶段，还应密切监督项目试生产情况，确认实际的项目生产数据和技术指标是否达到融资文件规定的完工标准。

5. 在项目经营阶段，应重点关注项目所属行业的市场环境、供求状况、项目经营及收入状况、项目经营活动现金流是否达到评估水平、项目经营收入是否按照约定按时足额回笼银行，判断能否满足偿还银行债务的要求。项目收入账户资金流动出现异常时，应及时查明原因并采取相应措施。

6. 对借款人违反合同约定、借款人或项目发生重大事项变更并可能危及贷款安全的，应及时进行风险评判，并视情况采取停止发放贷款、提前收回部分或全部贷款、追加担保等各项措施有效化解风险，必要时应依法追究借款人的违约责任。

【其他规定】

1. 对文化创意、新技术开发等项目发放符合项目融资特征的贷款，可以参照以上操作思路。

例如，电影项目贷款和公路项目贷款一样，存在项目的完工风险、运营风险等。电影项目也存在立项、组织人员实施、通过电影院线销售、收回投资的完整过程。

2. 办理项目融资业务，可根据项目建设的复杂性、专业性和技术性，委托或要求借款人委托具备相关资质的独立中介机构为项目提供法律、税务、保险、技术、环保和监理等方面的专业意见或服务。

所委托的独立中介机构，应符合银行对中介机构资质准入的相关管理要求，并应通过书面合同明确其法律责任。

3. 项目融资业务适用固定资产借款合同。

4. 以银团贷款方式办理的项目融资业务，还应执行银团贷款管理规定及具体银团贷款协议约定。

5.《固定资产贷款管理暂行办法》《项目融资业务指引》实施前已签订借款合同但尚未按合同全部支付（所余未拨付部分）的贷款，须严格执行上述文件规定的支付条件和方式，并应立即与相关当事人主动协商，采取有效措施落实监管要求。

【案例2】

××市体育中心开发建设投资有限公司银团贷款方案如图1-4所示。

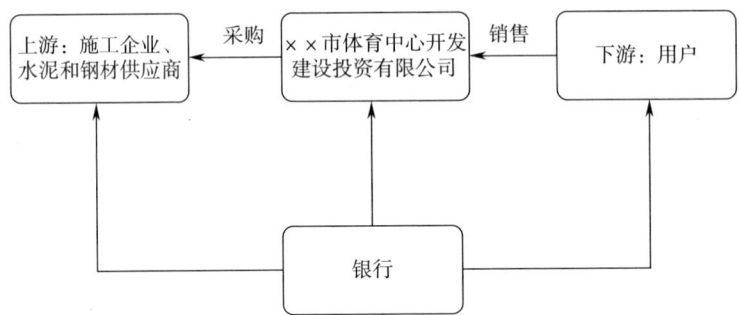

图1-4　××市体育中心开发建设投资有限公司银团贷款方案

一、银团贷款基本情况

（一）借款人

××市体育中心开发建设投资有限公司。

（二）借款项目

××市体育中心建设项目（××市体育中心建设项目分为体育场馆建设和配套土地开发两部分，本银团贷款用于体育场馆建设部分）。

（三）借款总金额

借款人申请贷款总金额为人民币380000万元。

（四）银团贷款的承担额分配情况

××银行：人民币220000万元，贷款比例为57.89%。其他参加行：人民币160000万元，贷款比例为42.11%。

（五）借款用途

用于××市体育中心建设项目体育场馆建设部分。

（六）借款期限

银团贷款的借款期限为10年。

（七）贷款利率

贷款执行利率为中国人民银行公布的同期同档次人民币贷款基准利率，按季度结息，结息日为每年3月20日、6月20日、9月20日、12月20日。银团贷款利率随中国人民银行公布的利率即时调整。

（八）还款和提前还款

1. 借款人应按照银团贷款合同约定的还款计划偿还贷款本金，将到期的贷款本金存入其在代理行开立的存款账户，再由代理行按照银团贷款的承担份额划拨给各银团成员。借款人因特殊情况不能按照银团贷款合同约定的还款计划或还款期限偿还贷款本金的，可以通过代理行向全部银团成员申请调整还款计划或申请展期。经全体银团成员召开银团会议通过之后，可以签订还款计划变更协议或贷款展期协议。

2. 借款人如需提前还款，应在其拟还款日之前30日将提前还款日和还款金额以书面形式通知代理行，并征得银团同意。一切提前偿还的款项将按本金到期的倒序清偿贷款余额。

二、借款人及借款项目概况

（一）借款人（包括借款人的法律地位、经营范围、财务状况、借款人股东单位等情况）

××市体育中心开发建设投资有限公司注册资金2000万元，企业类型为有限责任公司，主要负责体育中心项目的投资建设，其简要情况如表1-3所示。

表1-3　　　　　××市体育中心项目的投资简要情况

借款人名称	××市体育中心开发建设投资有限公司			
法定地址	××市××区××路576-18号			
注册资本	2000万元			
经营范围	体育场建设项目投资			
业务计划	土地整理			
控股方和控股方式	股东	出资额	占比	方式
	××市××开发建设管理中心	2000万元	100%	货币

××市体育中心开发建设投资有限公司的股东是××市××开发建设

管理中心，出资占比为100%。××市××开发建设管理中心是××市人民政府直属的局级事业单位，在市政府的领导下，负责对××商务中心区（以下简称中心区）实行统一开发建设和管理。其主要职能是负责编制中心区的总体规划和开发建设计划，按规定审定辖区内的土地出让和投资项目的前期工作；负责基础设施建设和物业管理；负责中心区内的国有资产管理和环境保护工作，并对中心区内企事业单位和其他经济组织依法监督管理；承办市委、市政府交办的其他事项。

（二）借款项目

1. 项目建设背景及必要性

××市体育中心建设项目具有地理位置优势，该项目的建设也纳入了××市城市规划，与市政府"西拓北进"的发展方向相一致。将××市体育中心的建设与该市的城市建设紧密结合起来，可以形成一种联动发展的效应。以体育中心建设项目为主的组团式开发建设，可有力推动××市北部城区的市政建设，促进北部新城市中心的形成，并且通过促进城市体育、文化等事业的发展，拓展城市的外延空间，提升城市的整体功能。此外，体育中心的建设以及对未来大型赛事的承办，将会进一步加快北部地区交通等基础设施的建设，缓解旧城中心基础设施不足的压力，从总体上推动城市新格局的形成。

2. 项目总投资及其构成

依据该项目科研报告及项目审批文件，××市体育中心建设项目上报的总投资为88亿元（包括主场馆建设和配套土地开发），其中静态投资82亿元，动态投资6亿元。

3. 项目地理状况及项目内容

（1）项目所处区位。××市体育中心建设项目位于××市××区，地理位置优势明显。

（2）建设内容及规模。××市体育中心建设项目分为体育场馆建设和配套土地开发两部分（银团贷款用于体育场馆建设部分），其中体育场馆主要建设内容有中心体育场、棒球场、中心体育馆、网球馆、游泳馆、综合训练馆、媒体中心、S形商业服务区、地下车库，总占地面积81.99公顷，总建筑面积53.09万平方米，另外还有247.83公顷配套用地建设。

4. 项目的行政许可事项

（1）规划及审批。项目建设符合《××市城市总体规划》、××市国民经济和社会发展规划。

（2）项目审核。××市城乡建设管理委员会下发了《关于××市体育中心项目可行性研究报告的批复》，同意项目开工建设。

（3）用地审批。项目体育场馆建设用地已完成农用地转用手续，相关文件为《××市人民政府关于同意调整××区乡级土地利用总体规划的批复》，其中部分用地获得土地使用权证，使用权面积276160.5平方米，使用权类型为划拨。

（4）环评审批。××市环保局下发《关于对××市体育运动中心环境影响报告书的批复》，同意项目开工建设。

（5）其他行政许可。××市人民政府出台文件，明确由××市××开发建设管理中心出资成立××市体育中心开发建设投资有限公司作为项目的代建单位和融资借款人，同时明确市建委与其签订委托代建协议，由市财政局对体育中心项目建设资金进行监督管理。

5. 项目的自筹资金情况

受××市政府委托，该市城乡建设管理委员会与××体育中心开发建设投资有限公司签订了《××市体育中心项目委托代建协议》，根据协议，××市政府将在建设期内支付代建资金294258万元，可以满足全部项目资金的出资要求。

6. 项目用款及还款计划（以银团借款合同为准）

项目用款及还款计划如表1-4所示。

表1-4　　　　　××市体育中心项目用款及还款计划　　　　单位：万元

项目名称	合计	宽限期			还款期						
		第一年	第二年	第三年	第四年	第五年	第六年	第七年	第八年	第九年	第十年
本年用款	380000	200000	100000	80000	—	—	—	—	—	—	—
本年还款	380000	—	—	—	80000	90000	40000	40000	60000	60000	10000

7. 项目还款资金的来源

××市城乡建设管理委员会与××市体育中心开发建设投资有限公司签订的《××市体育中心项目委托代建协议》项下的由××市政府支付的

代建资金,支付计划如表1-5所示。

表1-5　　　　　××市体育中心项目资金支付计划　　　　单位:万元

年数	合计
1	84270
2	104484
3	105504
4	110216
5	111285
6	112402
7	117259
8	118425
9	119591
10	120757
合计	1104193

三、担保条件

(一)担保人

××市体育中心开发建设投资有限公司以应收账款质押的方式提供担保××市体育中心开发建设投资有限公司以《××市体育中心项目委托代建协议》项下的全部权益和收益为贷款做质押担保。

担保人××市体育中心开发建设投资有限公司以抵押的方式提供担保,担保的范围为体育中心项目建设用地使用权及地上在建工程(包括未来形成的资产)。

担保人应与银团及时签订合法、有效的担保合同。

(二)担保人和担保标的的情况

1. 质押担保

(1)质押物基本情况。××市城乡建设管理委员会与××市体育中心开发建设投资有限公司签订《××市体育中心项目委托代建协议》。××市体育中心开发建设投资有限公司承诺以其合法享有的应收账款,即在《××市体育中心项目委托代建协议》项下的全部权益和收益为贷款提供质押担保。根据协议,借款人协议项下的应收账款不低于1104192万元,经过折现计算,3年宽限期结束后净值为644786万元。由于上述应收账款包括土地平整项目,故按贷款比例将担保额度拆分,银团贷款应收账款不低于645528万元,经过折现计算,3年宽限期结束后净值为376952万元。

(2)质押物的合法性和有效性。××市体育中心开发建设投资有限公司承诺以其合法享有的应收账款,即在《××市体育中心项目委托代建协议》项下的全部权益和收益作为项目贷款的质押担保,并就质押事项在中国人民银行征信中心应收账款质押登记公示系统办理应收账款质押登记手续。

(3)质押登记部门和时间。拟质押资产在借款合同和质押合同签订后办理抵(质)押登记手续,在中国人民银行征信中心应收账款质押登记公示系统进行质押登记,并在××市城乡建设管理委员会办理质押备案手续。

2. 抵押担保

以体育中心项目建设用地使用权及地上在建工程(包括未来形成的资产)为项目贷款提供抵押担保。抵押物价值约为433523.51万元,按贷款比例分配,银团抵押担保价值约为253445万元。

(1)抵押人名称。抵押人为××市体育中心开发建设投资有限公司(或××市××开发建设管理中心)。

(2)抵押物基本情况。体育中心建设用地约82公顷,未来建成的体育场馆包括中心体育场、棒球场、中心体育馆、网球馆、游泳馆、综合训练馆、媒体中心、S形商业服务区、地下车库,总建筑面积53.09万平方米。

(3)抵押物的合法有效性。××市人民政府以《××市人民政府办公厅关于市体育中心项目融资有关事宜的通知》明确体育中心建设用地使用权及地上在建工程(包括形成的资产)为项目贷款提供抵押担保。

(4)抵押登记部门和时间。借款合同签订后、贷款发放前,应先在××市国土资源和房屋管理局办理已有手续的土地使用权及地上资产抵押;未来形成的资产抵押,由××市××开发建设管理中心出具以未来形成的资产为银团贷款提供抵押担保的不可撤销担保函;贷款发放后,严格控制资金支用,待未来固定资产形成后,及时办理抵押登记手续。

(三)信用风险控制技术

1. 资金监管

××市人民政府明确由市财政局对体育中心项目建设资金和土地出让收益进行监督管理。

××市财政局和××市××开发建设管理中心联合下发了《关于印发〈××市体育中心工程建设资金管理暂行办法〉的通知》,明确××市财政局将参与市体育中心建设全过程管理,从概算审查、招标监管、有关合同的签订、资金申请与拨付的审核、工程结算等实行全过程监控,确保代建资金和银行贷款专款专用。

2. 账户监管

借款人同意在××银行或银团指定结算行开立项目偿债资金账户,用于归集财政支付的代建资金,账户接受银团监管,到账的委托代建资金将优先用于偿还银团贷款。在还本付息日,赋予银团直接从该账户扣收本息的权力。

3. 保险

借款人按照银团要求,为项目资产投保建设期内必要的险种,并明确银团为第一受益人。

【产品二】 固定资产贷款

【基本概念与原则】

固定资产贷款是指为满足借款人在生产经营过程中基于新建、扩建、开发、购买或更新改造等固定资产投资活动而产生的资金需求，以其未来综合效益作为还款来源而发放的贷款。

固定资产贷款应择优选择借款人和项目，审慎评价借款人的综合偿债能力。

【营销建议】

对于固定资产贷款，银行应当组合配套营销票据和现金管理等产品，尤其是商业承兑汇票保贴产品和国内信用证产品，从而提高综合收益率。既然是固定资产建设，必然涉及购买材料、设备等，针对这部分支出，银行可以考虑提供商业承兑汇票和国内信用证产品。

【贷款办理条件】

（一）借款人应同时具备的条件

1. 依法经工商行政管理机关或主管机关核准登记。
2. 在银行开立基本存款账户或一般存款账户。
3. 信用等级在 A 级（含）以上，在银行融资无不良信用记录，无其他重大不良记录。
4. 生产经营正常，财务状况良好，有合法、稳定的收入来源，具备按期还本付息能力。
5. 国家对固定资产投资有投资主体资格和经营资质要求的，符合其要求。
6. 借款用途及还款来源明确、合法。
7. 贷款行要求的其他条件。

（二）固定资产投资项目应同时具备的条件

1. 符合银行信贷政策。
2. 涉及国家产业、环境保护、土地使用、资源利用、城市规划、安全生产等方面政策的，符合其要求。

3. 需经国家有权部门审批、核准或备案的，完成相关手续。

4. 国家对固定资产投资有资本金比例要求的，符合其要求。

5. 贷款行要求的其他条件。

（三）借款人申请固定资产贷款应提交的书面材料

1. 借款申请。

2. 借款人公司章程、营业执照、组织机构代码证书、税务登记证明、贷款卡、验资报告、法定代表人身份证明等。需年检的，还应有最新年检证明。

3. 借款人近三年经审计的年度财务报表和最近一期月度财务报表。经营期不满三年的，依据实际经营期限提供财务报表。

贷款项目同时由借款人股东出资或承担还款责任的，股东应按上述要求提供财务资料。

4. 项目可行性研究报告。

5. 国家有权部门的项目审批、核准或备案文件。

6. 国家有权部门对项目在环境保护、土地使用、资源利用、城市规划、安全生产等方面的批文或核准文件。

7. 项目资本金和其他建设资金筹措方案及其落实情况证明资料。

8. 涉及担保的，还应提供贷款担保相关材料。

9. 贷款行要求的其他资料。

【金额、期限、利率与核算】

贷款金额应根据固定资产投资的资金需求、资本金比例要求，结合借款人现有融资水平、经营活动现金流量、盈利能力、发展前景、银行同业占比等因素合理确定。

贷款期限应根据借款人综合偿债能力、经营稳定性，以及固定资产投资回收期等因素合理确定，一般不超过固定资产建设期（含购置、安装期，下同）加上10年。

贷款利率应在中国人民银行法定期限贷款利率基础上，根据银行利率定价政策，综合考虑各项成本、风险和经济资本回报率等因素合理确定。中长期固定利率贷款的审批权限，应严格执行有关规定。

中长期固定资产贷款应实行分期还款。分期还款的间隔期和额度应与借款人经营现金流相匹配，不得集中在贷款到期前偿还。

【调查、评估、审查与审批】

1. 办理固定资产贷款业务，应按照规定履行调查、评估、审查与审批程序。符合项目贷款优化流程范围的，执行优化流程相关规定。

2. 调查人员应主要就以下内容履行尽职调查职责：

（1）借款人提供的材料是否真实、完整、有效。

（2）借款人及其股东等相关关系人的基本情况，包括但不限于成立时间、注册资本、股权结构、领导者素质、治理结构、经营范围、资产结构、经营管理水平、生产经营状况、财务核算及资金情况、融资情况、资信状况和财务状况等。

（3）固定资产投资项目基本情况。对投资建设项目应重点调查项目建设内容、建设条件和可行性、建设进展情况和项目核准（或审批、备案）、土地审批、环境评价等行政审批情况，以及项目资本金、项目债务资金的来源渠道和方式、项目未来现金流等情况。对购买固定资产的，应关注借款人拟购设备、工具、器具等资产的范围、资金来源、交易安排、相关安装工程概况、实际需求与资产用途是否匹配等情况。

（4）借款人在贷款期内拟实施的经营、融资计划和重大投资计划，未来预期现金流情况。

（5）涉及担保的，还应按照担保管理的有关要求对担保人、抵（质）押物（权）等进行调查。

3. 固定资产贷款的评估，按照中长期项目贷款评估管理有关规定执行。

4. 信贷审查人员除须对照办理条件进行审查外，还要重点做好以下工作：

（1）分析评价固定资产投资活动的依法合规性、必要性、经济合理性、财务及技术可行性等情况，分析项目产品市场供求、竞争力及发展趋势，审慎判断项目投资风险。

（2）审查固定资产投资的资金来源。分析投资所需资金构成的合理性与落实的真实性、合理性和可靠性，判断借款人的资金缺口。涉及债务资金的，应关注其来源渠道、方式、构成及实际到位情况。

（3）分析借款人的整体偿债能力和信用状况。结合考虑因固定资产投资而增加的设计能力和工程效益，考察借款人在拟定融资条件下的盈利能力、偿债能力和财务生存能力，分析可用于偿还债务的借款人整体（包括拟投资项目）未来净现金流，审慎评价还款来源的保障程度。对不直接产生经营收入的固定资产投资项目，应主要考察借款人的财务生存能力。

（4）涉及担保的，应按照贷款担保管理相关要求对抵（质）押物（权）进行审查。

（5）综合判定贷款金额、期限、还款计划等融资方案安排的合理性和可行性。

5. 审查审批固定资产贷款业务，应尽可能根据业务实际风险状况，要求借款人或通过借款人要求项目相关方投保相应商业保险。商业保险应尽可能由银行代理。

对所投保的商业保险，贷款行应作为第一顺位保险金请求权人，或采取按贷款比例设定赔偿请求权等其他措施有效保障保险赔偿或给付赔偿金的权益。对不能办理商业保险的，应在贷款调查审查时说明理由。

6. 审查审批固定资产贷款，应明确采用贷款人受托支付方式的起付金额标准，并可根据项目具体情况，合理设定贷款宽限期、关键财务指标控制线等管理要求。

7. 审查审批固定资产贷款，应根据借款人信用状况、项目收入状况、项目周期的季节性差异因素等情形判断是否需要设立还款准备金账户。对需设立还款准备金账户的，应对账户余额下限或借款人可用于偿债的资金流入比例等提出管理要求。必要时，应与借款人签订账户监管协议。

8. 审查审批固定资产贷款，应将以下要求作为放款的前提条件：

（1）项目已按国家规定履行各项必备程序，并取得相应许可文件。

（2）与贷款同比例的资本金已足额到位。

（3）项目实际建设进度与已投资额相匹配。

【贷款发放与支付】

贷款审批设定的前提条件和管理要求，需以法律文件形式落实的，要全部在合同或其他相关法律文件中反映，防止合同对重要条款未约定、约定不明或约定无效。

对经放款核准的业务，应根据项目建设或资产购买交易的实际进度和资金需求，采用贷款人受托支付或借款人自主支付的方式对贷款资金进行管理与控制，监督贷款资金按约定用途使用。

单笔金额超过500万元，或超过项目总投资5%且超过50万元的贷款资金支付，应采用贷款人受托支付方式。

采用借款人自主支付方式的，应要求借款人按月或按季度报告贷款资金使用情况，并通过账户分析、凭证查验、现场调查等方式核查贷款资金支付是否符合合同约定。

贷款发放和支付过程中，借款人出现以下情形的，应与借款人协商补充贷款发放和支付条件，或根据合同约定停止贷款资金的发放和支付：

（1）信用状况下降。
（2）不按合同约定支付贷款资金。
（3）项目进度或交易安排落后于资金使用进度。
（4）违反合同约定，以化整为零的方式规避受托支付。
（5）借款人指定的放款账户被有权机关冻结或止付。

【贷后管理】

1. 贷款发放后，要定期对借款人及贷款项目进行检查分析，重点包括以下内容：

（1）借款人的履约情况及信用状况，借款人的高管人员、股东变动情况，分期还款计划执行情况。

（2）固定资产投资项目各阶段的环保合规情况。

（3）固定资产投资涉及建造的，应检查建造期间的建设、技术、市场、环保条件变化情况，项目建设质量状况，了解是否出现较大事故等。

（4）固定资产投入使用或运营后的宏观经济、行业变化情况和市场波动情况对贷款项目和借款人是否产生不利影响，借款人整体生产经营、财务状况、综合收益和偿债能力、变化趋势及原因。

（5）借款人及项目是否触及借款合同中约定的违约条款。

（6）贷款担保及其重估价值、担保能力变动情况。

（7）对分期投保商业保险的，还应关注保险到期情况并督促投保人及时续保。借款人对项目相关保险保单的实质性改动及提前终止，应征得银行同意。

2. 项目实际投资超过原定投资预算金额，借款人申请追加贷款的，应按照原审批金额与追加金额之和确定审批权限，并重新履行审查审批程序。如审批同意追加贷款，涉及资本金要求的，应按照项目资本金比例要求追加相应资本金；涉及担保的，应追加相应担保。

在贷款审批时效内，如项目追加投资额度不超过原定投资额度的20%，对项目效益不产生实质影响，且项目无须经政府有权部门重新审批，同时借款合同金额与追加金额之和小于原审批金额的，可不再履行审批程序。

3. 贷款期内，要对借款人的整体现金流以及固定资产投资项目的收入现金流进行动态监测，对自身无法直接产生现金流的固定资产投资项目，要跟踪项目投入使用或运营后借款人整体效益的变化情况。

对约定专门还款准备金账户的，要关注固定资产项目或借款人的账户余额下限或借款人可用于偿债的资金流入比例是否达到约定条件。

4. 对借款人违反合同约定，或发生重大事项变更可能危及贷款安全的，应及时进行风险评判，并视情况及时采取停止发放贷款、提前收回部分或全部贷款、追加担保等各种措施有效化解风险，必要时应依法追究借款人的违约责任。

【其他规定】

1. 为切实转移贷款项目风险，应要求借款人或通过借款人要求项目相关方选择投保相应商业保险。对不能办理商业保险的，应在贷款调查审查时说明理由。以银团贷款方式办理的固定资产贷款，还应执行银团贷款管理规定和具体银团贷款协议约定。

2. 固定资产贷款适用固定资产借款合同。

应当严格按照《固定资产贷款管理暂行办法》《项目融资业务指引》的规定，确保贷款用于实际的交易用途。

【案例】

××市××区国有资产投资经营有限公司营销方案

一、企业基本情况

××市××区国有资产投资经营有限公司（以下简称××国投公司）

是××区委、区政府所属国有独资公司,首期注册资本2亿元,是区委、区政府最大的融资平台和政府性投资项目建设主体,主要承担全区安居工程、重大公益性、功能性项目、土地综合整治及委托拍卖等重大任务。

××区政府委托××国投公司拟建的"西河小区安居工程",用于对困难居民集中安置,同时要求政府相关部门大力支持××国投公司加快工程进度,使该项目尽快完工,投入使用。

安置房项目建设工程占地103亩,绿地率为33%,总容积率为33,总建筑密度为26.6%,总建筑面积约22.68万平方米,预计可安置受灾群众1600户,安置5000余人,总投资预计为4.65亿元。

项目资金来源分为资本金和银行贷款两部分,项目资本金筹措总额为1.65亿元,约占投资的35.5%,由××区财政拨款投入;其余资金由银行贷款3亿元解决,约占总投资的64.5%。项目建成后,由××区政府对该项目按2200元/平方米的价格进行整体回购,回购资金列入区财政预算内支出。由于该工程性质特殊,时间要求较紧,为落实项目资金来源,××区政府向××银行××分行来函,提出了贷款申请,希望××分行能对该项目提供信贷支持。

二、银行切入点分析

在获得这个商机后,××分行积极营销并做了非常细致的工作,尽可能收集能够全面反映该企业及项目情况的资料,详细地了解该项目情况以及××区经济发展状况、财政收入状况,做到有备无患。

××市××区国有资产投资经营有限公司营销方案详见图1-5。

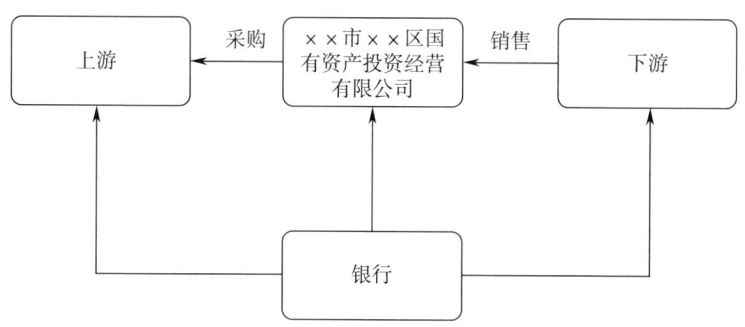

图1-5　××市××区国有资产投资经营有限公司营销方案

××分行认为××区经济较为发达，财政实力雄厚，且区政府对该项目按2200元/平方米的价格进行整体回购，回购资金列入区财政预算内支出，该项目的终极风险可控，可以提供融资，但是必须监控资金用途，同时提高项目的综合回报。

三、银行授信方案

××分行提出以下授信方案：

1. 给予××国投公司基本建设固定资产贷款人民币3亿元，期限36个月，执行基准利率，由××经济技术开发区建设发展有限公司提供连带责任担保以及出让的土地使用权抵押，还款计划为贷款后第二年归还的贷款本金不少于5000万元，第三年归还的贷款本金不少于1亿元，第四年结清全部本息。

2. 该项目封闭运行，资金封闭使用，开立项目资本金专户、贷款资金使用专户和政府回购资金的还款专户，监控资金流向。××市××区政府财政部门承诺项目建成后按每平方米不低于2200元的单价进行回购，并将回购款直接支付至银行还款专户，优先用于贷款偿还。该项目回购款项列入××区财政预算内支出，并经人大批准。

3. 按监管部门和银行相关规定办妥抵押物评估、登记、保险等相关手续。

4. 不少于1.65亿元的资本金全部到位后方可发放本笔贷款，项目建设中优先支用资本金，后使用贷款。

5. 银行贷款按照工程建设进度分次发放，专项用于西河小区安置房项目建设，贷款资金只能支付给指定的建筑承包商等，严禁挪用。

6. 为了更好地监控该项目的资金，××分行要求该项目的一级承建企业在该行开立账户，严格按照项目工程进度划拨建设资金，对一级承建商的资金也严格监控，必须划付指定的分包商（根据一级承建商提供的分包合同）零星支出、工资支出以及税费支出才可划回基本结算户。

7. ××区政府财政部门在银行开立预算外结算账户，保证日均存款不低于5000万元。

该项授信申请很快获得了总行审批部门的批准，并办理了启用及提款相关手续。

【点评】

业务回报和营销心得

虽然该企业和项目并不是××银行总行信贷指引支持的范围,但通过方案的设计杜绝了项目资金挪作他用的可能性,保证了项目顺利地完工,并且该方案的设计使××银行××分行通过该笔授信获得了最大收益:贷款发放至今,日均存款保持在4亿元左右。

此笔授信项目的成功开发证明,深入了解企业情况及资金用途并且设计最为合理的方案,把银行的风险尽可能控制到最低,收益尽可能最大,即使不是总行信贷政策指引支持的行业,通过产品维度的精心设计,还是有可能获得成功的。

【产品三】项目搭桥贷款

【产品定义】

项目搭桥贷款是指为满足项目发起人或股东在非生产性项目建设过程中因财政拨款资金暂未到位而形成的阶段性资金需求,在各类风险可控及贷款回收安全的前提下,以财政拨款资金为还款来源而发放的过渡性贷款。

【产业链分析】

项目搭桥贷款产业链如图1-6所示。

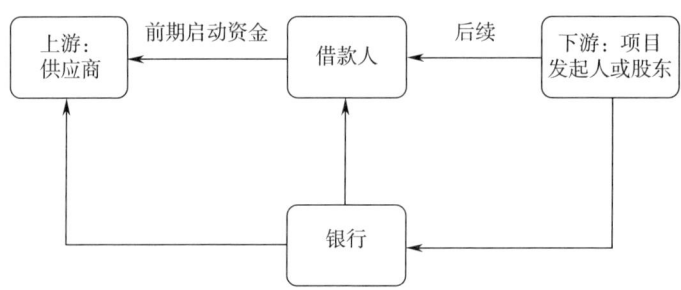

图1-6 项目搭桥贷款产业链

【基本规定】

项目搭桥贷款遵循"总量控制、定向发放、先行垫付、款到收回"的原则。非生产性项目包括铁路、公路、港口、电网、城建、城市轨道交通项目。非生产性项目不会存在项目的产品销售风险,现金流稳定可预见,因此适合操作项目搭桥贷款。

【风险控制】

项目搭桥贷款管理应遵循"审慎判断财政实力、合理控制贷款总量、严格锁定还款来源、密切关注拨款进度"的原则。

【办理条件】

办理项目搭桥贷款业务必须同时符合以下条件:

1. 借款人依法设立。
2. 借款人及项目业主信用状况良好。
3. 国家对投资项目有投资主体资格和经营资质要求的，符合其要求。
4. 项目符合国家产业、环境保护、土地使用、资源利用、城市规划、安全生产等方面的政策和银行信贷政策。
5. 项目已列入国家发展改革委规划或相关政府部门已同意开展项目前期工作，或已按国家规定办理审批、核准手续。
6. 有稳定的财政拨款资金作为还款来源，偿债能力充足。
7. 贷款行要求的其他条件。

【贷款金额、期限与核算】

1. 项目搭桥贷款金额应根据政府财政收支状况、资金拨付计划、项目资金需求、借款人投资金额及综合偿债能力等因素审慎确定。

对单个项目发放的项目搭桥贷款金额应不超过贷款期内拟拨财政资金中实际可用于还款部分的70%。

2. 项目搭桥贷款期限应根据项目投资计划、财政性资金预计实际到位时间、项目建设周期等因素合理确定，一般不超过1年，最长不超过3年且不超过项目建设期。

【贷款调查、审查与审批】

1. 项目搭桥贷款纳入统一授信管理。
2. 贷款调查人员应主要核实未来拨款资金，索取能证实未来拨款资金的相关证明文件，并就以下内容履行尽职调查职责：

（1）借款人及项目是否符合规定条件。

（2）借款人生产经营及财务状况，在项目中应承担的义务及享有的权利。

（3）项目基本情况，包括项目建设时间、建设内容、建设条件、投资主管部门审批进度、项目投资性质等情况。

（4）近年来政府财政（政府主管部门）收支结余情况、负债情况及拨款计划的执行情况，与还款来源相关的政府预算编制、执行及调整情况。

（5）项目资金筹措方案及落实情况，包括投资构成、来源及资金性质，资金筹措方案、实际到位情况。

3. 办理项目搭桥贷款时，审查人员应重点做好以下工作：

（1）分析贷款项目是否符合新开工项目条件，贷款用途是否合理。

（2）结合财政收入及拨款政策的历史稳定性、发展前景、负债水平及偿债能力，对政府融资状况进行分析，关注政府过度融资风险，重点分析未来拨款资金的可靠性。

（3）依据借款人资信状况、行业地位、资金实力、资金管理方式、经营管理水平等综合因素，分析其出资能力和融资能力；结合借款人获得财政拨款所需的前提条件，评价其履约能力。

（4）严格项目资本金的审查与分析。审查项目资本金实际到位情况，防止对无资本金项目发放项目搭桥贷款；分析项目资本金来源构成，并判断相关资金对投资项目是否构成债务性资金。

（5）结合财政预算与资金拨付方案、项目年度投资计划、项目建设进度及资金投入状况，审慎判断贷款金额与期限是否与还款来源相匹配。

（6）根据具体情况设定相应的贷款前提条件、管理要求，明确贷款人受托支付方式的起付标准。

4. 项目评估可在发放项目贷款（包括项目融资和固定资产贷款）前进行，但发放项目搭桥贷款前必须对借款人的偿债能力进行审慎评价。

5. 审查审批项目搭桥贷款，可根据财政拨款资金到位的可靠性、项目整体融资状况等因素判断是否需要设定还款准备金账户。对设立还款准备金账户的，应要求财政拨款资金全部或按银行融资占比进入该账户。

6. 对尚未经政府有权投资管理部门审批或核准，但已列入国家发展改革委规划，或有权政府部门已同意开展前期工作的项目办理项目搭桥贷款，应按照政府（中央或地方）部门对固定资产投资项目的审批或核准权限，分别由总行和一级（直属）分行核准。

【贷款发放支付与贷后管理】

1. 贷款审批设定的前提条件和管理要求，需以法律文件形式落实的，要全部在合同或其他相关法律文件中反映，防止合同对重要条款未约定、约定不明或约定无效。

2. 对经放款核准的业务，应根据项目的实际进度和资金需求进行贷款资金发放与支付。单笔金额超过 500 万元的贷款资金支付，或超过项目总投资 5% 且超过 50 万元的贷款资金支付，应采用贷款人受托支付方式。

3. 需要财政部门分年度拨付资金偿还银行贷款的，应督促借款人采取有效措施将还款资金纳入相关政府财政年度预算支出计划。

4. 项目搭桥贷款发放后，要密切跟踪投资建设项目资金到位情况。在贷款期内，应密切关注政府财政收支结余情况及拨款计划执行情况，跟踪掌握政府（平台）后续负债水平变化情况，必要时重新评估贷款风险。

5. 财政拨款资金（含提前到位资金）到期后应及时收回。财政拨款滞后，但不影响全额到位的，可按照银行贷款展期有关规定办理展期。

【其他规定】

项目搭桥贷款不适用于房地产开发企业。

【案例】

广西钦州临海工业投资有限责任公司项目搭桥贷款

一、企业基本情况

广西钦州临海工业投资有限责任公司（以下简称公司）位于广西钦州市钦州港招商大厦，注册资本为人民币 6084 万元。钦州市政府批准成立钦州市开发投资集团有限公司（以下简称开投集团）。公司作为开投集团的子公司，单一股东为开投集团，同时公司也是钦州港经济开发区管理委员会领导的国有企业。在开投集团和钦州港经济开发区管理委员会的双重领导下，公司主要负责钦州港基础设施和重大项目的建设。

二、银企合作情况

工商银行钦州分行将 2 亿元项目搭桥贷款发放到广西钦州临海投资有限责任公司钦州保税港区大型石化物流项目一期、二期海域吹填项目中，极大地缓解了工程资金紧张的问题。

钦州保税港区大型石化物流项目一期、二期海域吹填项目是广西壮族自治区、钦州市临海工业园区大会战重点项目。工商银行钦州分行以支持地方经济发展为己任，争取总行对钦州保税港区大型石化物流项目一期、二期海域吹填项目授信 17.1 亿元，解决了项目业主融资需求，加快了项目工程施工进度。为确保项目工程施工，工商银行钦州分行已按项目工程进度发放第一期贷款4.5亿元。工商银行钦州分行已投放钦州保税港区大型石化物流项目一期、二期海域吹填项目贷款6.5亿元。

广西钦州临海工业投资有限责任公司项目搭桥贷款如图1-7所示。

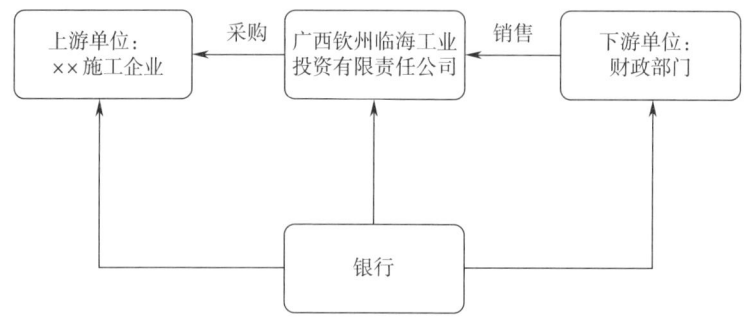

图1-7 广西钦州临海工业投资有限责任公司项目搭桥贷款

【点评】

对于非常优秀的项目，银行应当积极在前期介入，提供项目搭桥贷款，这类较早介入的融资收益远远高于后期提供的项目贷款。银行客户经理可以积极联系本地发展改革委、招商局等机构，主动寻找重点项目，提早介入。

【产品四】项目前期贷款

【基本概念与原则】

项目前期贷款是指为满足借款人提前采购设备、建设物资或其他合理的项目建设费用等支出而产生的资金需求，以可预见的项目建设资金或其他合法可靠的资金作为还款来源而发放的贷款。

【营销建议】

项目前期贷款应多考虑提供表外融资工具，如商业承兑汇票、国内信用证、银行承兑汇票、供应链融资等品种，同时配套一部分短期融资。

一个项目，如高速公路、地铁工程、电厂工程、汽车厂项目等，在项目的建设前期需要提前购进一些物资设备，在这个环节，银行可以考虑提供贸易融资产品，便利企业的采购支付。商业承兑汇票、国内信用证和银行承兑汇票等产品的融资成本远远低于项目贷款，对企业有利。

大企业的资金管理意识明显优于中小企业，向特大型企业介绍这种融资方式的营销，效果远远好于提供单纯的项目贷款。

【办理条件】

借款人和项目应同时具备以下条件：

1. 借款人依法设立。
2. 借款人及控股股东信用状况良好，在银行融资无不良信用记录，无其他重大不良记录。
3. 国家对投资项目有投资主体资格和经营资质要求的，符合其要求。
4. 项目符合国家产业、环境保护、土地使用、资源利用、城市规划、安全生产等方面的政策和银行信贷政策。
5. 项目符合国家有关投资项目资本金制度的规定，资本金应与贷款同比例到位或一次性到位。
6. 项目已按国家规定办理审批、核准或备案手续。

【贷款金额、期限与相关管理要求】

1. 项目前期贷款金额应根据项目投资计划、建设进度、资本金到位情况、建设资金需求和还款来源可靠性等因素审慎确定，对单个项目发放的项目前期贷款金额不得超过项目总投资的30%。

2. 项目前期贷款期限应综合考虑借款人资信状况、项目建设进度和还款资金落实情况等因素合理确定，贷款期限一般不超过3年。根据需要，贷款期限可放宽至项目建设期结束日。

3. 项目前期贷款应纳入统一授信管理。以银行对同一项目发放的贷款偿还项目前期贷款的，原项目前期贷款占用的授信额度可继续使用；以其他资金来源偿还的，贷款收回后相应调减占用的授信额度。

【贷款调查、审查和审批】

1. 办理项目前期贷款，调查人员应重点调查以下内容：

（1）借款人及项目是否符合规定条件。

（2）借款人的生产经营及财务状况。借款人为新建项目法人的，还应调查项目股东的出资金额和比例等情况。

（3）银行对该项目发放项目贷款（包括项目融资、固定资产贷款，下同）的意向和进度等情况。

（4）银行同业对贷款项目的融资意向和已有融资状况。

（5）其他还款来源是否明确、合法。

（6）建设项目手续在政府有权部门的办理情况。

（7）项目年度投资计划，以及资本金到位情况、施工准备和建设情况。

（8）对需要提供担保的，还应对贷款担保情况进行调查。

2. 办理项目前期贷款时，审查人员应重点做好以下工作：

（1）判断贷款用途是否合理。

（2）依据国家对投资项目的管理制度和规定，判断建设项目手续的依法合规性。

（3）结合项目年度投资计划、项目建设进度、资金投入状况以及同业对该项目的竞争程度等，审慎判断贷款合理金额与期限。

（4）分析项目资本金来源，判断到位资本金的合法性、真实性。

（5）根据项目发起人或股东的出资实力、出资来源及融资能力，结合对后续贷款发放可能性的分析，判断还款资金来源的可靠性、贷款回收的保障程度。

3. 审查审批项目前期贷款业务，应明确采用贷款人受托支付方式的起付金额标准。对单笔金额超过500万元的贷款资金支付，或超过项目总投资5%且超过50万元的贷款资金支付，应采用贷款人受托支付方式。

4. 项目前期贷款一般可不进行评估，但审查人员认为需进一步对借款人、贷款项目和贷款方式等事项进行评估的，可提交评估申请。

5. 对已在银行完成项目贷款调查审查审批流程的项目，在办理项目前期贷款时，可适当简化贷款调查审查内容，同时应重点关注是否存在对项目贷款不利的重大事项变更。

6. 项目前期贷款的业务审批权限按照年度授权文件规定执行。

【贷款发放支付与贷后管理】

1. 贷款审批设定的前提条件和管理要求，需以法律文件形式落实的，要全部在合同或其他相关法律文件中反映，防止合同对重要条款未约定、约定不明或约定无效。

2. 对经放款核准的业务，应根据项目的实际进度和资金需求，采用贷款人受托支付或借款人自主支付的方式对贷款资金进行管理与控制，监督贷款资金按约定用途使用。

3. 项目前期贷款发放后，项目贷款尚未通过银行审批的，要关注项目进展情况和贷款审批进度。

对项目贷款已经银行审批，但发放条件未完全满足的，应重点跟进发放条件的落实进度。

4. 要与借款人约定，相关资金一旦到位，应及时收回已发放的项目前期贷款，并密切关注资金实际到位情况。

对同一项目办理项目贷款，应先收回银行已发放的项目前期贷款。

【其他规定】

项目前期贷款不适用于房地产开发企业。

【案例1】

工商银行甘肃省分行以项目前期贷款为切入点拓展新产品市场

一、企业基本情况

甘肃电投大容电力有限责任公司（以下简称甘肃电投大容公司）是甘

肃省电力投资集团有限责任公司下属的专业从事流域水电项目开发建设的电力生产企业。面对竞争激烈的水电开发市场，为了有效实现对省内水电资源的战略性开发，甘肃电投大容公司审时度势，确定了以白龙江、大通河、杂木河流域水电项目开发为主体的"江河开发战略"目标，组织专家及技术人员多次赴白龙江、大通河、杂木河流域进行电源点的考察论证，积极开展电源项目的运作，开拓进取，实现了业务拓展和规模发展的稳健提升，取得了电源项目开发建设的超常规发展。

二、银企合作情况

甘肃电投大容公司橙子沟项目前期贷款7000万元的顺利投放，首开工商银行省行营业部公司金融业务新产品推广之先河，也对新公司贷款产品营销起到了积极的示范带头作用，成为公司贷款业务持续增长的新亮点。2009年上半年，大唐甘肃发电有限公司昌马第一风电场项目前期贷款已审批，兰州市城投基础建设营运期贷款已完成前期调查工作，已确定的有关项目营运期贷款也正紧锣密鼓地进行各项调查。在这些项目全面展开、快速推进，并取得实质性进展的过程中，该行采取了以下措施：

一是领导重视，组织推动有力。2009年以来，营业部领导在支行长会议、公司专业会议等多种会议上多次强调公司金融业务新产品的营销，要求各支行至少实现一个新品种的突破，金额不低于3000万元，并要求各行一把手牵头，成立营销小组，全面推动新产品、新业务的营销。同时，公司业务部、信贷管理部根据贷款新品种的特点，制定各品种的推广应用方案、营销方案及策略，利用公司专业会议及联动营销等时机，积极向各行推广。

二是分析市场，明确营销目标。结合总行推出的项目前期贷款等品种的特点及优势，及时掌握政策精神，快速开展市场调查与分析，确定目标客户、项目与适用的贷款品种，按照"五定"的工作要求，落实好各项营销任务，积极开展业务营销与推广。

三是快速出击，抢占市场先机。为了在市场竞争中掌握主动权，营业部与支行两级联动，进行联动营销，领导亲自带队走访企业，努力推介产品，既解决了企业融资问题，增进了银企合作，又加快了全行业务发展，确保了贷款早投放、早获益。

四是紧密配合，提高工作效率。为实现贷款快速投放，经办人员积极加强与企业的联系，做好贷款调查等基础工作，并与省行相关部门进行沟通，尽快进行上报，大大缩短了业务受理时间，得到了企业的认可。

甘肃电投大容公司项目前期贷款如图1-8所示。

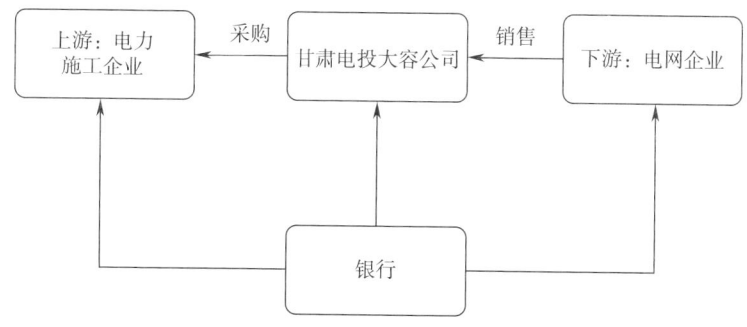

图1-8　甘肃电投大容公司项目前期贷款

【案例2】

工商银行河北廊坊分行成功向京台高速公路项目发放前期贷款5000万元

一、企业基本情况

京台高速公路廊坊段是国家"7918"高速公路规划网中北京至台北高速公路（G3）的组成部分，也是河北省"五纵六横七条线"高速公路网规划中"纵二"的重要路段。京台高速公路廊坊段开工奠基仪式在永清县燃气工业园区举行。

二、银企合作情况

继向密涿支线及廊沧高速发放28亿元搭桥贷款和2亿元高速公路项目贷款后，工商银行河北廊坊分行又成功向京台高速公路廊坊段项目发放前期贷款5000万元，并随工程进度向其发放贷款。至此，廊坊在建的所有高速公路项目都得到了该行的贷款支持。

京台高速公路项目前期贷款如图1-9所示。

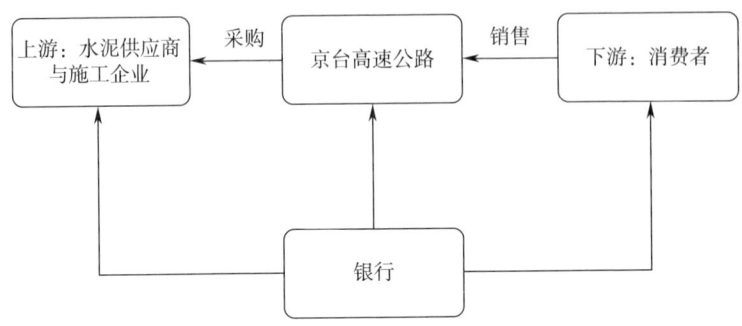

图1-9 京台高速公路项目前期贷款

【案例3】

咸宁核电有限公司项目前期贷款案例

一、企业基本情况

咸宁核电有限公司是由中国广东核电集团有限公司和湖北能源集团股份有限公司共同投资组建的核电企业,作为项目业主,负责湖北咸宁核电站的工程建设和生产运营,注册资本7亿元。

咸宁核电站位于湖北省咸宁市通山县大畈镇大垅村附近的狮子岩、富水水库中段北岸,采用先进的第三代核电技术——AP1000非能动技术路线,规划建设4台AP1000型百万千瓦级压水堆核电机组。

按照国家核电发展统一部署,咸宁核电站各项前期准备工作按计划顺利推进。大件运输道路及重件码头工程开工,场平土石方工程按计划推进,设备采购与制造、项目申报等工作进展顺利。正式开工前的各项准备工作已全面铺开。一号机组核岛主体工程计划浇筑第一罐混凝土。

二、银企合作情况

工商银行通山分行以行内银团方式对咸宁核电有限公司投放了第一笔项目前期贷款,实现了工商银行通山分行在核电领域贷款零的突破,同时也是当地银行同业为该公司办理的首笔人民币贷款。工商银行通山分行已连续对该公司投放了三笔项目前期贷款,极大地支持和服务了咸宁核电站项目建设。

咸宁核电有限公司项目前期贷款如图1-10所示。

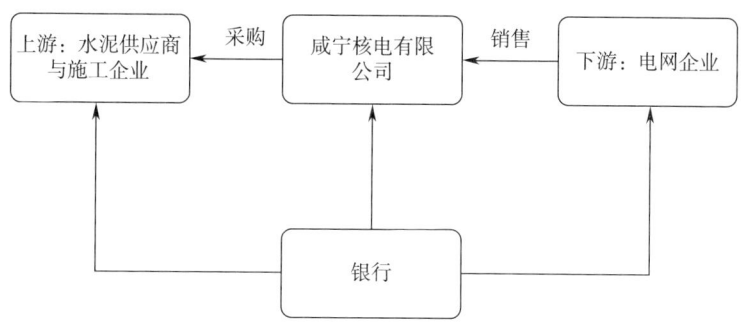

图 1-10　咸宁核电有限公司项目前期贷款

工商银行作为服务咸宁核电站项目的牵头行，已与咸宁核电有限公司就咸宁核电站项目签订了银团贷款包销协议，为其提供存款、结算、银行卡、网上银行、票据融资等多项服务。核电站项目前期贷款的投放，进一步拓宽了双方合作领域，巩固了工商银行作为咸宁核电站项目融资业务主办行的地位，为后期巨额融资业务奠定了良好基础。

工商银行通山分行作为咸宁核电站项目所在地的贷款经办行，想方设法，积极向上级行争取更多的行内银团贷款份额。一方面，壮大了自身的资产业务实力，提升了银行的经营效益；另一方面，通过银团贷款发放，增加了工商银行通山分行利息收入营业税上缴金额，为通山当地税收拓展了新的渠道，为地方经济发展作出了更大的贡献。

在发放核电站项目前期贷款之前，工商银行通山分行对在该行开户的核电站项目下游企业积极提供优质高效的金融业务服务：一是设置贵宾窗口，在核电相关公司办理业务时，配备专人接待、引导、陪同，第一时间提供业务办理服务；二是定期上门，征询意见，听取建议，完善服务；三是开设企业网上银行，方便资金查询和转账，减少往返奔波次数，提高工作效率；四是在力所能及的范围内，帮助协调与有关部门的工作关系，解决实际问题，提高银企合作效率。

【产品五】项目营运期贷款

【基本概念与原则】

项目营运期贷款是指在获得商业银行贷款支持的优质项目已经建成投产的前提下,为满足借款人灵活安排资金、降低融资成本等需求而替换项目现有银行融资,以项目运营产生的持续稳定的现金流为主要还款来源而发放的贷款。

【营销建议】

项目营运期贷款有两种模式。

一是短贷置换长贷。为了建设固定资产项目,很多客户在银行申请的都是长期项目贷款,执行较高的贷款利率,在项目已经建成并产生经营现金流后,他们一般都希望申请较低利率的贷款来置换前期高成本的项目贷款,改善融资结构,这时候会产生项目营运期贷款的需求。这类贷款实际上就是以短期的流动资金贷款置换前期的项目贷款。

二是长贷置换短贷。客户的顾虑是前期项目的资金为短期贷款资金,而项目原本需要的是长期资金,期限错配,因此采取以长期贷款置换短期贷款的做法。

例如,一个电厂开展8年期的建设项目,前3年为项目建设期,后5年为项目营运期(见图1-11)。

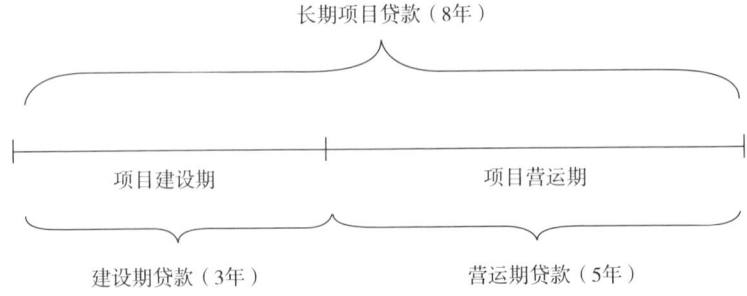

图1-11 8年期长期项目贷款

第一种融资方式是整个项目周期都使用项目贷款，执行 8 年期贷款利率。第二种融资方式是项目建设期使用长期项目贷款，执行 8 年期贷款利率；项目营运期使用营运期贷款，执行 1 年期流动资金贷款利率。

总体上，它通常是银行提供项目营运期贷款，用于置换其他银行的长期项目贷款，属于竞争性产品。

【适用客户】

可以营销的企业包括公路项目公司、电厂项目公司、各大石化项目公司、铁路项目公司等。

【适用情形】

项目营运期贷款用于置换借款人为建设该项目形成的银行融资，主要适用以下情形：

1. 借款人已经从其他商业银行取得针对该项目的贷款，但希望通过项目营运期贷款置换原贷款以实现合理配置资金期限、降低融资成本的目的。

2. 为维护客户关系，应借款人申请，以项目营运期贷款置换优质项目在银行的中长期项目贷款，满足借款人合理配置资金期限、降低融资成本的要求。

3. 在贷款利率上升阶段，通过向目标客户发放中短期项目营运期贷款，实现提高银行贷款收益的目的。

4. 其他符合项目营运期贷款定义规定的情形。

【管理原则】

项目营运期贷款管理应遵循"限定行业范围、选择优质项目、锁定贷款用途、监测项目营运、合理安排还款"的原则。

【业务办理条件】

申请项目营运期贷款的项目须同时满足以下条件：

1. 项目属于电力、铁路、城建、公路、石油石化、港口、煤炭、钢铁和电信行业。项目的业主方实力较强，经营管理规范。

2. 项目符合国家产业政策和银行行业信贷政策。

3. 项目已建成，并已产生经营现金流。

4. 借款人为建设该项目形成的银行借款尚未偿还完毕。

5. 借款人的经营情况稳定，经营前景良好。

6. 贷款行要求的其他条件。

【两种置换方式】

首先，对项目仅从其他商业银行取得贷款的，借款人向银行申请项目营运期贷款应提交以下资料：

1. 借款申请。

2. 借款人公司章程、营业执照、组织机构代码证书、税务登记证明、贷款卡、验资报告、法定代表人身份证明等；需年检的，还应有最新年检证明。

3. 借款人及其主要股东近三年经审计的年度财务报表和最近一期月度财务报表；不足三年的，应提供公司自成立以来的各年度财务报表和最近一期月度财务报表。

4. 项目可行性研究报告或评估报告。

5. 借款人与其他商业银行签订的针对该项目的项目借款合同或相关文件。

6. 项目自建成投产后的经营情况说明及相关证明材料。

7. 贷款行要求的其他资料。

其次，银行前期针对该项目已审批同意发放项目贷款的，借款人申请项目营运期贷款应提交借款申请、项目自建成投产以来的经营情况和还款情况、借款人及其主要股东最近一期经审计的年度财务报表和最近一期月度财务报表、贷款行要求的其他资料。

【金额、期限、利率和会计核算】

项目营运期贷款金额应根据项目经营情况、现有融资水平、还款来源、借款人需求、同业占比等因素合理确定，且不得超过为建设该项目形成的银行融资余额。

项目营运期贷款期限应根据项目经营情况、预期经营现金流量、未来发展前景、银行前期已审批项目贷款期限等因素合理确定。

项目营运期贷款在贷款期内可采用循环方式办理。循环期限一般为1年或2年，最短不得短于半年，最长不得超过5年。贷款金额应在每次循环期限届满后递减。

办理项目营运期贷款时，应根据借款人的还款能力、项目经营情况和预期收益等因素，灵活、合理确定还款安排。以循环方式办理项目营运期贷款的，可以在每个循环期内按固定期限分期还款，也可以在每次循环期限届满时按照还款计划偿还贷款。

项目营运期贷款利率应根据业务风险状况，在对应的中国人民银行同期限档次贷款基准利率的基础上合理确定。

办理项目营运期贷款，可以与借款人协商收取一定的财务费用，适度平衡银行的融资收益。

【调查、审查和审批】

1. 办理项目营运期贷款，调查人员应主要调查分析以下内容：

（1）了解项目经营情况，同时测算项目未来经营现金流情况，并对影响项目现金流的市场环境、产品供求状况等主要因素进行敏感性分析。

（2）项目在银行及其他商业银行的融资情况、银行同业融资意向及竞争情况；对在他行有融资的，应调查他行是否对借款人提前还款作出限制、借款人是否已与原贷款人就提前还款事宜达成一致。在银行有融资的，应调查借款人对银行原项目贷款的还款情况。

（3）国家或当地政府针对项目所属行业制定的政策对项目未来经营可能产生的影响。

（4）办理该笔业务是否会提高客户对银行的综合贡献度，提升银行市场占比。

2. 贷款审查人员应对项目营运期贷款进行全面风险评价，主要内容包括以下方面：

（1）判断融资项目是否属于竞争性优质项目，分析办理项目营运期贷款的必要性。

（2）审查调查报告中关于现金流及偿债能力的测算和敏感性分析是否合理，分析还款保障性，合理确定贷款金额和期限。

（3）对贷款用于置换银行以担保方式发放贷款的，还要关注原贷款担保变更为新贷款担保后银行所处的担保顺位情况，防止对项目营运期贷款还款产生不利影响。

(4) 分析还款计划是否与项目预期经营现金流匹配。对以循环方式贷款的，还应分析判断每一循环期满后设定的还款安排是否合理。

3. 办理项目营运期贷款无须评估，但审查人员应对项目经营现金流、偿债能力等进行审慎评价。

4. 办理项目营运期贷款，应合理设定提款的前提条件和贷款管理要求，防范贷款风险。

5. 以循环方式办理项目营运期贷款的，应与借款人在借款合同中明确约定每个循环期的还款安排，并应约定如果借款人在一个循环期内不能按计划还款，银行有权不再继续发放贷款，终止借款合同。

6. 项目营运期贷款纳入统一授信管理，占用项目融资专项授信额度。

以项目营运期贷款替换银行原有针对同一项目发放的项目贷款的，原项目贷款占用的授信额度可继续使用。

项目营运期贷款到期后以银行对同一项目发放的贷款偿还的，原占用的授信额度可继续使用；以其他资金来源偿还的，贷款收回后相应调减占用的授信额度。

7. 项目营运期贷款审批权限按照年度授权文件规定执行。

【贷款发放和贷后管理】

1. 办理项目营运期贷款，要按照合同约定的方式直接将贷款资金用于偿还借款人原有贷款。

2. 对须提供抵（质）押担保的，可以在原贷款人释放抵（质）押担保后办理抵（质）押登记手续。

3. 办理项目营运期贷款，应重点关注项目所在行业风险情况，项目经营状况及收入状况，项目经营收入是否按照还款安排的约定按时、足额回笼银行等。

4. 以循环方式办理项目营运期贷款的，在每次循环期限到期、办理下一循环期贷款前，应对项目经营情况、现金流稳定性和还款情况进行深入的检查分析，重点审核借款人还款是否正常、是否符合合同约定的提款前提条件、是否发生过合同中载明的违约事项，以决定是否允许借款人继续提款。

【案例1】

晋州市机场股份有限公司项目营运期贷款

一、企业基本情况

晋州市机场股份有限公司注册资本5亿元，年营业额超过80亿元。晋州市机场股份有限公司为我国民航领域特大型企业，资产规模、经营实力在同行业中名列前茅。作为垄断性行业，公司主营业务收入稳定。随着我国加入世贸组织，对外交往范围不断扩大，晋州市凭借其在经济、旅游等方面的优势，始终保持着在国内机场行业内各项业绩排名靠前，年旅客吞吐量逐年递增。

晋州市机场股份有限公司总资产422亿元，年财务费用196亿元。近年来，它进行持续的收购兼并，连续收购天津××机场、沈阳××机场等国内多家机场。为扩建机场设施，公司筹建晋州市机场三期工程。公司融资金额巨大，财务费用压力较大。

二、银行切入点分析

晋州市机场股份有限公司面临的问题是如何降低财务费用。银行前期为该公司提供了超过10亿元的10年期固定资产贷款，在项目开工建设3年后，项目完工并已经开始商业运营，经营现金流状况较好。由于10年期固定资产贷款利率高达9%，该公司认为成本较高，希望降低融资成本。

晋州市机场股份有限公司资产规模、经营实力在我国同行业中名列前茅。作为垄断性行业，其主营业务收入稳定。通过分析该公司以往的财务数据，银行可以比照流动资金贷款提供2年期流动资金贷款，用于置换前期的固定资产贷款。

晋州市机场股份有限公司项目营运期贷款如图1-12所示。

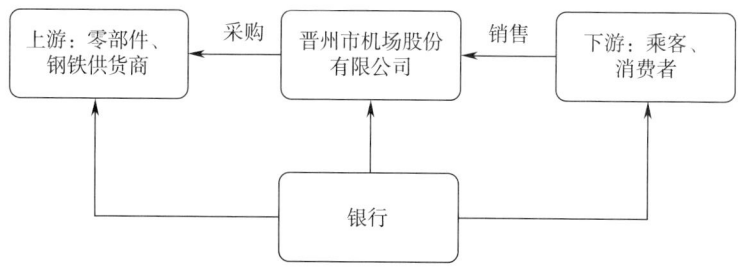

图1-12　晋州市机场股份有限公司项目营运期贷款

三、银企合作情况

银行为晋州市机场股份有限公司提供 5 亿元流动资金贷款,期限 2 年,用于置换前期的固定资产贷款。

【案例 2】

工商银行向川南发电厂贷款 2.8 亿元

工商银行向川南发电厂发放四川省银行系统首笔项目营运期贷款 2.8 亿元。此举既支持了泸州市重点企业的发展,又为四川省银行系统发展创新型信贷产品积累了宝贵的经验。川南发电厂项目营运期贷款如图 1-13 所示。

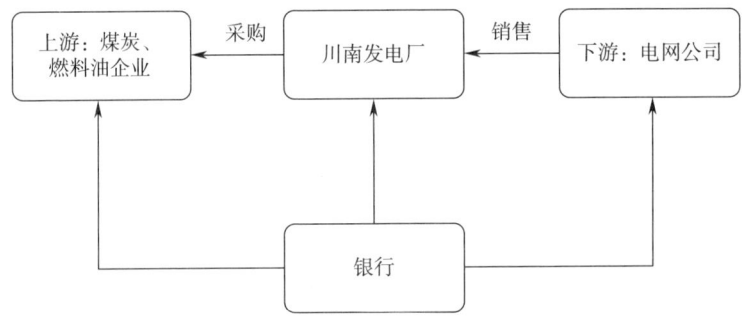

图 1-13 川南发电厂项目营运期贷款

该产品是工商银行总行推出的五种创新型信贷产品之一,在降低企业融资成本、灵活安排资金等方面具有很大优势。工商银行为了提升信贷产品的市场竞争力,大力发展创新型信贷产品业务,通过系统上下联动,密切配合,成功向川南发电厂发放全省首笔项目营运期贷款 2.8 亿元。据悉,该笔项目营运期贷款是工商银行总行信贷新产品推出后,在全省发放的第一单。该行在申报、审查、发放等流程处理中遇到了不少困难,但是通过工商银行总行、省分行的积极配合,及时解决了系统设置、流程指导等问题,顺利实现了该项目营运期贷款按时成功投放。

产品篇

【点评】

对于机场集团、大型交通厅等客户,银行必须保持高度的谨慎进行合作,这类客户属于各家银行追捧的高端客户,很多银行在想方设法"挖墙脚",项目贷款的主办行必须非常谨慎,随时满足客户的需要。

这类客户有非常强大的"现金池",日常经营现金流较为稳健,银行的流动资金贷款可以帮助客户解决前期的部分长期贷款,降低企业融资的加权成本。

【产品六】并购贷款

【基本概念与原则】

并购贷款是指为了满足并购方或其专门子公司在并购交易中支付并购交易价款的需要,以并购后企业产生的现金流、并购方综合收益或其他合法收入为还款来源而发放的贷款(见图1-14)。

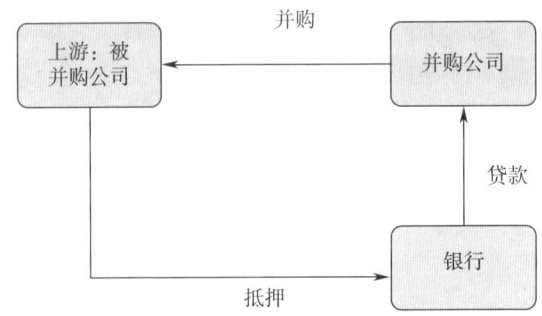

图1-14 并购贷款

并购是指并购公司(并购方)通过受让现有股权、认购新增股权,或收购资产、承接债务等方式实现合并或实际控制已设立并持续经营的目标企业的交易行为。

并购可在并购公司(并购方)与目标企业(被并购公司)之间直接进行,也可由并购公司(并购方)通过其专门设立的无其他业务经营活动的全资子公司或控股子公司(以下简称专门子公司)间接进行。

并购贷款在中国比较有前途,未来发展空间较为广阔,银行客户经理要高度重视。

【办理条件与贷款用途】

1. 申请并购贷款的并购方应符合以下基本条件:

(1)在银行开立基本存款账户或一般存款账户。

(2)依法合规经营,信用状况良好,没有信贷违约、逃废银行债务等不良记录。

（3）主业突出，经营稳健，财务状况良好，流动性及盈利能力较强，在行业或一定区域内具有明显的竞争优势和良好的发展潜力。

（4）信用等级在 AA – 级（含）以上。

（5）符合国家产业政策和银行行业信贷政策。

（6）与目标企业之间具有较高的产业相关度或战略相关性，并购方通过并购能够获得目标企业研发能力、关键技术与工艺、商标、特许权、供应或分销网络等战略性资源以提高其核心竞争能力。

（7）并购交易依法合规，涉及国家产业政策、行业准入、反垄断、国有资产转让等事项的，应按适用法律法规和政策要求，取得或即将取得有关方面的批准。

2. 借款人申请并购贷款，应根据要求提交相关资料。

3. 借款人为并购方专门子公司的，并购方需提供连带责任保证。

并购贷款用于受让、认购股权或收购资产的，对应的股权或资产应质押或抵押给银行，但按法律法规规定不得出质或转让的除外。

4. 并购贷款用于满足并购方企业以实现合并或实际控制目标企业为目的的融资需求，且仅限于并购方或其专门子公司支付并购交易价款，不得用于并购方或其专门子公司在并购协议下所支付的其他款项，也不得用于并购之外的其他用途。

并购贷款不得用于以短期投资收益为主要目的的财务性并购活动。

【金额、期限、利率与总量控制】

并购贷款金额应综合考虑并购方融资需求、负债水平、经营能力、偿债能力、盈利能力、并购交易风险状况、并购后的整合情况预测，以及其他银行对该并购交易的融资情况等因素合理确定，银行与他行针对该项并购的贷款之和不得超过并购交易所需资金的 50%。

并购贷款期限一般不超过 5 年。

并购贷款一般应按年、按半年或按季度分期还款，按月或按季度付息。

并购贷款执行银行利率政策，利率需反映并购交易复杂性、贷款风险情况等因素，一般应高于同期限项目贷款的利率水平。

对同一借款人的并购贷款余额占同期银行核心资本净额的比例不应超

过5%。

全部并购贷款余额占同期银行核心资本净额的比例不应超过50%。

【贷款调查】

1. 办理并购贷款业务，需按照规定条件和要求对并购双方和并购交易进行调查分析，包括但不限于以下内容：

（1）并购双方基本情况、经营情况及财务状况。

（2）并购双方是否具备并购交易主体资格，是否具备从事营业执照所确立的行业或经营项目的资质。

（3）并购协议的基本内容、并购协议在双方内部审批情况和在有关政府机构及监管部门的审批情况及进度。

（4）并购方与被并购方是否存在关联关系，双方是否由同一实际控制人控制。

（5）并购目的是否真实、是否依法合规，并购是否存在投机性及是否采取相应的风险控制对策。

（6）并购交易涉及的交易资金总额、资金筹集计划和方式，以及并购交易涉及境外资金的过境风险。

（7）并购后新的管理团队实现新战略目标的可能性。

（8）并购交易的后续计划、整合计划及其前景和风险，并购后财务数据和主要财务指标预测。

（9）并购交易涉及的股权是否存在质押、查封或冻结等权利限制情形，是否存在限制交易或转让的情形。

（10）涉及国有股权转让、上市公司并购、管理层收购或跨境并购的，还应调查分析相关交易的依法合规性和业务风险。

2. 对通过受让现有股权、认购新增股权方式合并或控制目标企业的并购贷款申请，还应由符合要求的、具备并购从业经验的人员对股权并购交易的可行性和风险状况进行独立分析评估。

【审查和审批】

1. 审查人员应遵循审慎原则，根据要求进行审查，审查重点包括但不限于以下内容：

（1）调查报告内容是否全面、清晰、准确，对并购后企业经营和财务的预测是否审慎、合理,对各项风险的揭示是否全面、合理,所提出的风险防控措施是否完善、有效。

(2) 并购交易涉及国家产业政策、行业准入、反垄断、国有资产转让等事项的,是否已经或即将按适用法律法规和政策要求,取得有权部门的批准,并履行必要的登记、公告等手续。

(3) 并购交易目的是否符合规定,即通过并购交易实现合并或实际控制已设立并持续经营的目标企业。

(4) 对于并购方与目标企业存在关联关系,尤其是并购方与目标企业受同一实际控制人控制的情形,应重点审查并购交易的目的是否真实、依法合规,并购交易价格是否合理。

(5) 并购交易金额、期限、利率水平、抵(质)押率的确定是否合理;并购方自有资金的来源、金额及支付方式是否合法、合规,及其对并购贷款还款来源造成的影响。

(6) 并购双方是否有能力通过发展战略、组织、资产、业务、文化及人力资源等方面的整合实现协同效应。

(7) 并购后企业的竞争优势、治理结构、经营管理情况,是否有后续的重大投资计划。

(8) 并购方是否具有较强的综合偿债能力,并购交易是否有利于增加并购方或目标企业的未来收益,并购双方现金流及其对并购贷款还款来源造成的影响如何,还款来源是否充足、与还款计划是否匹配,还款能力和还款意愿是否良好;如发生对贷款偿还产生不利影响的情形,拟采取的应对措施或退出策略是否有效。

(9) 对于被并购企业或其控股股东在银行有贷款的,还应审查其出售股权或资产对银行原有贷款还款来源、还款能力和还款意愿的影响。

2. 并购贷款纳入统一授信管理,占用专项授信额度。

并购交易导致相关客户关联关系改变的,应按新的关联关系进行统一授信。

3. 通过收购基础产业类资产合并或控制目标企业的并购贷款,可由一级(直属)分行审批(不得转授),其余一律报总行审批(低风险除外)。

【前提条件核准、贷款发放与会计核算】

办理并购贷款业务,应与借款人和相关担保人订立书面并购借款合同、担保合同及其他相关法律文件。信贷业务审批书中提出的贷款发放前提条件和贷款管理要求需要以法律文件形式落实的,要全部在合同或其他相关法律文件中反映,防止合同对重要条款未约定、约定不明或约定无效。

办理并购贷款业务,应在借款合同中与借款人约定,如果最终没有按相关并购协议约定的标准完成并购交易,银行有权宣布贷款提前到期,借款人应立即偿还银行已发放的贷款。

办理并购贷款业务,要按照合同约定的方式对贷款资金的支付实施管理与控制。借款人须同时满足以下条件,方可向其发放贷款:

（1）相关并购交易已按规定获得批准,并履行了必要的登记、公告等手续。

（2）并购方自筹资金已足额到位,并已按期支付;分期支付交易价款的,并购方自筹资金至少与并购贷款同比例先期支付。

（3）并购借款合同约定的其他提款条件。

【贷后管理】

1. 并购贷款发放后,客户经理等贷后管理人员应定期对并购方及并购后企业进行现场检查,检查重点内容主要包括但不限于以下方面:

（1）并购交易的实施进度。

（2）借款合同条款的履行情况。

（3）国家或当地政府是否出台对并购方或并购后企业产生影响的相关政策,若出台相关政策,分析其影响程度。

（4）并购方及并购后企业公司治理结构、高级管理人员变动情况;品牌、客户、市场渠道等生产经营活动的变化情况;财务状况及分红策略等财务政策变化情况。

（5）并购方后续重大投资计划进展及变动情况,是否对其经营产生不利影响。

（6）并购方及并购后企业还本付息情况,以及未来现金流的可预测性和稳定性。

（7）被并购方或其控股股东在银行有贷款的,应检查其出售股权或资产后获得的收入是否按合同约定偿还银行贷款。

（8）对于设立还款专户的，应关注是否达到合同约定余额下限，确保按期足额收回贷款本息。

（9）按照有关规定对抵（质）押物定期进行价值评估，分析其对银行贷款的保障程度，以及处置、变现能力。

2. 以拟并购资产或股权抵（质）押的，在并购交易完成后，应及时办理相关担保变更手续，保证银行担保权益连续、有效。对于不能办理相关手续的，应及时收回贷款或要求客户提供其他足额、有效、合法的担保。

3. 贷后管理人员应要求并购方及并购后企业按合同约定定期提供财务报表，并对其未来一年的经营及现金流情况进行预测。

4. 贷款期内，并购方出现借款合同约定的特定情形（如首次公开发行、资产出售等）获得额外现金流时，应督促借款人按照合同约定提前偿还银行贷款。

5. 贷款期内，如并购方或并购后企业出现重要财务指标（如资产负债率等）劣变等触及合同保护性条款的情形，应及时采取措施，保障银行贷款安全。

6. 并购贷款不良率上升时，应从以下方面加强检查和评估：

（1）并购贷款担保的方式、构成和覆盖贷款本息的情况。

（2）针对不良贷款所采取的清收和保全措施。

（3）处置质押股权的情况。

（4）并购贷款的呆账核销情况。

【其他要求】

1. 对办理并购贷款的并购交易，应由银行担任并购顾问或融资顾问，积极参与、监控并购交易，随时掌握风险变化情况，但并购交易不聘任并购顾问或融资顾问的除外。

2. 办理并购贷款，可根据并购交易的复杂性、专业性和技术性，聘请中介机构或独立顾问进行有关调查，并在贷款调查、风险评估或审查中使用该中介机构的调查结果。

对所聘请的中介机构或独立顾问，应通过书面合同明确其法律责任。

3. 对通过收购资产、承接债务等方式合并或实际控制目标企业的并购贷款申请，以及由部分特大型优质客户作为并购方、以其综合收益为主要还款来源的并购贷款申请，可适当简化调查、审查内容，主要分析并购资产的未来现金流、所承接债务的未来还款来源情况，或并购方的经营财务状况及综合偿债能力。

【案例1】

江西南方水泥有限公司并购贷款

一、企业基本情况

江西南方水泥有限公司是由南方水泥有限公司和国家重点支持的60强水泥企业之一江西兰丰水泥集团有限公司共同出资组建的专业化水泥公司，首期注册资本人民币10亿元。江西南方水泥有限公司是为贯彻中国建材水泥业发展战略而在江西设立的大型专业化的水泥公司，拥有参控股企业和关联企业的多条新型干法水泥熟料生产线，水泥产能较高。

二、银企合作情况

工商银行向江西南方水泥有限公司发放并购贷款6.93亿元，用于并购江西省内5家水泥集团公司下属的生产企业。这是江西省内银行业发放的第一笔并购贷款（见图1-15）。

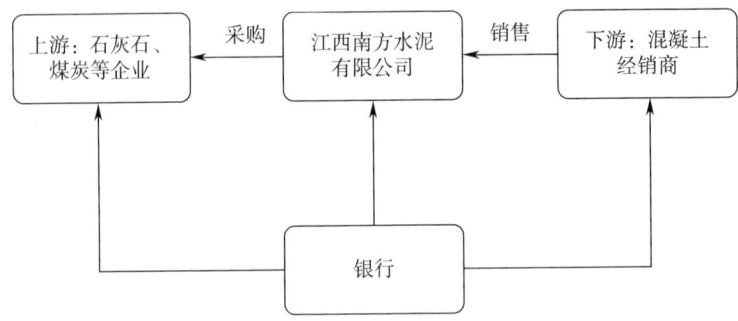

图1-15 江西南方水泥有限公司并购贷款

与以往传统贷款不同的是，并购贷款的目的是帮助企业实现兼并重组。除了贷款企业本身需要确保经营业绩良好，还要考虑兼并后是否会出现"消化不良"、能不能在短期内整合形成生产力，最终实现盈利。因此，获得并购贷款支持的，大多是央企和行业龙头企业。

江西南方水泥有限公司此次并购涉及江西省内兰丰水泥、泰和玉华水泥、芦溪南方水泥、华厦建材、新华建材5家水泥集团的10家生产企业，并购交易标的总额14.11亿元，其中江西南方水泥有限公司自筹7.18亿元，银行提供并购贷款6.93亿元（期限为5年），占并购总金额的49%。

【案例2】

工商银行首笔并购贷款开闸，4亿元支持百联集团

工商银行与百联集团签署了并购贷款协议及并购财务顾问协议。根据协议，工商银行向百联集团提供4亿元并购贷款，用于收购上海实业联合集团商务网络发展有限公司（以下简称上实商务网络）100%的股权。这是工商银行第一次直接与企业签订并购贷款协议。百联集团并购贷款如图1-16所示。

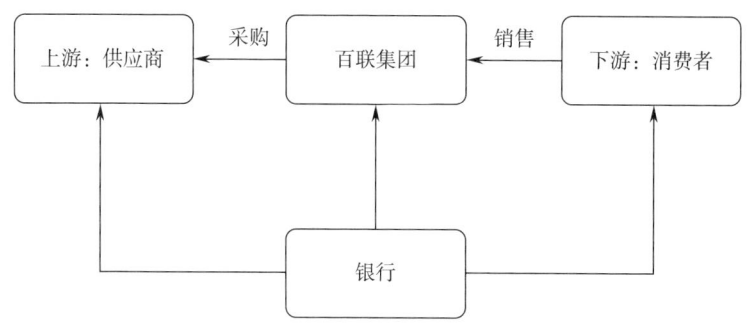

图1-16　百联集团并购贷款

这笔并购贷款是工商银行在《商业银行并购贷款风险管理指引》颁布后的首笔并购贷款业务，标志着该行在运用并购贷款这一创新融资品种，加大金融扶持力度、拓宽企业融资渠道，支持有实力的企业通过并购重组进行资源整合、做大做强方面已迈出实质性步伐。

此次并购贷款的并购收购方百联集团是上海市国资委全资拥有的大型流通产业集团，综合实力雄厚。通过此次并购，百联集团将通过协议收购上实商务网络100%的股权，以间接获得联华超市21.17%的内资股股权，成为联华超市第一大股东和实际控制人，有助于强化其对优质核心资产联华超市的实际控制力和收益权，加快推进旗下资产整合。

此次推出的并购贷款产品将以"顾问+融资"的服务形式，面向具有并购融资需求的企业，为企业提供投资银行、审计以及资产评估等一系列前期服务。同时，首批试点的并购贷款最高杠杆比率为1:2，即企业申请的并购贷款额度不得高于并购资金的50%。

【点评】
　　并购贷款并不是什么复杂的新品种，并购贷款用于股权收购，用途较为新颖。并购贷款也需要担保和抵押，如果企业本身实力偏弱，可以采取连接担保方式，以新购入的资产追加担保的方式提供授信。

附件

并购贷款尽职调查细则（示例）

为做好并购贷款业务尽职调查（含股权并购交易风险评估，下同）工作，提高尽职调查质量，识别并控制并购贷款风险，并购贷款尽职调查人员（含股权并购交易风险评估人员，下同）应根据本细则提示的内容，全面、准确、深入地调查分析并购双方和并购交易的相关情况和风险因素，形成调查报告（股权交易风险评估报告）。报告引用的数据应当提供资料来源，作出的判断应有充分客观、公正的依据。

一、并购双方应提交的资料

（一）涉及并购双方的基本资料

主要包括但不限于：

1. 并购双方的注册登记（或批准成立）、变更登记相关文件，以及营业执照、组织机构代码证书、税务登记证明、贷款卡、验资报告等。涉及外商投资企业，或属于需批准经营的特殊行业的，还应有相应的批准证书或许可证。上述资料需年检的，应有最新年检证明。

2. 并购双方的公司章程、法定代表人身份证明。

3. 并购双方近三年经审计的财务报告；成立不到三年的，提供自成立以来的财务报告。

4. 说明并购双方企业类型、注册资金、股权结构、实际控制人、机构设置和人事结构、历史沿革、行业地位、竞争优势等的相关资料。

5. 说明并购双方的产品特征、生产设备、生产技术、研发能力、生产能力、分销网络的资料。

6. 并购方未来3~5年的重大投资计划。

（二）涉及并购交易的相关资料

主要包括但不限于：

1. 有权部门对并购交易出具的批复文件或证明文件（如需要）。并购交易在有权部门的批准手续尚未完成的，申请贷款时可暂不提供，但应提供办理进展情况说明。

2. 可行性研究报告、并购涉及资产的评估报告，以及被并购方出让资产的产权证明、有经营特许权的经营许可证等。

3. 涉及并购交易的有关文件，包括并购方案、合同或协议，以及原有债权和债务的处理方案、股份制企业董事会或股东大会同意并购的决议原件及相关公告等。

（三）能证明并购方投融资能力的有关材料

主要包括但不限于：

1. 企业现有负债和所有者权益的来源及构成情况。

2. 拟用于并购交易的非债务性资金的筹资方案和出资证明等。

3. 并购方用于并购的资金来源中包含固定收益类工具的，应出具该工具的权属证明（如有）、与该工具估值有关的资料等。

4. 并购交易的其他资金来源情况及相关证明材料。

二、尽职调查和风险评估分析内容

（一）并购双方基本情况分析

1. 并购双方基本情况分析，包括公司治理、组织结构情况，生产经营、主营业务、生产技术和产品情况等。

2. 了解并购双方的合并及分立情况。应到管理部门核查企业设立批准文件、营业执照、章程、设立程序、合并及分立情况、变更登记、年度检验等事项，核查目标企业是否具备从事营业执照所确立的特定行业或经营项目的特定资质。对目标企业设立、存续的合法性作出判断。

3. 调查分析并购双方是否具备并购交易主体资格以及并购双方是否具备从事营业执照所确立的行业或经营项目的资质。

（二）并购双方财务和非财务因素分析

1. 会计分析。通过查阅并购双方财务资料，并与相关财务人员和会计师沟通，核查目标企业会计政策、会计估计的合规性和稳健性。如并购双方在过去三年内存在会计政策或会计估计变更，重点核查变更内容、理由及对目标企业财务状况、经营成果的影响。

2. 财务因素分析。应分析并购双方财务报表中各科目的构成情况和真实性，关注各科目之间是否匹配、会计信息与相关非会计信息之间是否匹配。将财务分析与目标企业实际业务情况相结合，关注目标企业的业务发展、业务管理状况，对目标企业财务资料作出总体评价。

3. 非财务因素分析。对并购双方的非财务因素进行调查，识别并购双方在公司治理、行业竞争和宏观经济环境等方面的风险，评价公司治理结构和内部控制情况，了解行业内主要企业及其市场份额情况，调查竞争对手情况，分析目标企业在行业中所处的竞争地位及变动情况。

4. 主要资产分析。调查并购双方主要有形资产和无形资产权属的合法性。查阅并购双方生产经营设备及商标、专利、版权、特许经营权等有形资产和无形资产的权属凭证、相关合同等资料，并向固定资产管理、知识产权管理等部门核实是否存在担保或其他限制上述资产权力的情形。如果并购双方尚未取得对上述财产的所有权或使用权完备的权属证书，还需聘请相关中介机构对取得这些权属证书是否存在法律障碍作出判断。

（三）战略风险调查分析

分析并购双方行业前景、市场结构、经营战略、管理团队、企业文化、股东支持等方面，判断并购的战略风险。

1. 并购双方的产业相关度和战略相关性，以及可能形成的协同效应。

2. 并购双方从战略、管理、技术和市场等方面取得额外回报的机会，能否通过并购获得研发能力、关键技术与工艺、商标、特许权、供应或分销网络等战略性资源以提高其核心竞争力。

3. 并购后的预期战略成效及企业价值增长的动力来源。

4. 并购后新的管理团队实现新战略目标的可能性。

5. 并购的投机性及相应的风险控制对策。

6. 协同效应未能实现时,并购方可能采取的风险控制措施或退出策略。

(四) 法律与合规风险调查分析

1. 分析并初步判断并购交易是否依法合规,涉及国家产业政策、行业准入、反垄断、国有资产转让等事项的,是否已经或即将按适用法律法规和政策要求取得有关方面的批准,并履行必要的登记。

2. 并购目的是否真实、是否依法合规,并购协议在双方内部的审批情况。

3. 法律法规对并购交易的资金来源是否有限制性规定。

4. 担保的法律结构是否合法有效并履行了必要的法定程序,并购股权(资产)是否存在质(抵)押、查封或冻结等权力限制情况。

5. 借款人对还款现金流的控制是否合法、合规。

6. 贷款人权利能否获得有效的法律保障。

7. 并购双方是否存在尚未了结的或可预见的重大诉讼、仲裁及行政处罚案件。

8. 与并购、并购融资法律结构有关的其他方面的合规性。

(五) 经营及财务风险分析

1. 并购后企业经营的主要风险,如行业发展和市场份额是否能保持稳定或增长趋势、公司治理是否有效、管理团队是否稳定且具有足够能力、技术是否成熟并能提高企业竞争力、财务管理是否有效等。

2. 并购双方的未来现金流及其稳定程度。

3. 并购交易涉及的交易资金总额、资金筹集计划和方式,以及并购方的支付能力。

4. 并购双方的分红策略及风险。

5. 并购双方财务管理的有效性。

6. 并购中使用的固定收益类工具价值及其风险。

7. 汇率和利率风险。

(六) 整合风险分析

调查并购交易的后续计划、整合计划,并对其前景和风险进行分析,包括以下几个方面:

1. 是否拟在将来对双方的发展战略进行整合及其具体内容,是否有重大的后续投资。

2. 是否拟在未来对并购双方的主营业务作出整合及其具体方案。

3. 是否拟对目标企业的资产和组织结构进行整合及其具体内容。

4. 是否拟对并购双方现有员工聘用计划作出重大变动及其具体内容。

5. 其他对目标企业业务和组织结构有重大影响的整合计划。

通过上述分析,判断并购双方是否有能力通过发展战略、组织、资产、业务、人力资源及文化等方面的整合实现协同效应。

(七) 股权估值

对并购股权的价值进行独立、谨慎、客观、公正的评估,并对股权价值评估的依据、假设、过程和局限性进行说明,分析并购股权定价高于目标企业股权合理估值的风险。

股权价值评估方法主要包括收益法、市场法和成本法,应优先选择收益法和市场法进行估算。

1. 收益法是指通过预测目标公司未来各期收益,并选用适当的折现率将其折算到评估基准日,再累加求和的方法。收益法一般采用自由现金流量和股权现金流量两种口径计算。

(1) 通过自由现金流量的口径评估目标公司价值。

目标公司股权价值 = 目标公司整体价值 - 目标公司债务价值

$$目标公司整体价值 = \sum_n \frac{FCFF_n}{(1+WACC)_n}$$

式中,$FCFF$ 为自由现金流量,$WACC$ 为加权平均资本成本,n 为收益期间。

自由现金流量是指企业在持续经营的基础上除了在资产上所需投入外,企业能够产生的额外现金流量,即

自由现金流量 = $EBIT$ × (1 - 所得税税率) + 折旧与摊销 - $CAPEX$ - 营运资本净增加额

式中,$EBIT$ 为息税前盈余,$CAPEX$ 为资本性支出。

息税前盈余 = 净利润 + 所得税 + 利息支出

资本性支出 = 固定资产支出 + 其他长期资产支出

营运资本净增加额 = 非现金流动资产增加 - 无息流动负债增加

= 存货增加 + 经营性应收项目增加 + 待摊费用增加 −
经营性应付增加 − 预提费用增加

（2）通过股权现金流量评估目标公司价值。

$$目标公司股权价值 = \sum_n \frac{FCFE_n}{(1+KE)_n}$$

式中，FCFE 为股权现金流量，KE 为股权资本成本。

股权现金流量是指满足债务清偿、资本性支出和营运资本等需要之后所余的可作为发放股利的现金流量。股权现金流量是在自由现金流量的基础上加上与债务相联系的现金流量，即

股权现金流量 = 自由现金流量 + （新增有息负债 − 偿还有息负债本金）

2. 市场法是指利用市场上同样或类似企业股权的近期交易价格，经过直接比较或类比分析以估测股权价值的评估方法。

通过市场法进行股权价值评估需要满足两个最基本的前提条件：首先，要有活跃的股权交易市场；其次，市场上要有可比的同类企业股权交易活动。因此，市场法主要适用于上市公司。

市场法计算公式如下：

$$目标企业股权价值 = 每股收益 \times 市盈率$$

3. 成本法指在合理评估目标企业各项资产和负债价值的基础上确定其股权价值的评估方法。

成本法适用于非上市公司的股权价值评估。

成本法计算公式如下：

$$目标企业股权价值 = 净资产评估值 \times 溢价比率$$

此外，还可根据并购交易实际情况，选用其他的股权价值评估相对指标，如市净率、企业价值/息税折摊前盈余、企业价值/每单位产能等，作为股权价值评估方法的辅助。

（八）其他特定交易事项分析

1. 国有股转让分析。国有产权转让履行国家规定程序的基本情况。并购交易中涉及国有股股份行政划转、变更以及国有单位合并等情况时，应调查了解股权划出方及划入方（变更方、合并双方）的名称，划转（变更、合并）股份的数量、比例及性质，批准划转（变更、合并）的时间及机构。需要有关部门批准的，需调查和说明其批准情况。

2. 上市公司。当并购交易涉及上市公司时，判断交易是否符合相关法律法规的规定。涉及上市公司要约收购或可能引发要约收购的，看其是否履行了合法、合规的要约程序。

3. 管理层收购。当并购交易存在被收购方董事、监事、高级管理人员及员工或者其所控制或委托的法人或其他组织收购本公司股份并取得控制权的情况，或者通过投资关系、协议或其他安排收购被收购人公司的情况时，应关注并购的定价依据、并购资金来源、融资安排、支付方式，以及关联交易是否存在违规情形，并重点调查了解并购方自有资金的来源和支付方式。

4. 跨境并购。并购交易涉及国内企业购买境外企业股权的，还应分析目标企业投资环境及安全状况等国别风险，判断该并购是否违反我国及被并购企业所在国的法律法规和政策，并调查目标企业所处行业及并购所需资金规模。需要有关部门批准的，需调查和说明其批准情况。此外，还需要分析其中的汇率风险、资金过境风险。

三、还款保障性分析

（一）贷款调查和评估人员应在全面分析与并购有关的各项风险的基础上，建立审慎的财务模型，测算并购双方未来财务数据，以及对并购贷款风险有重要影响的关键财务杠杆和偿债能力指标。

（二）在财务模型测算的基础上，充分考虑各种不利情形对并购贷款风险的影响。所谓不利情形，包括但不限于：

1. 并购双方的经营业绩（包括现金流）在还款期内未能保持稳定或呈增长趋势。

2. 并购双方的治理结构不健全，管理团队不稳定或不能胜任。

3. 并购后，并购方与目标企业未能产生协同效应。

4. 并购方与目标企业存在关联关系，尤其是并购方与目标企业受同一实际控制人控制的情形。

【产品七】过桥信托计划(备用贷款)

【产品定义】

过桥信托计划(备用贷款)是指项目用款人与信托公司合作,委托信托公司发行信托计划募集资金,然后采取信贷贷款的方式将资金提供给项目用款人,信托计划到期,银行提供贷款承诺,贷款用于信托公司偿付投资人的本金及收益的一种信托业务。

【说明】

通常,银行提供对项目用款人的备贷承诺,贷款定向用于解付信托计划。

需要注意的是,银行只是提供备用贷款承诺,如果监管部门出台新政策或银行当时贷款规模紧张,都可能影响贷款的发放,这类信托计划类似于过桥贷款。

对于银行已经核定贷款额度的授信项目,倘若银行自己没有贷款规模,就可以引入信托公司,通过信托计划方式为借款人筹集资金,在信托提供融资期间,属于银行的表外业务,不占用自身的风险资产。在信托计划到期后,银行提供贷款置换信托计划。企业需要的长期融资项目,阶段性占用银行的信贷资产。银行可以向信托公司出具贷款承诺函,取得信托公司的信任。

例如,对于一个2年期贷款项目,有两种融资方式。

第一种融资方式如图1-17所示。

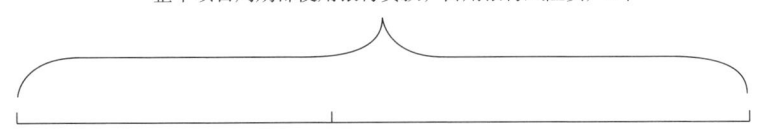

图1-17 第一种融资方式

第二种融资方式如图1-18所示。

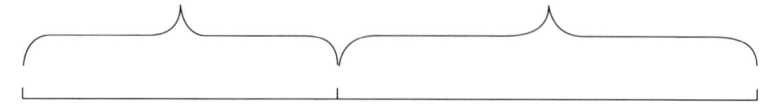
第一年：信托计划融资，不占用银行风险资产　　第二年：银行贷款融资，占用银行风险资产

图 1-18　第二种融资方式

相比较而言，第二种融资方式下，占用银行风险资产在第二年，可以给银行节省宝贵的风险资产资源。

【产品分类】

银行通常需要根据本行信贷标准为拟发行信托计划的客户核定授信额度，即只有银行对这类客户核定了贷款额度，才会发行这类客户的信托计划。对于信托公司推荐的项目，银行一定要做好信贷审批，并与客户签订备用信贷协议。一方面，保证严格筛选信托项目，对投资者负责；另一方面，可以作为备选信贷项目，一旦客户到期流动资金紧张，不能到期兑付信托，则由银行提供过桥贷款。银行承担发行责任的信托项目，一定不要出现兑付风险。

对于本行信贷标准不能通过的项目，切记不要发行信托计划。

【产品优势】

信托计划可以突破对商业银行信贷投放的很多政策性限制。

1. 商业银行本身的资本充足率决定了其只能办理有限规模的贷款，或根据组合信贷管理，对部分行业不能超过确定的最高限额，如房地产行业，通过信托计划可以在商业银行不能放贷的时候为企业融通资金，维护客户关系。

2. 可以获得利率的突破，针对一些优质的借款人，采取信托计划融资的利率可以低于贷款利率，使客户获得一定的财务利益。信托公司是非常重要的渠道类客户，银行应当非常重视，手中有 1~2 个信托公司客户作为备用资源。一方面，信托计划有突出的优势，可以为银行因种种原因不能切入的优质贷款客户提供新的营销工具，融资成本大幅低于贷款；另一方面，通过发行信托计划，可以将其作为理财产品，营销高端客户。

3. 银行可以获得大额、稳定的资金沉淀，同时可以获得不菲的手续费收入。

4. 银行操作信托计划，对于银行而言属于表外业务，不占用银行的信贷资产，引入投资者的资金维护了需要资金的借款人。这对于规模较小的银行或处于贷款规模较为紧张时期的银行都非常适用。其实，中国的大部分企业都需要信贷资金，满足企业的资金需要不一定都需要发放贷款，信托计划也是非常有效的手段。

【业务流程】

1. 银行、信托公司、项目借款人三方商议信托计划的具体详情，包括融资金额、期限、融资利率、担保等。

2. 项目借款人与信托公司签订委托融资协议，信托公司与银行签订代理销售信托计划协议，项目借款人与信托公司、银行签订信托计划资金监管协议。通常商业银行负责信托计划的销售和信托资金的监管。

3. 银行对信托计划的借款人进行授信审批，确定借款人符合银行的贷款标准后，同意代理发行信托计划。信托公司与商业银行合作，发行集合资金信托计划，向投资者（资金委托人）募集资金。

4. 资金全部归集到信托公司账户后，请会计师事务所核数，出具书面报告。信托公司按照信托文件的要求，扣除必要的管理费用和其他税费后，银行将全部资金划给项目借款人，后者在银行监管下使用资金。

5. 信托计划到期前，项目借款人筹措资金，划入信托公司在银行开立的指定账户。

6. 银行协助信托公司兑付投资者的本金和收益。

过桥信托计划业务流程如图 1 – 19 所示。

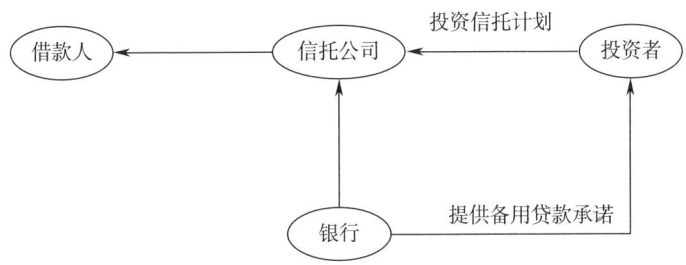

图 1 – 19　过桥信托计划业务流程

【风险控制】

1. 银行可以针对一些优质的借款人信托计划提供备用贷款承诺，在信托计划到期时，一旦借款人不能兑付信托计划，银行立即提供专项贷款，确定用于兑付信托计划。借款人须提前签订好借据或贷款协议，一旦触发贷款条款，银行立即提供贷款，专项用于兑付信托。

2. 银行需要提前对借款人核定贷款额度，并落实好相应的抵押和担保，在确认可以控制风险后，代理销售信托计划。

【案例】

西安（长安）龙泉医院过桥信托计划

一、企业基本情况

西安（长安）龙泉医院（以下简称龙泉医院）坐落在美丽的古城西安，系中国人民解放军第四军医大学第一附属医院西京医院长安分院，是一家集医疗、科研、预防、保健于一体的专业服务于广大军民的现代化医院。龙泉医院设有内科、外科、烧伤科、皮肤科、妇科、男科、耳鼻喉科、神经内科，多年来保持了艰苦奋斗的光荣革命传统并形成了严谨踏实的学术科研作风，长年与国内外各大医院和学术组织保持深入、长久的全面合作，用高品质的医疗质量、现代化的高端管理、人性化的医疗服务为广大患者精心打造治疗、康复、保健的"健康家园"。

龙泉医院深知医生是立足与发展的核心，在医生的团队建设上，特别重视专业医疗人才的培养和引进，汇集了全国癫痫领域副高职以上的医务人员30余名，硕士以上学历人员占40%以上，部分专家同时承担了中国人民解放军第四军医大学、西安交通大学医学院、重庆医科大学、成都中医药大学等六所军地医学院校临床教学任务。为了保持诊疗水平的先进性，龙泉医院积极选派专家长年参加国内外各大专业学术交流活动和课题攻关，不断攻克癫痫治疗领域的诸多瓶颈，取得了非常突出的成就。龙泉医院尖端的设备、先进的诊疗水平是患者康复的保障。

二、银行切入点分析

某国有商业银行希望为龙泉医院提供贷款，但是自身资金紧张，便与某信托公司合作，发行过桥信托计划（见图1-20），提供贷款给龙泉医院。龙泉医院向银行提供担保和抵押，银行引入单一投资者，对投资者提供承诺，在该信托计划到期日，如借款人不能如期兑付信托计划，银行将发放贷款用于兑付信托计划。

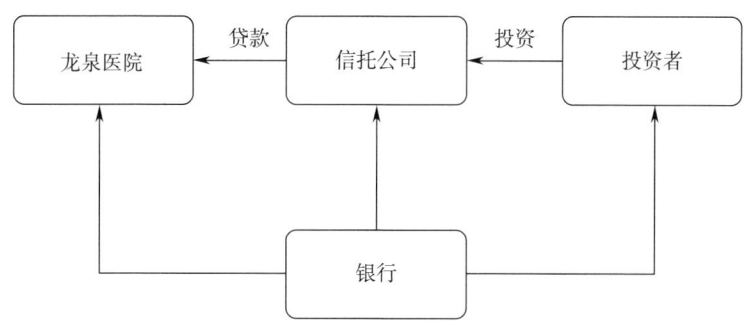

图 1-20　龙泉医院过桥信托计划

三、银企合作情况

银行与信托公司合作发行 2 亿元信托计划，银行为龙泉医院核定 2 亿元备用贷款额度。

【产品八】信托计划

【产品定义】

信托计划是指项目用款人与信托公司合作,委托信托公司发行信托计划募集资金,然后采取信托贷款的方式将资金贷给项目用款人,信托计划到期后,项目用款人偿还贷款本息,信托公司偿付投资人本金及收益的一种信托业务。

【产品分类】

信托计划主要有以下三种:

1. 流动资金贷款资金信托。流动资金贷款资金信托是指信托公司接受借款人的委托发行信托计划,信托公司将募集到的资金采取流动资金贷款方式贷给借款人的一种信托业务方式。

2. 房地产投资信托。房地产投资信托是指委托人基于对信托投资公司的信任,将自己合法拥有的资金委托给信托投资公司,信托投资公司按委托人的意愿以委托人的名义,为了受益人的利益投资房地产开发和经营的一种信托方式。

廉租房信托计划、经济适用房信托计划属于此类信托计划。

3. 土地信托业务。土地信托业务是指在目前各地政府建立土地储备制度的情况下,城市土地储备机构以自己的名义,将储备的土地委托给信托公司,由信托公司作为受托人,负责信托土地开发的融资活动,并独立、委托或联合土地开发企业进行土地开发,最后通过土地公开交易市场拍卖土地取得现金回流并支付给投资者投资收益的一种信托方式。

【点评】

大额长期资金是盘活土地最重要的因素,而政府机构最大的问题在于资金紧张,花钱的项目太多,"八个瓶子七个盖子",资金总是不够用。因此,土地信托大行其道。

银行通常需要根据本行的信贷标准为拟发行信托计划的客户核定授信额度。一方面,保证严格筛选信托项目,对投资者负责;另一方面,可以作为备选信贷项目,一旦客户贷款到期,流动资金紧张,不能到期兑付信托,则由银行提供过桥贷款。

对于本行信贷标准不能通过的项目,银行切记不要发行信托计划。

【业务流程】

信托计划融资业务流程如图 1-21 所示。

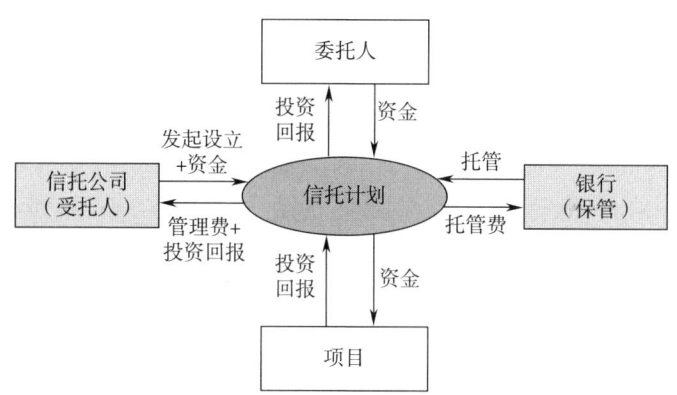

图 1-21 信托计划融资业务流程

【风险控制】

1. 信托计划规定,银行不可以提供担保,因此银行应当尽可能选择优质的借款人项目,并按照授信流程对客户进行筛选,切实控制风险。

2. 银行可以针对一些优质的借款人信托计划提供备用贷款承诺,在信托计划到期时,一旦借款人不能兑付信托计划,银行立即提供专项贷款,确定用于兑付信托计划。这就要求借款人提前签订好借据或贷款协议,一旦触发贷款条款,银行立即提供贷款专项用于兑付信托。

3. 银行提供确定交易承诺,在信托计划到期后,提供资金确定用于购买信托计划的标的物,以确保信托计划的兑付,从而控制风险。

【案例1】

"北京××电力有限公司流动资金贷款"资金信托计划

一、企业基本情况

北京××电力有限公司实力较强，为当地特大型电力公司，资产超过200亿元，年销售收入超过120亿元。公司准备新上马北京××桥电力二期项目，流动资金紧张。由于公司本身资质优良，多家银行纷纷争抢该项目。

二、银行切入点分析

某国有商业银行北京分行迫切希望可以切入该公司，经过分析，该行认为传统的方式很难切入，因为该公司希望融资成本越低越好。由于政策限制，要想取得突破，只能选择信托公司，因此，"曲线融资"就成为一种选择。该行经过认真分析后认为，发行信托计划较为可行，按照银行贷款的标准审查该公司，以低于基准贷款利率30%左右的价格发行信托计划募集资金，借款人的财务费用将大大降低。同期由于存款利率降低，加之北京××电力有限公司在当地市场形象较好，信托计划应当可以发行成功。经咨询北京市××信托投资公司，后者非常感兴趣。北京××电力有限公司与某国有商业银行北京分行、北京市××信托投资公司协商，三方决定合作，通过信托计划募集资金。

三、银企合作情况

北京××电力有限公司、某国有商业银行北京分行和北京市××信托投资公司三方达成合作协议，北京××电力有限公司作为项目借款人，北京市××信托投资公司组织发行信托计划，某国有商业银行北京分行负责信托计划的销售和信托资金的监管，成功发行信托计划2亿元。

【案例2】

"古镇新城"经济适用住房开发建设项目资金信托计划

一、企业基本情况

××房地产开发公司负责当地的经济适用住房开发建设，为当地最大的房地产开发企业之一，开复工面积超过100万平方米。该公司准备开发"古镇新城"经济适用住房项目，但流动资金一直比较紧张。该公司土地储备丰富，本身资质优良，这是银行与之合作的前提。

二、银行切入点分析

某国有商业银行××分行迫切需要扩大房地产按揭贷款业务量，经过分析，该行认为，必须能够为房地产开发公司提供用于开发的流动资金贷款，只有这样才可能换来配套的按揭贷款。

房地产开发公司切入的关键就是融资。监管部门严禁商业银行超规模发放房地产开发公司开发贷款，因此，某国有商业银行经过认真分析后认为，贷款受到政策限制，发债受到行业限制，房地产行业发行债券受到限制，上市时间太长，"远水解不了近渴"，而发行信托计划较为可行，只要按照传统的银行发放开发贷款的标准审查企业，同时适当提高信托计划的收益率，严格落实资金的封闭使用，资金安全应当有保证，信托计划应当可以发行成功。某国有商业银行××分行、××信托投资公司、××房地产开发公司协商合作，通过信托计划筹集项目开发建设所需的资金。

三、银企合作情况

某国有商业银行××分行经过评审后认为，××房地产开发公司是市级龙头房地产开发企业，具备良好的资信，有多年成功开发的市场运作经验。"古镇新城"经济适用住房项目属于市级重点项目，能解决城市被拆迁居民的生活问题，项目的市场销售风险较小。××房地产开发公司、某国有商业银行××分行和××信托投资公司三方达成合作协议，××房地产开发公司作为项目借款人，××信托投资公司组织发行信托计划，某国有商业银行××分行负责信托计划的销售和信托资金的监管，由××房地产建设集团为借款项目提供连带责任保证。××房地产开发公司将现有的土地及地上建筑物抵押给银行，成功发行信托计划21亿元。

【点评】

资金紧张是房地产开发公司经常面临的问题，也是银行切入合作的关键。银行对于房地产开发公司必须优中选优，绝不可以因为是信托业务、银行不承担融资风险而降低标准。"己所不欲，勿施于人。"好名声对银行非常重要，必须珍视，一旦一个信托兑付失败，将会引起极大的负面效应。

【案例3】

××市土地整理与储备有限公司资金信托计划

一、企业基本情况

××市土地整理与储备有限公司注册资本金6亿元。公司经营范围包括城市土地的收购、一级土地开发销售、对外投资与管理等。公司收购了该市毛纺厂办公用土地，准备在完成"三通一平"后公开挂牌出售。公司大量收购土地，造成流动资金紧张。××市近几年经济发展较快，已经成为全国知名的钢材物流与交易的集散地，城市房地产市场交易活跃。

二、银行切入点分析

××市最近几年经济发展较快，各地大型房地产公司纷纷抢滩市场。××市土地整理与储备有限公司虽然资金较为紧张，但是某国有商业银行××分行看出该公司属于重要的渠道类客户，且与政府有着极其深厚的联系，政府对其支持力度较大，加上投资者都非常看好当地的房地产市场，因而资金风险可控。虽然银行由于政策限制，不能直接提供信贷资金用于土地的一级开发，但可以为该公司引入社会资金，银行可以在代理等集资金过程中获取较大的利益。

三、银企合作情况

某国有商业银行××分行得知项目、企业基本情况后，经过认真研究后认为，××市土地交易活跃，外地大型房地产公司一直在寻找机会收购土地。原毛纺厂办公用地位于市中心，地理位置优越，土地经过整理后，销售前景看好。××市土地整理与储备有限公司实力较强、管理规范，并得到了市政府的强力支持，项目未来前景看好。但是，由于土地储备不属于银行支持的重点行业，且贷款期限较长，不符合银行的信贷管理规定，因此某国有商业银行××分行主动与××信托投资有限公司合作，通过设计信托计划为客户解决融资问题。某国有商业银行××分行与××信托投资有限公司及××市土地整理与储备有限公司合作,向社会发行了52亿元的资金信托计划,期限为3年,由某国有商业银行××分行负责信托计划的销售和信托资金的托管。

【点评】

类似××市土地整理与储备有限公司这样的客户很多,如各个区的土地一级开发商等,这类客户的一个共同特点就是银行因为政策限制不能介入,但是社会资金普遍追捧,只要搭建合适的资金渠道,社会资金就会源源不断地流向这些需要资金的客户。

银行需要提供方案,让资金供给方相信资金能非常安全地投入项目中而不被挪用,项目产生的现金回流被监控,安全地回到银行,整个资金的流动过程封闭,银行全程监管;让资金需求方相信,银行提供具体的资金供给方账务信息,资金前期归集及后期兑付工作全部由外部机构完成,资金需求方可以省心地使用,不用劳心劳力。对银行而言价值更大,可以在资金的运动过程中吸收沉淀资金,形成稳定的存款。不过,这个搭建方案的过程比较复杂,涉及较多的法律文本,需要一定的报批工作,不像一般的贷款操作那样简单。

【产品九】项目组合融资

【产品定义】

项目组合融资是指银行根据客户的融资需要,为客户设计表内外各类产品组合金融服务方案,满足客户项目综合融资需要的一种组合授信业务。

【遵循的原则】

1. 根据项目的不同采购需要,提供合适的授信品种。
2. 准确预测项目的现金流,合理控制项目授信产品风险。
3. 每个授信产品都有对应的现金流,防范兑付风险。

【产品优势】

1. 最大限度地降低借款人的融资成本,通过组合授信方案,可以降低借款人的融资成本。毫无疑问,纯粹通过项目贷款融资,属于最简单的融资方式,成本最高。
2. 银行可以通过使用多种授信产品,深度挖掘客户的收益潜力。

【案例示范】

下文以公路行业产业链(见图1-22、图1-23)为例进行阐释。

银行目标是在项目进展的各个阶段,按顺序营销银行产品,关联营销公路行业的高速公路公司/交通厅、施工企业/材料供应商,形成结算资金的体内循环。

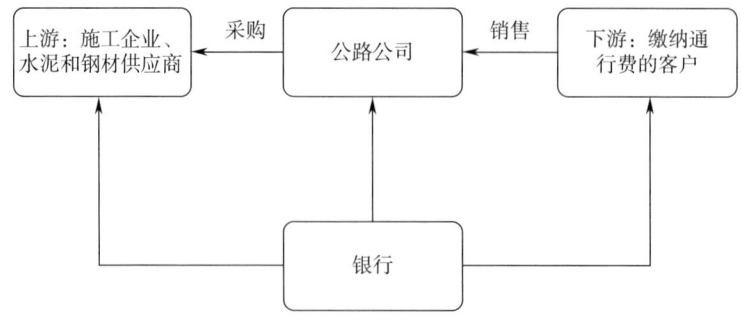

图1-22 公路行业产业链

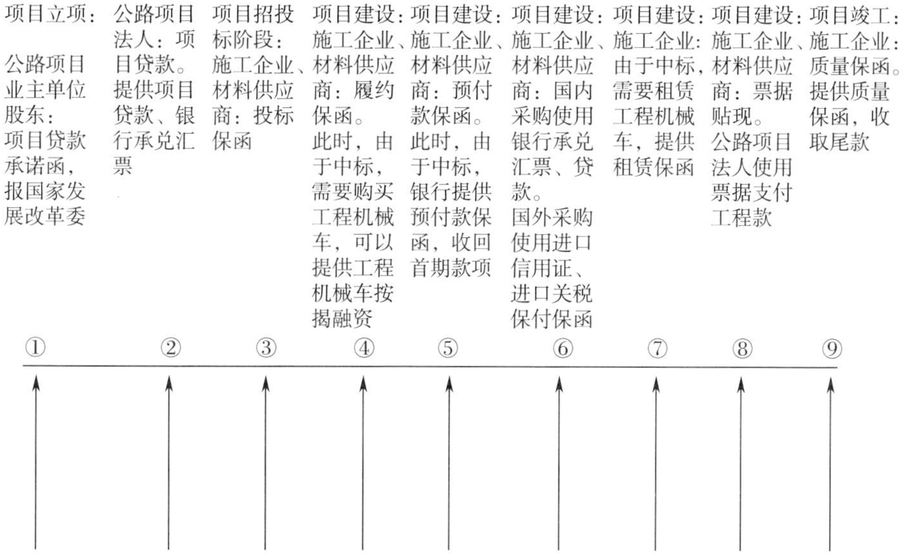

产品篇

①	②	③	④	⑤	⑥	⑦	⑧	⑨
项目立项：公路项目业主单位股东：项目贷款承诺函，报国家发展改革委	公路项目法人：项目贷款提供项目贷款、银行承兑汇票	项目招投标阶段：施工企业、材料供应商：投标保函	项目建设：施工企业、材料供应商：履约保函。此时，由于中标，需要购买工程机械车，可以提供工程机械车按揭融资	项目建设：施工企业、材料供应商：预付款保函。此时，由于中标，银行提供预付款保函、收回首期款项	项目建设：施工企业、材料供应商：国内采购使用银行承兑汇票、贷款。国外采购使用进口信用证、进口关税保付保函	项目建设：施工企业、材料供应商：由于中标，需要租赁工程机械车，提供租赁保函	项目建设：施工企业、材料供应商：票据贴现。公路项目法人使用票据支付工程款	项目竣工：施工企业：质量保函。提供质量保函，收取尾款

图1-23 公路行业产业链

图1-23就是将所有的主流保函品种，加上流行的其他授信工具串起来便于理解掌握，有一根主线，这根主线就是生产经营贸易链条中的交易。

银行在给这些公路局、交通厅申报授信时，通常是长期固定资产贷款。但是，建议银行客户经理带着银行承兑汇票让客户意识到，银行承兑汇票可以大幅降低财务费用，他们会欣然接受。当然，机智的客户经理还可以说，可以代理工程施工企业、材料供应商办理贴现，对方可以收取一些代理费，这些客户更会乐不可支；银行客户经理更可以展开说，如其这样，对方的财务部门将不再是成本中心，而成为利润中心了。

通过票据这种载体，银行客户经理很容易借助公路局、交通厅的力量营销到施工企业、材料供应商，然后营销全额保证金保函、工程机械车按揭贷款、银行承兑汇票质押开立银票等，有了庞大的客户群，营销工作就可以打开局面了。

【案例】

某银行天津市××高速公路项目一体化整体营销项目

（一）挑选客户

某银行认真梳理该行提供固定资产贷款和长期贷款的客户（作为核心客户）名单，找到当地的大型客户：高速公路有限公司、电厂、地铁公司等近20个固定资产贷款项目，该行对这些项目的参与份额较大，话语权较重，基本上可以要求业主方配合。

【点评】

银行必须成为某类工程项目的主导银行。要么不参与，参与就必须是份额较重的银行，能够主导这个项目的融资。如果是给其他银行"拼缝"，自己仅占很小的份额、仅是参与行就算了，没有话语权，仅仅是收点利息，基本没有其他收入。如果是一个很大的项目，不能成为整个项目的主办行，就选择做其中的一小块项目贷款的主办行。比如，对于公路项目，可以选择一段提供授信。中小银行可以考虑集中全部力量，参与几个项目就行，而不要"撒胡椒面"，哪个项目都参与了，哪个项目都不能主导。

最终确定的目标客户是天津市××高速公路有限公司。

该项目由分行公司业务部主导营销，主导授信方案。

天津市××高速公路有限公司注册资金995亿元，负责高速公路建设，整个高速公路全长289公里。项目启动阶段，需要购置设备、选择合格的施工企业，支出金额较大，预计支出约39亿元，其余按照工程进度支付。

（二）确定方案

该行决定提供该项目全部65亿元融资中的35亿元。作为主办银行，该行要求客户将除其他银行贷款之外的资本金及该行贷款资金全部在该行办理结算,在该行开立项目公司基本账户。

35亿元融资采取拼盘授信产品处理:15亿元银行承兑汇票,用于物资采购,主要是钢材、水泥和路灯等,项目第一年使用;5亿元商业承兑汇票,用于工程款支付,项目第一年下半年以后使用;5亿元3年期项目贷款,用于办理电汇、日常开支周转,项目第二年使用;3亿元进口信用证,用于进口高品质沥青、道路控制设备,项目第一年使用;7亿元机动额度,在以上额度之间灵活串用,项目全过程使用。

【点评】

银行融资必须注意的几点:

1. 银行融资必须捆绑企业的真实经营活动,融资最好避免泛泛的流动资金贷款或固定资产贷款,应当确定用途,仅仅伴随企业的物资采购、经营使用,哪怕是归还其他银行贷款都行。

2. 分析清楚企业的用款时机,不要一次性申报一个笼统的授信,客户可以随意使用,一定要分析企业的项目建设周期,根据建设周期的不同项目采购支出,灵活提供授信品种。

3. 提供固定资产贷款的同时,捆绑提供银行承兑汇票或商业承兑汇票额度,且这些票据必须买方付息代理贴现,能够保证银行很顺利地找到施工企业,从而轻松地找到给施工企业开户的机会。

(三)增值服务

银行协助天津市××高速公路有限公司设计固定资产工程施工企业及材料供应商招标方案,借此机会帮助嵌入投标保函、履约保函格式。银行可以借此机会将客户经理训练成为真正的工程建设行业咨询专家,积累足够丰富的经验。

（四）寻找客户

银行要求天津市××高速公路有限公司提供购买标书的工程施工企业及材料供应商的名单，按图索骥地营销各类保函。

天津市××高速公路有限公司提供购买各类标书的企业有130多家。其中，设计公司约7家，钢材物资材料供应商约25家，沥青供应商约10家，路灯供应商约8家，隔离障供应商约9家，施工企业约39家，其余为其他配套企业。

由于采取竞争性投标，因此，这类客户都需要银行保函。据银行分析，这130多家企业中，在本地经营、可以由该行开立保函的客户有30多家。

一方面，针对全部对象营销投标保函。可以考虑提供全额保证金投标保函，由于投标保函标的一般来说不大，很容易获得全额保证金投标保函。对中标的企业提供履约保函，可以考虑提供全额保证金履约保函。另一方面，提供预付款保函，可以考虑后置保证金。

（五）提供授信

银行选择其中规模较大的钢材物资供应商8家、路灯供应商3家、沥青供应商5家、施工企业15家，准备提供综合授信方案。第一，向钢材物资供应商提供投标保函、履约保函、银行承兑汇票。第二，向路灯供应商提供投标保函、履约保函及应收账款保理融资。第三，向沥青供应商提供投标保函、履约保函及进口信用证。第四，向施工企业提供投标保函、履约保函及票据贴现服务。充分考虑中标的工程金额，在工程付款阶段，向工程施工企业及材料供应商提供确定期限的流动资金贷款及银行承兑汇票，最好封闭使用，以核心客户的付款作为归还贷款的主要来源。

如果需要从国外进口物资设备等，提供进口信用证，可以捆绑进口押汇。

如果需要租赁或购置施工机械，提供施工机械按揭贷款。

（六）工程结束

提供质量保函，工程施工企业及材料供应商收回合同尾款。

【申请项目融资需要提交的资料】

1. 借款申请。

2. 借款人公司章程、营业执照、组织机构代码证书、税务登记证明、贷款卡、验资报告、法定代表人身份证明等。需年检的，还应有最新年检证明。

3. 借款人及其主要股东近三年经审计的年度财务报告和最近一期月度财务报告；经营期不满三年的，依据实际经营期限提供财务报表。借款人为新设项目法人的，可只提供股东相关资料。

4. 项目可行性研究报告。

5. 国家有权部门对项目的审批、核准或备案文件。

6. 国家有权部门对项目在环境保护、土地使用、资源利用、城市规划、安全生产等方面的许可文件。

7. 项目资本金和其他建设资金筹措方案及其落实情况证明资料。

8. 与项目建设及生产经营相关的合同、协议或意向性文件，如总承包合同、特许经营权协议、购买协议、原材料供应合同等。

9. 涉及担保的，还应提供贷款担保相关资料。

10. 贷款行要求的其他资料。

尚未向国家有权部门履行完毕相关手续的，可暂不提供上述第5项、第6项规定的文件，但应提供相关办理进展情况并在放款核准前提供相应文件。

【金额、期限、利率与相关管理要求】

1. 项目融资金额应综合考虑项目投资需求、资本金比例要求、预期现金流、项目风险水平以及自身风险承受能力等因素合理确定。

2. 项目融资期限应在审慎评估项目风险和偿债能力的基础上，根据项目预期现金流、投资回收期、银行融资金额等因素合理确定。

3. 项目融资利率应按照中国人民银行利率政策以及总行利率定价管理规定，根据风险收益匹配原则合理确定，利率水平需反映项目融资结构风险大小、各项风险缓释措施充足与否，并考虑其他各项成本、经济资本回报率等因素。

办理项目融资时，可根据业务不同阶段的风险特征和水平，采用不同的贷款利率。

中长期固定利率贷款的审批权限，应严格执行总行的有关规定。

4. 项目融资应在项目建设期结束或审批确定的宽限期期满后实行分期还款。还款计划应与项目预期现金流情况相匹配，不得集中在项目融资到期前偿还。项目建造完成后，借款人直接将项目资产转让，并一次性获得转让对价的除外。

5. 有多家金融机构参与同一项目融资的，应尽可能采取银团贷款方式。

6. 办理项目融资业务，应尽可能争取由银行担任项目融资顾问，为项目设计综合金融服务方案，组合运用各种融资工具，拓宽项目资金来源渠道，有效分散风险。

【调查、评估、审查与审批】

1. 调查人员应主要就以下内容履行尽职调查职责：

（1）借款人提供的材料是否真实、完整、有效。

（2）借款人、项目发起人或主要股东的基本情况，包括成立时间、注册资本、治理结构、经营范围、资金管理方式；信用状况、生产经营状况、财务状况、融资情况；主要股东的行业地位、资金实力、经营管理水平等。

（3）贷款项目基本情况，包括项目建设内容、建设条件和可行性、建设进展情况，项目核准（或审批、备案）、土地审批、环境评价等行政审批情况，项目资本金、项目债务资金的来源渠道和方式以及项目未来现金流等情况。

（4）项目产品市场情况，包括项目所属行业规划、市场环境、供求状况和未来变化趋势，同类产品市场波动与购销状况、项目生产所需的能源和原材料来源的持续稳定性，项目产品的竞争优势与劣势等。对于项目建成后即移交或转让的，可简化对项目产品市场的调查，但应调查掌握借款人与项目受让方之间的协议以及受让方资金实力。

（5）项目投资及筹资情况，包括项目投资构成、资本金比例、自筹资金来源、项目预期未来现金流等。

（6）对涉及担保的，应按照贷款担保管理相关要求进行调查。

2. 项目融资的评估，按照总行中长期项目贷款评估管理有关规定执行。

3. 审查人员应以偿债能力为核心对项目融资进行风险评价，审查内容重点包括：

（1）借款人主体资格及项目建设、运营的依法合规性。

（2）项目建设条件，包括项目建设用地及原材料、燃料、动力来源落实情况及其可靠性，交通、投资区域环境和其他配套条件适应情况，主要设备采购引进情况等。

（3）项目可行性，包括项目所采用工艺、技术和主要设备的先进性、成熟性及适用性，项目产品市场前景、发展潜力、供求现状、销售渠道、竞争能力、盈利能力及其发展趋势等，项目生产所需的能源和原材料是否有长期稳定来源。

（4）项目资金筹措，包括项目总投资及构成的合理性、各项投资来源的落实情况及可获得性、已到位项目资本金的真实性，以及未到位资本金到位的可靠性。

（5）项目预期现金流，考察项目投入运营或销售、转让后产生的现金流量用于偿还到期债务的可靠性。

（6）项目股东和项目管理者，考察项目股东的经济实力、风险承受能力和整体经营情况，项目对项目股东的重要程度及投资者全力支持项目的意愿；负责项目日常生产管理的公司或组织在项目领域的组织管理经验和能力。

（7）项目风险分担，考察项目风险在借款人、出资人、项目承包方、施工方等相关项目参与方之间分配的合理性，是否使最有能力承担某种风险的一方承担该风险；项目是否建立相应机制，防止股东对项目产生重大不利影响。

（8）其他风险，考察行业基本面、大宗商品价格风险、供应和成本风险、监管风险、外汇风险，以及该项目的竞争优势、潜在竞争对手或技术革新出现的可能性对该项目的影响。

（9）项目融资方案，综合判定贷款金额、贷款期限、还款计划等融资方案安排的合理性和可行性。

4. 对能源和原材料的稳定供应依赖性大、能源和原材料成本在整个生产成本中占有很大比重的项目，应要求借款人提供长期能源和原材料供应协议，并对协议内容及供应方的履约能力和意愿进行审查。

5. 为降低项目建设开发和试生产阶段的完工风险，应尽可能要求借款人或通过借款人要求项目相关方落实履约担保、完工保证金等完工担保措施，明确在项目建设延期、成本超支、项目不能按期达到完工标准、项目停建以致最终放弃等情况下项目完工担保人的担保责任。

6. 项目资产、项目预期收益等依法可设定抵（质）押的，应要求借款人将项目在建工程及其形成的项目资产、项目收益权抵（质）押给银行。同时，可根据需要，要求项目股东将所持有的借款人股权质押给银行。

符合银行信用贷款条件，或确因相关政府主管部门特殊要求等原因无法办理抵（质）押的，可不提供上述担保，但须签订账户监管协议。

7. 审查审批项目融资业务，应根据项目及其在建设期、运营期等的不同特点，要求借款人或通过借款人要求项目相关方选择银行认可的保险公司投保相应商业保险，如建筑工程一切险、安装工程一切险、综合财产保险及其他有关险种，以转移项目相关风险。商业保险应尽可能由银行代理。

对所投保商业保险，贷款行应作为第一顺位保险金请求权人，或采取按贷款比例设定赔偿请求权等其他措施有效控制保险赔偿或给付赔偿金的权益。对不能办理商业保险的，应在贷款调查审查时说明理由。

8. 审查审批项目融资业务，应要求借款人设定专门的项目收入账户，并明确进入账户中的项目收入资金比例不低于银行对该项目融资占比。该账户资金对外支付需满足约定条件。

9. 审查审批项目融资业务，应明确采用贷款人受托支付方式的起付金额标准，并可根据项目具体情况，合理设定贷款宽限期、关键财务指标控制线等要求。

10. 审查审批项目融资业务，应将以下要求作为放款前提条件：

（1）项目已按国家规定履行各项必备程序，并取得相应许可文件。

（2）与贷款同比例的资本金已足额到位。

（3）项目实际建设进度与已投资额相匹配。

【贷款发放与支付】

1. 项目融资业务均须执行总行公司客户贷款发放与支付流程相关规定。

2. 贷款审批设定的前提条件和管理要求，需以法律文件形式落实的，要全部在合同或其他相关法律文件中反映，防止合同对重要条款未约定、约定不明或约定无效。

3. 对经放款核准的业务，应根据项目的实际进度和资金需求，采用贷款人受托支付或借款人自主支付的方式对贷款资金进行管理与控制，监督贷款资金按约定用途使用。

4. 单笔金额超过 500 万元，或超过项目总投资 5% 且超过 50 万元的贷款资金支付，应采用贷款人受托支付方式。

5. 采用贷款人受托支付方式的，必要时可以要求借款人、独立中介机构和承包商等共同检查设备建造或者工程建设进度，出具共同签证单。银行凭符合合同约定条件的共同签证单进行贷款资金的发放和支付。

6. 采用借款人自主支付方式的，应要求借款人按月或按季度报告贷款资金使用情况，并通过账户分析、凭证查验、现场调查等方式核查贷款资金支付是否符合合同约定。

7. 项目融资发放和支付过程中，借款人出现以下情形的，应与借款人协商补充贷款发放和支付条件，或根据合同约定停止贷款资金的发放和支付：

（1）信用状况下降。

（2）不按合同约定支付贷款资金。

（3）项目进度落后于资金使用进度。

（4）违反合同约定，以化整为零的方式规避受托支付。

（5）借款人指定的放款账户被有权机关冻结或止付。

【贷后管理】

1. 项目融资业务存续期内，应定期进行贷后检查分析。在项目的建设和运营各阶段，要跟踪检查借款人和项目发起人的履约情况及信用状况、项目环保合规情况以及宏观经济和市场波动情况等；要按规定对贷款担保情况进行检查并重新评估其担保能力；要关注借款人及项目是否触及借款合同约定的违约条款。

对分期投保商业保险的,还应督促投保人及时续保。借款人对项目相关保险保单的实质性改动及提前终止,应征得银行同意。

2. 在项目建设阶段,还要密切关注项目建设进度、建设质量及资本金到位情况,关注与项目相关的技术、市场、环保条件变化情况。在项目建设成本超支的情况下,对有完工担保或其他建设成本超支安排的,应要求完工担保人或有关责任方按协议约定支付项目建设成本超支款。

3. 项目实际投资超过原定投资预算金额,借款人申请追加贷款的,应按照原审批金额与追加金额之和确定审批权限,并重新履行审查审批程序。对审批同意追加贷款的,应按照项目资本金比例要求追加资本金。涉及担保的,需追加相应担保。

在项目融资业务审批时效内,如项目追加投资额度不超过原定投资额度的20%,对项目效益不产生实质影响,且项目无须经政府有权部门重新审批,同时借款合同金额与追加金额之和小于原审批金额的,可不再履行审批程序。

4. 在项目试生产阶段,还应密切监督项目试生产情况,确认实际的项目生产数据和技术指标是否达到融资文件规定的完工标准。

5. 在项目经营阶段,应重点关注项目所属行业市场环境、供求状况、项目经营及收入状况,项目经营活动现金流是否达到评估水平,项目经营收入是否按照约定按时、足额回笼银行,项目经营收入能否满足偿还银行债务的要求。项目收入账户资金流动出现异常时,应及时查明原因并采取相应措施。

6. 对借款人违反合同约定、借款人或项目发生重大事项变更并可能危及贷款安全的,应及时进行风险评判,并视情况采取停止发放贷款、提前收回部分或全部贷款、追加担保等各项措施有效化解风险,必要时应依法追究借款人的违约责任。

【其他规定】

1. 对文化创意、新技术开发等项目发放符合项目融资特征的贷款,参照本产品项下的规定执行。

2. 办理项目融资业务,可根据项目建设的复杂性、专业性和技术性,委托或要求借款人委托具备相关资质的独立中介机构为项目提供法律、税务、保险、技术、环保和监理等方面的专业意见或服务。

3. 项目融资业务适用固定资产借款合同。

【案例】

贵州××电力公司是银行的黄金客户，准备在四川建设一个大型火电厂，项目建设期2年，发电量预计70万千瓦，预计投资金额30亿元。公司主要支出如下：建设期，支付工程款、采购电力设备等；经营期，采购煤炭、支付工程维护费用等。公司邀请各家银行投标，请银行设计综合融资服务方案，要求能够有效降低企业的融资成本，同时能够实现银行的交叉营销。

根据上述要求，××银行设计的综合融资服务方案如下：

××银行提供整体授信额度5亿元。在建设期，××银行提供银行承兑汇票1亿元，用于采购电力设备物资；项目贷款4亿元，用于项目建设。在经营期，××银行提供银行承兑汇票2亿元，用于采购煤炭材料；项目贷款3亿元，用于项目周转。

【产品十】BT 贷款

【产品定义】

BT 贷款是指银行向承揽政府项目工程的项目公司提供的一种项目贷款,是以政府回购该项目的资金作为还款来源的一种授信业务。

【具体概念】

BT（Build-Transfer）即建设—移交,是基础设施项目建设领域中采用的一种投资建设模式,项目发起人与投资者签订合同,由投资者负责项目的融资建设,并在规定时限内将竣工后的项目移交项目发起人,项目发起人根据事先签订的回购协议分期向投资者支付项目总投资及确定的回报。

BT 建设项目通常具备以下特点：

1. 项目发起人多是政府部门。

2. 投资者往往是具备一定融资能力的建筑商。

3. 投资者投资 BT 项目的收益主要来自两个方面,即发起人向投资者支付的固定的资金成本以及实际建设总投资与回购基数间的差额。

4. BT 项目涉及融资、投资、建设、转让等一系列活动,所涉及当事人的权利和义务关系是通过合同确立的,其中通常包括投资建设合同、贷款合同、回购协议、回购资金担保、完工履约担保以及联合体协议等,是一系列合同的有机组合。

5. 项目建设期间,投资者是项目资产的所有者,这也是 BT 模式有别于垫资承包的主要特点。

一些非盈利的项目,如公路项目,特别是一些不具备收费条件的公路项目,由于自身无法产生稳定的现金流,很难通过项目融资的方式获得银行或其他金融机构的贷款支持,这时 BT 模式的引入就显得意义重大。它可以为项目发起人筹措建设资金,减轻项目发起人在项目建设期的资金压力。

BT 项目由 BT 项目公司融资建设,整个项目建设过程中项目业主是不付款的,只在建成并验收合格后由项目业主回购。一般来说,工程项目是由业主根据工程进度情况或合同约定的付款方式分期、分批支付工程款。

以上是通俗的理解。

【基本规定】

BT模式是BOT模式的一种变换形式，指一个项目的运作通过项目公司总承包，融资建设、验收合格后移交给最终的业主方，最终的业主方向投资方支付项目总投资与合理回报的过程。目前，采用BT模式筹集建设资金成了项目融资的一种新模式。

采用BT模式建设的项目，所有权归政府或政府下属的公司；政府将项目的融资和建设特许权转让给投资方；投资方是依法注册的国有建筑企业或私人企业；银行或其他金融机构根据项目的未来收益情况为项目提供融资贷款。政府（或项目筹备办）根据当地社会和经济发展的需要，对项目进行立项，进行拟定项目建议书、可行性研究、筹划报批等前期准备工作，委托下属公司或咨询中介公司对项目进行BT招标；与中标人（投资方）签订BT投资合同（或投资协议）；中标人（投资方）组建BT项目公司，项目公司在项目建设期行使业主职能，负责项目的投融资、建设管理，并承担建设期间的风险。项目建成后，按照BT合同（或协议），投资方将完工的项目移交给政府（或政府下属的公司）。政府（或政府下属的公司）按约定总价（或完工后评估总价）分期偿还投资方的融资和建设费用。政府及管理部门在BT投资全过程中行使监管、指导职能，保证BT投资项目的顺利融资、建成、移交。

【BT项目的操作方法】

（一）确定投资者

国内选择BT项目的投资者多采用招投标的方式。《中华人民共和国招标投标法》第三条规定："在中华人民共和国境内进行下列工程建设项目包括项目的勘察、设计、施工、监理以及与工程建设有关的重要设备、材料等的采购，必须进行招标：（一）大型基础设施、公用事业等关系社会公共利益、公众安全的项目；（二）全部或者部分使用国有资金投资或者国家融资的项目；（三）使用国际组织或者外国政府贷款、援助资金的项目。"确定投资者后，由发起人与该中选投资者签订合作协议，将各方权利、义务、回购基数、回购期、回购担保等合作条件加以固定。

（二）组建项目公司

项目公司主要承担和负责以下事宜：

1. 与项目发起人签订投资建设合同，明确建设期内各方的权利、义务。

2. 与项目发起人签订回购协议。

3. 委托设计（通常与项目发起人共同参与）。

4. 与项目发起人共同通过招标确定工程监理单位。

5. 工程施工招投标，确定项目施工单位。

6. 筹措项目所需（资本金以外的）建设资金。

7. 项目建设管理。

8. 接受项目发起人和项目所在地方政府建设行政主管部门的监督。

（三）建设管理

项目公司具体负责工程的投融资、建设和管理，与项目工程监理共同督促施工单位按图纸和施工规范进行施工，并确保建设工程项目按期、优质、安全地完成。

1. 项目开工前，由项目公司组建招标机构（如需要，也可以委托代理公司）对项目工程施工进行招投标，确定总承包（通常由本项目的投资者承担）和分包施工单位，签订相关施工承包合同。

2. 组建成立工程项目部，开展项目施工。

（四）竣工移交

项目施工完成后，项目发起人在收到项目公司的"工程竣工验收申请"后，应及时（在投资建设合同约定的时间内）组织相关单位对已完成工程进行竣工验收，投资者根据回购协议与项目发起人在工程竣工同期签订移交证书或移交协议，以确定工程进入质保期和回购期。

【公路 BT 项目的操作要点】

（一）合理确定回购基数、回购期

1. 回购基数的一般确定方式：工可估算、扩初概算、"施工图预算＋独立费用＋预备费包干"、"施工图预算＋现场签证"四种，目前国内以前两种为主。

2. 回购期确定：一般 BT 项目为 3～5 年，公路 BT 项目视投资额大小可能适当延长,支付方式为每年一次。项目发起人在公路竣工、验收合格后向投资者支付第一笔回购款项,以后几年中每年的同一时间由项目发起人分别向投资者支付回购款。

(二)项目发起人应在投资者组建项目公司、实施工程建设期间监督其资金到位情况,同时参与监督工程进度,确保其按照施工图建设。

(三)项目发起人向投资者支付的建设资金利息一般为中国人民银行同期贷款基准利率,但一些大型 BT 项目回购期通常较长,为了规避回购期内的利率风险,投资者通常会要求在回购协议中加入利息浮动的条款,即在回购期内若遇到中国人民银行同期贷款基准利率调整超过一定限度(包括下调),项目发起人向投资者支付的利息做同步调整。

(四)为保证项目发起人按期足额支付回购款,项目发起人应向投资者提供不低于回购款总额的相应的担保,如履约保函、土地抵押、第三方担保等。

公路 BT 项目操作方法如图 1-24 所示。

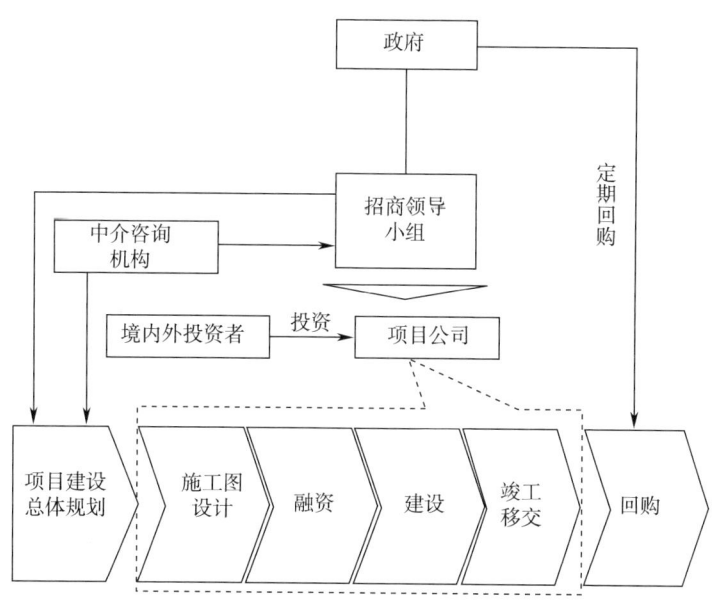

图 1-24 公路 BT 项目操作方法

【点评】

政府应当委托专业的咨询公司协助完成项目招标文件的拟定,在招标文件中应当明确:

1. 项目资金使用安排,即需要进行哪些项目建设和设备购置等、需要进行哪些土方建设等,方便投标企业合理预测项目的施工量。

2. 资金归还计划,并有当地人大或财政的回购资金安排文件,给投标的企业吃下"定心丸"。

3. 项目风险等。明确列出项目可能存在哪些风险,例如物资材料价格上涨、项目运营风险等,直接告诉自己的商业伙伴。

【适用客户】

污水处理项目、基础设施项目、道路工程、管网工程等,如体育中心、城市快速路、排水、垃圾处理、燃气热力、发电、地铁、土地一级开发、新城、开发区以及大型综合开发项目等。

【实施 BT 融资依据】

1.《中华人民共和国政府采购法》第二条规定:"本法所称政府采购,是指各级国家机关、事业单位和团体组织,使用财政性资金采购依法制定的集中采购目录以内的或者采购限额标准以上的货物、工程和服务的行为。"

2. 中华人民共和国建设部发布的《关于培育发展工程总承包和工程项目管理企业的指导意见》(建市〔2003〕30号)规定:"鼓励有投融资能力的工程总承包企业,对具备条件的工程项目,根据业主的要求,按照建设—转让(BT)、建设—经营—转让(BOT)、建设—拥有—经营(BOO)、建设—拥有—经营—转让(BOOT)等方式组织实施。"

银行客户经理在申报这类项目的时候,应当注意学习以上文件规定,确保操作的时候合法合规。

【业务流程】

1. 项目的确定阶段:政府对项目立项,完成项目建设书拟定、可行性研究、筹划报批等工作。

2. 项目前期准备阶段:政府确定融资模式、贷款金额的时间及数量上的要求、偿还资金的计划安排等工作。

3. 项目的合同确定阶段:政府确定投资方,谈判商定双方的权利与义务等。

4. 项目建设阶段:参与各方按 BT 合同要求,行使权利,履行义务。

5. 项目移交阶段:竣工验收合格、合同期满,投资方有偿移交给政府,政府按约定总价,按比例分期偿还投资方的融资和建设费用。

【BT 模式特点】

1. BT 模式仅适用于政府基础设施非经营性项目建设。

2. 政府利用的资金是非政府资金,是通过投资方融资的资金。融资的资金既可以是银行的,也可以是其他金融机构或私有的;既可以是外资的,也可以是国内的。

3. BT 模式仅是一种新的投融资模式,BT 模式的重点是建设阶段。

4. 投资方在项目建成后即进行移交,不进行经营,不获取经营收入。

5. 政府按比例分期向投资方支付合同的约定总价。

【说明】

对城投企业直接贷款流程如图 1-25 所示。

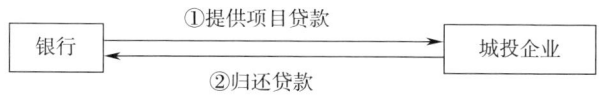

图 1-25 对城投企业直接贷款流程

BT 融资流程如图 1-26 所示。

国内 BT 融资一般都是承债式回购(见图 1-27),银行采取 BT 融资的风险远远大于对政府融资平台公司的贷款。

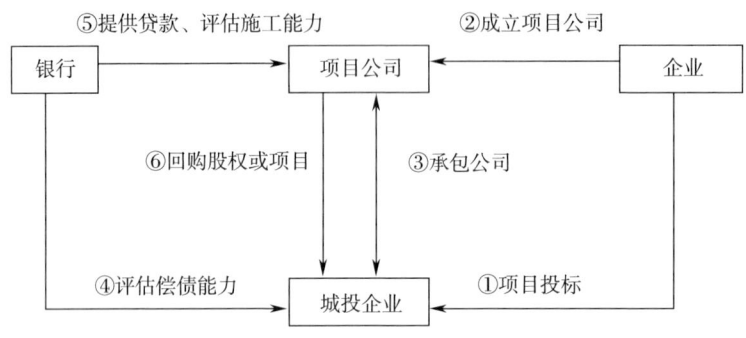

图 1-26 BT 融资流程

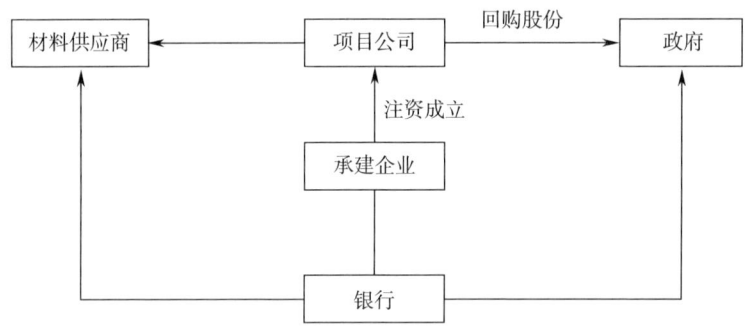

图 1-27 承债式回购 BT 融资

政府融资平台贷款体现银行与有政府背景的企业之间直接的债权债务关系，不因企业使用资金的效果而影响贷款债权。它属于刚性债务，到期时必须偿还。

BT 项目融资则是政府有条件回购，具体条件如下：

1. 项目准时完工。
2. 项目质量符合合同约定，经过监控审计。
3. 政府当时有回购资金。BT 项目融资属于政府的隐私债务，不显露，很容易出现过度融资，如同隐藏在冰山之下的地雷。

如果借款人到期无现金流兑付信托，而项目没有优势，则提供贷款置换信托，这等于给银行储备较好的固定资产贷款项目。银行的产品之间可以相互置换，就如同使用经营性物业抵押贷款归还商业房地产开发贷款、使用个人按揭贷款归还开发贷款、使用进口押汇解付进口 L/C。

【两种模式】

1. 回购具体的项目。这类操作较为简单，适合实力强大的大型国有施工企业完成的项目，这类项目多为经济适用房、廉租房、开发区建设的标准厂房等。计价方式简单，且建设周期较短，操作简单。

2. 回购项目公司的股权。多为路、桥、电力、城市管网等设施，这类设施一般需要办理收费权，同时有政府的批文。

在实际运营中，这类模式被大量采用，项目公司本身承担大量的贷款；同时，项目建成后，项目权益直接记在项目公司名下，非常容易操作。

具有政府背景的城投公司回购项目公司的股权，往往采取承债式的回购，城投公司按照公司的净资产溢价回购，同时承接未归还的银行贷款。

前期给项目公司提供贷款的银行往往还需评估参与回购项目公司股权的城投公司的实力，在确认承接的城投公司的实力非常强大时，才会配合办理股权交割手续。

【风险控制】

1. 政府回购风险。这类项目风险较大，如政治风险、自然风险、社会风险、技术风险，需增强风险管理的能力。这类项目最大的风险还是政府的债务偿还是否按合同约定，所以必须通盘考虑政府的负债及偿还能力，必要时，需要当地政府出具安慰函，安排预算资金回购项目。

2. 项目质量风险。银行必须监控施工企业的行为，施工企业必须落实好项目法人责任制，做好项目资金筹措、建设实施。银行全过程监控，必要时，要求施工企业首先使用自有资金，自有资金使用完毕后，再使用银行贷款。

3. 对参与 BT 模式的建筑企业，应注意其对同类项目的施工能力，深入分析相关招标文件以确定 BT 项目真伪，防范假 BT 模式可能带来的风险；积极开展对 BT 项目的调查，包括项目合法性以及项目运作前景预测等；重视对 BT 项目中招标单位回购担保的审查，以确保担保方案的有效性和可行性。

4. 对政府的实力必须仔细考量。政府未来城市发展思路和计划对财政支出中基建支出的安排影响较大，从而直接影响到项目的回购资金到位和贷款按期偿还。

5. 项目风险。项目属于城市基础设施建设类项目，作为工程项目，可能存在投资超预算等项目风险。

6. 项目法人将与政府签订（BT）合作协议，明确规定回购时间、回购金额以及双方责任。签署三方协议，明确该项目建成后，政府予以回购，回购资金列入财政预算，回购资金按授信占比归入银行，优先用于偿还贷款本息。

7. 项目资本金与银行贷款同比例先期到位。借款人股东承诺：（1）在银行开立建设资金及还贷专户，项目建设资金通过银行结算比例不低于授信占比，并授权银行对账户进行监管；（2）项目超投资部分由出资人自筹解决；（3）在按约定偿还完当期银行贷款本息前不分红。

BT 模式的风险要远远大于直接对有政府背景的城投公司贷款。

项目公司必须具备强大的施工履约能力，按照项目的要求完成项目，而项目在实施过程中存在原材料成本上升、贷款利率调整、施工人员变动、国家宏观政策变化导致投资预算增加，以及施工项目的环境发生变化直接导致项目的延迟等风险，银行必须充分考虑这些风险。

一般情况下，项目不能在政府规定的时间内完工、不能达到交付条件时，会直接影响政府的回购，同时会导致银行贷款的逾期。

【参与各方的优势】

（一）政府优势

1. BT 项目通常是固定回购价格，锁定工程造价和工期，这样可以有效控制甚至降低工程造价，节约投资。

2. 项目融资的所有责任都转移给施工企业，减少了政府主权借债和还本付息的责任，政府可以避免大量的项目风险。

3. 可以有效地控制成本，项目回报率明确，严格按中标价实施。通常，政府直接实施基础设施项目的成本高于民营企业。

4. 在政府平台融资受到控制的情况下，或政府本身贷款规模已经较大，再度融资困难的情况下，政府可以通过实施 BT 模式，减轻资金压力，变相融资，保证基础设施建设连续进行。

（二）施工方优势

1. 通过成立 BT 项目公司，可采用项目融资（以发起人与投资者签订的回购协议、回购资金担保向银行或其他金融机构贷款）的方式实现表外融资，项目公司债务与施工企业母体切割。

2. 可以帮助施工企业承担较大金额的工程，有利于承揽具有政府背景的项目，保证项目的实施。BT 带动施工，能够进一步强化主业，加快主业发展步伐，可以为施工企业搭建更为宽阔的社会资源平台。

（三）银行优势

可以通过政府的回购安排控制对施工企业的信贷风险，可以为银行关联营销政府和施工企业提供便利。

【产品优势】

与传统的投资建设方式相比，采用 BT 方式具有一定的优势：

1. 采用 BT 方式可以为项目业主筹措建设资金，缓解建设期间的资金压力。

2. 采用 BT 方式可以降低工程实施难度，提高投资建设效率。BT 项目由建设方负责工程全过程，包括工程前期准备、设计、施工及监理等建设环节，因而可以有效实现设计、施工的紧密衔接，减少建设管理和协调环节，实现工程建设的一体化优势和规模效益。

3. BT 方式一般采用固定价格合同，通过锁定工程造价和工期，有效降低工程造价，转移业主的投资建设风险。

4. BT 项目回购资金有保证，投资风险小。BT 方式通过设置回购承诺和回购担保的方式，降低投资回收风险，其投资回收期限较短。对大型建筑企业而言，BT 项目是一种良好的投资渠道，通过 BT 方式参与工程项目的投资建设，既有利于避免与中小建筑企业的恶性竞争，又能发挥企业自身技术和资金的综合优势。

【BT 方式的法律特征】

1. BT 参与主体的特殊性。参与 BT 项目的主体为业主和工程建设方，这两方主体均具有特殊性。在基础设施项目建设中，业主为特殊主体，即政府、政府组成部门，或者政府投资设立并承担基础设施建设职能的国有企业。项目建设方主要为具备一定投融资能力和建设资质的投资公司、建筑企业等。

2. BT投资客体的特殊性。其特殊性在于：一是BT项目的客体大部分为基础设施和公用事业，如城市轨道交通、桥梁、公路等，不同于其他投资项目，属于社会公益事业，政府对其享有建设权和所有权；二是BT投资客体的所有权存在转移性，即业主通过合同方式把某一重大项目的投资、建设的权利和责任让给项目建设方，项目建设方在合同规定时间内，拥有该项目的所有权，项目竣工验收合格后，业主回购项目并获得项目所有权。

3. BT参与主体法律关系的复杂性。BT项目涉及融资、投资、建设、转让等一系列活动，参与人包括政府、项目业主、建设方、施工企业、原材料供应商、融资担保人、保险公司以及其他可能的参与人，从而形成了众多参与人的纷繁复杂的法律关系。

4. BT方式所涉及当事人的权利、义务关系是通过合同确立的，其中包括贷款合同、建设合同、回购协议、回购资金担保、完工履约担保以及联合体协议等，是一系列合同的有机组合。

【BT方式与垫资承包的区别】

培训的过程中，经常有学员说，BT就是"带资承包"。实际上，BT方式与垫资承包有较大区别，主要表现在以下几个方面：

1. 合法性。

垫资承包违背了现行法律法规的规定，是一种违法违规行为。建设部2003年发布的《关于培育发展工程总承包和工程项目管理企业的指导意见》提到，鼓励工程总承包企业按照BT方式组织实施具备条件的建设项目。

2. 资产的隶属关系。

BT项目的回购实质上是一种资产转让行为。在建设期间，工程资产所有权归建设方所有；回购完成后，工程资产所有权转移给业主所有。在垫资承包中，工程资产所有权均归业主所有，施工企业在建设期间不拥有项目所有权。

3. 投资风险。

BT项目一般需由项目建设方或地方政府出具项目回购承诺函，以及第三方（一般为银行）提供项目回购担保函，因此，项目建设方的投资收回有保障，投资风险较小。在垫资承包方式中，项目业主一般不能出具类似的担保；同时，由于工程资产所有权属于项目业主，一旦项目资产被银行清算，承包方所垫资金将很难收回，风险很大。

【BT 项目的实施方式】

（一）采用 BT 方式的前提条件

基础设施项目采用 BT 方式，应具备以下几个基本条件：前期工作深入，设计方案稳定，建设标准明确。工程建设难度适度，建设风险较小。业主应具有充足的回购能力，能提供回购承诺函及相应担保。工程规模适当，投资额度应在潜在投标人可承受的范围内。项目成本应该能够较为准确地估算，以便于投标人估算和控制投资成本。

（二）BT 的几种实施方式

在实践中，根据项目的具体情况，可采用以下几种 BT 实施方式：

1. 完全 BT 方式。

完全 BT 方式是指通过招标确定项目建设方，项目建设方组建项目公司，由项目公司负责项目的融资、投资和建设，项目建成后由业主回购的形式。此种方式具有以下特点：

（1）对项目建设方无特殊资质要求，只要其具有较强的投融资能力即可。

（2）按照项目融资的方式进行融资。项目建设方采取成立项目公司的方式，以项目公司为主体筹措建设资金，项目建设方为项目公司的银行贷款提供担保，为便于项目公司融资，一般需业主出具回购承诺函及第三者回购担保。

（3）在建设过程中，业主对工程的参与程度较小。在项目建设期间，项目公司履行业主职能，负责项目的建设管理，不直接参与项目施工。项目施工单位、设计单位以及监理单位由项目公司通过招标确定。业主的主要职责是确定项目建设标准、验收标准和支付回购款项。

完全 BT 方式适用于工程技术成熟、技术标准明确、投资规模较大，且业主无工程建设管理经验或能力的工程项目。

此方式的主要优点：一是有利于扩大投资者的选择范围；二是由 BT 项目公司作为主体进行融资，可降低投资者的投资风险，拓宽融资渠道；

三是项目结构清晰,建设协调、管理的各个环节衔接紧密,业主进行工程管理的难度较小;四是建设风险全部转移给项目建设方承担,业主的建设风险较小,同时,项目建设方具有较大的自主权和利润空间。

2. BT工程总承包方式。

BT工程总承包方式是指通过招标确定项目建设方,项目建设方按照合同约定对工程项目的勘察、设计、采购、施工、竣工验收等实行全过程的承包,并承担项目的全部投资,由业主委托指派工程监理,项目建成后由业主回购的形式。此种方式具有以下特点:

(1) 工程施工直接由项目建设方承担,无须进行二次招标,项目建设方必须为同时具备投融资能力和相应建设资质的工程总承包企业或联合体。

(2) 业主直接和项目建设方签署BT投资建设合同及工程总承包合同,一般不组建项目公司。

(3) 业主通过聘请工程监理公司或设立工程监管机构等方式对项目建设方进行履约管理。

BT工程总承包方式适用于工程技术较为复杂、投资规模较大,且业主具有一定的工程建设管理经验或能力的工程项目。BT工程总承包方式的优点与完全BT方式基本相同,主要区别在于项目建设方必须同时具备投融资能力和施工总承包资质,且一般不成立项目公司。

3. BT施工承包方式。

BT施工承包方式是指通过招标确定项目建设方,项目建设方按合同约定负责工程施工及投资,项目验收合格后由业主回购的形式。此种方式具有以下特点:

(1) 工程施工直接由项目建设方承担,项目建设方必须是同时具备投融资能力和相应资质的建筑施工企业。

(2) 项目规模较大,通常一个项目拆分成若干标段实施。业主直接和若干个项目建设方签署BT投资建设合同。

(3) 项目建设方只负责工程的施工,业主负责工程全过程管理,设计单位和监理单位的管理由业主直接负责。

此方式适用于工程技术难度较大、不确定因素多,且业主具备较强工程建设管理能力的项目。与传统建设方式相比,此方式的主要区别在于由项目建设方负责工程的资金筹措。

【BT 项目招标规定】

1. 应组建一个项目法人来代表政府行使业主的权利，履行业主的义务，这类机构通常都是有政府背景的城投公司。

2. 对投标人的条件设置宜设定为具有融资能力且具备相应资质等级的施工企业。如果不是将 BT 项目交给施工企业而是交给单一的投资商，那么投资商势必将项目转包给施工企业，如此多一个环节，回购价格将会提高，且会延长建设周期。

3. 资格预审时应有侧重点。BT 的核心在于建设，而建设的重要内容之一在于建筑商要有较强的投融资能力，它要在规定的期限内用自己的资金将项目建成，没有较强的经济实力和融资能力是不行的。因此，资格预审文件在这方面一定要有严格、明确的规定，例如投标人的财务状况、银行的资信等级、银行的授信额度等，必要时，还应当到该企业或者相关部门、相关银行进行考察。

4. 评标办法可采用综合评估法，对投标人的资金实力、融资能力、施工能力、履约信用、投标报价让利、回购期限和各期回购支付比例的优惠等进行综合评定打分，依据评分确定中标人；也可以在对投标人的资金实力、类似业绩、回购款支付方式提出最低要求的基础上，采用经评审的最低投标价法确定中标人。

【BT 方式实施中应注意的几个问题】

（一）严格适用范围和条件，实行 BT 模式融资建设要量力而行

采用 BT 模式应量力而行，BT 项目必须符合当地经济社会发展规划，属于政府应该承担的公益性、基础性项目，并纳入政府财力进行动态平衡，确保项目回购资金的支付，杜绝滥用 BT 模式，拖欠工程款。

（二）选择合适的项目实施结构，兼顾参与各方利益

在确定项目实施结构前，首先要对建设项目的工程特点、前期工作情况、业主的需求和管理能力，以及潜在投资者进行深入分析，以选择对应的实施方式。同时，项目实施结构应把握"放而不乱，管而不死"的原则，做到既能保证项目建设方一定的建设自主权，又能最大限度地保证工程质量，维护项目业主的利益。

(三) 严格投标人的资质标准，对投标联合体各方的关系要有明确的约定

根据建设项目的投资规模和建设特点，在项目招标时应对投标人的投融资能力和建设能力提出明确资质标准，投标人应具备承担 BT 项目投资建设的能力和经验。

同时，由于城市基础设施项目投资大，项目实施难度大，在项目投标时，投标人常以组成联合体的方式参与项目投标。但在项目实施时，由于各投标联合体的利益不一致，经常会出现联合体内部扯皮的问题，影响项目的顺利实施。为避免此类情况的发生，在项目招标时，应在招标文件的联合体协议中明确约定各联合体成员的权利、义务关系，特别是对各联合体的出资额、负责的工程内容等情况要明确约定。此外，联合体成员的定位要明确，要尽量引导优势互补的企业组成联合体。

(四) 完善监管体系，杜绝分包、转包行为

在 BT 项目中，工程的分包和转包是影响项目工程质量的重要风险因素。为避免此类问题的发生，可采取以下措施：一是在招标文件中对项目的分包、转包情况进行详细和明确的约定，禁止随意分包和转包；二是建立健全监管体系，业主应组建监管机构，对工程分包情况进行严格管理。

(五) 扎实做好前期工作，明确建设标准和工程接口

要成功实施 BT 项目，必须在项目提出、规划、可行性研究、投资者的选择、规划设计方案、开工建设等各个环节保持一致性和前瞻性，扎实做好项目前期工作，明确项目建设标准以及项目与外部工程的接口。项目前期工作特别是规划设计方案的稳定程度、设计深度对项目成功实施与否影响较大。如规划设计方案不稳定，可能导致工程变更、洽商等一系列问题的出现，项目投资可能因此大幅增加。此外，编制建设标准时要做到深度适当、可操作性强。

(六) 重视专业中介机构的作用

在项目招标过程中，聘请中介咨询机构在项目融资结构设计、招标文件、合约起草谈判等方面提供专业化协助，可以最大限度地挖掘潜力，规避风险。

【案例1】

北京地铁奥运支线 BT 项目

北京地铁奥运支线起点为熊猫环岛站,终点为森林公园站,正线全长4.398公里,全部为地下线,由南向北设熊猫环岛站、奥体中心站、奥林匹克公园站、森林公园站四座车站。北京地铁奥运支线是地铁八号线的一段,在初期作为地铁十号线的支线运营,在安定路站与十号线接轨。北京地铁奥运支线BT工程主要包括奥运支线BT工程的投融资、建设及工程总承包。主要工程涉及奥运支线站场及区间土建、轨道、供电、通风空调、自动扶梯及电梯、防灾报警、设备监控、给排水、消防等专业,由政府主管部门通过公开招标方式选择投资者负责投资和建设。北京地铁奥运支线BT项目是北京市建设管理方式改革的一次尝试,是北京市首次采用建设—移交模式进行投资建设的工程(见图1-28)。

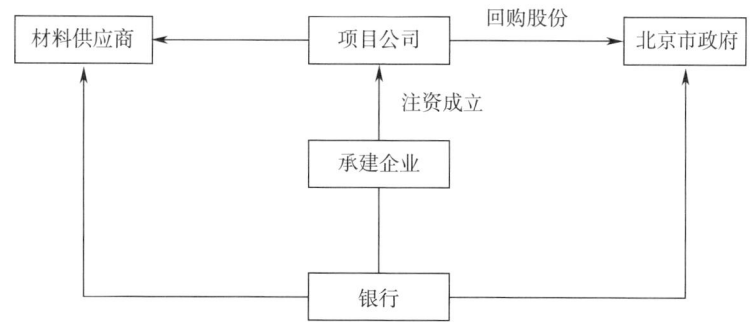

图1-28 北京地铁奥运支线 BT 项目

中国铁路工程总公司、中铁电化局、中铁三局集团联合体凭借多年以来在北京地铁工程建设领域丰富的经验、强大的技术实力、良好的信誉以及雄厚的企业实力,最终击败了众多强手,中标此工程。

【案例2】

柳市人民政府 BT 融资

一、项目基本情况

1. 项目概况

柳市人民政府报经省发展改革委、省交通厅批复同意,新建国道过境公路。项目前期工作基本完成,具备开工建设条件,经市人民政府批准同意采用 BT 方式建设(见图 1-29),由柳市人民政府国道城区过境公路建设管理处公开招标。培云公司参加该项目投标及建设,并最终成功中标,组建项目法人柳市城区过境公路建设管理有限公司专门负责此项目筹资、建设。

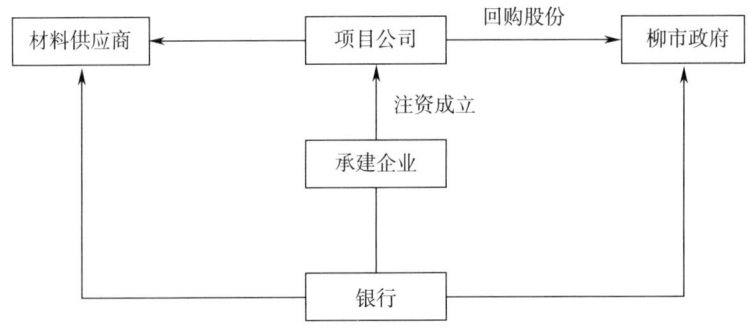

图 1-29 柳市人民政府 BT 融资

项目建设总里程 38.233 公里,其中 26.243 公里均采用双向 6 车道一级公路标准建设,设计速度采用 80 公里/小时,路基宽度 32 米;11.99 公里采用二级公路标准建设,设计速度采用 80 公里/小时,路基宽度 12 米。项目采用 BT 方式建设,项目为市政基础设施建设类项目,不收费,项目法人不参与经营,建成后由柳市政府回购。项目建设期拟定为 2 年,回购期拟定为 5 年。

2. 项目投资和筹资

本次评估项目总投资为 172566 万元,其中企业自筹 44566 万元,占项目总投资的 25.83%;申请银行贷款 128000 万元,占项目总投资的 74.17%。项目筹资来源如下:

（1）项目资本金。项目法人已向柳市国道城区过境公路建设管理处缴纳建设资本金人民币2亿元，作为项目启动前期资金。

（2）银行贷款。该项目列入市政府重大建设工程项目，同时与市政府签订回购协议，明确银行融资由财政偿还，因此筹资能力强。

二、银行切入点分析

1. 项目偿债能力

项目采用BT方式建设，项目法人不参与经营，建成后由柳市人民政府在财政预算内安排资金回购。根据市政府《国道城区过境公路采用BT方式融资建设信息公告》、市国道过境公路建设管理处的便函以及市政府出具的承诺函，该项目建成后，市政府予以回购，回购资金列入市财政预算。偿债能力评估重点在于评价柳市经济发展潜力、财政支付能力。

2. 借款人基本情况

借款人柳市城区过境公路建设管理有限公司由柳市路桥建筑工程有限公司控股人共同出资组建，公司实质为项目法人，主要负责国道城区过境公路BT项目建设管理。

3. 风险提示和担保评价

评估认为，该项目贷款主要存在以下风险：

（1）政策风险：国家和省对市财政相关政策、市政府城市建设的总体思路和政策、未来城市发展规划等变化，均对市财政的城建支出造成较大影响，从而直接影响该项目的资本金到位和贷款偿还。

（2）项目风险：该项目属于城市基础设施建设类项目，作为工程项目，由于地质、地形原因，可能存在投资超预算等风险。

（3）还贷来源风险：经济发展主要得益于丰富的能源储量，已经探明的煤炭、天然气、石油、盐矿储量开采价值巨大，形成以能源为中心的"国家重化工能源基地"。国内、国际经济环境的变化对能源价格的影响较大，可能会对经济造成一定冲击，从而影响财政收入。

三、银企合作情况

该项目由培云公司提供连带责任保证担保，由实际控制人提供个人无限连带责任保证担保。

银行对该公司提供人民币14.8亿元贷款授信总量，其中12.8亿元用于项目贷款和银行承兑汇票，贷款期限7年，含2年宽限期（银行承兑汇票期限3个月,保证金比例30%),利率执行5年以上贷款基准利率,采取企业提供连带责任保证担保、个人提供无限责任担保方式;工程履约保函2亿元,免保证金方式。由于该公司与市政府签订BT协议,同时将回购资金列入市财政预算,贷款按时收回有保证。该项目在贷款期内可为银行带来约25亿元的利息收入,日均5000万元存款。另外,该项目所有参与建设公司均在银行开立结算账户,办理结算业务,派生承兑业务和保函业务,带来1000万元中间业务收入,经济效益较为可观。

【点评】
  BT建设承包人的债务人基本上都是政府,而政府又通常有较高的稳定性、较强的支付能力(财政收入)和影响力,当BT建设承包人拿着与政府签署的一系列BT项目合同向金融机构申请贷款时,金融机构基于对最终资金来源方政府的信任,在缺少有效抵押、担保的情况下,发放金额较大的借款。也就是说,BT建设承包人提供给金融机构的是"政府付款"这样的"信用担保"。

【案例3】

天津市武清区BT项目

  天津市武清区为更好地解决建设当中的基础设施投资难题,大胆创新,与中国水利水电建设股份有限公司实施武清BT项目,吸引该公司投资80亿元进行武清城区35.5平方公里土地的一级开发和130万平方米农民还迁安置房以及陈石路工程项目的实施。与该公司合作以来,各个工程项目进展顺利。

  武清区BT项目(见图1-30)已完成投资13.68亿元,其中市政完成8.62亿元,房屋建设完成4.61亿元,其他完成0.45亿元。市政一期7平方公里的道路和配套设施建设提前完成,有力地配合了武清区招商引资工作。113栋共72万平方米的两个农民还迁房小区建设进入主体施工。据武清区负责人介绍，武清BT项目全部完成后，可拉动当地投资上千亿元。

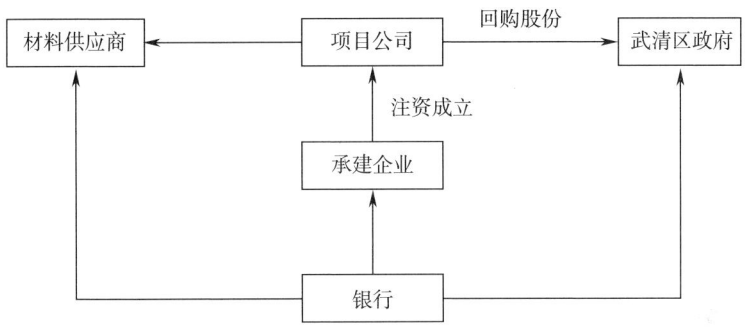

图1-30　天津市武清区BT项目

【案例4】

太原南站BT项目

太原市最大一笔城建BT项目正式启动。中国建筑股份有限公司中标太原南站BT项目（见图1-31）。太原南站项目正式签约，项目总投资23亿元。

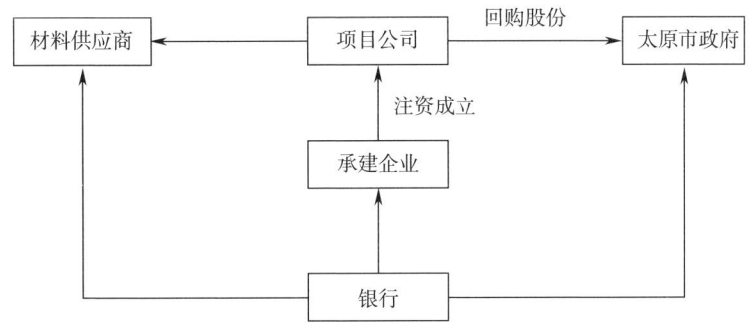

图1-31　太原南站BT项目

太原南站项目建设曾计划依靠发行城投债融资，但根据《国务院关于加强地方政府融资平台公司管理有关问题的通知》，地方政府不能依靠地方融资平台搞城市建设融资。

太原南站项目建设资料显示,太原南站项目占地面积45公顷,建筑面积约20.06万平方米,设计年发送旅客量可达4000万人次以上。工程投资估算总额在30亿元以上。

地方政府开始寻求新的融资渠道。太原市找到一条出路:BT融资。该市有关部门仅用一个月时间就完成了融资方案的制定。中国建筑股份有限公司等4家投资商参加了该项目的招标,最终,中国建筑股份有限公司中标。

根据太原市同其签订的合作合同,太原南站广场基础设施建设等一些非盈利项目,将通过BT的模式由中国建筑股份有限公司先行投资建设,然后由政府财政进行回购,再开发广场的商业和房地产项目。

【产品十一】PPP 项目融资

【产品定义】

PPP 项目融资是指银行向承揽政府项目工程的项目公司提供的一种项目贷款,是以政府回购该项目的资金作为还款来源的一种授信业务。该项目公司通常是由政府及施工企业组成的合资项目公司。

PPP 融资方式非常新颖,值得广大银行客户经理深入学习,在监管部门严控政府融资平台贷款的情况下,PPP 融资和 BOT 融资成为有效的选择。

PPP 是指政府与民营机构签订长期合作协议,授权民营机构代替政府建设、运营或管理基础设施(如道路、桥梁、电厂、水厂等)或其他公共服务设施(如医院、学校、监狱、警岗等)并向公众提供公共服务,主要有垂直和水平两种方式;而 BOT 是指政府通过特许权协议,授权民营机构进行项目(主要是基础设施和自然资源开发)的融资、设计、建造、经营和维护、移交等。

PPP 本质上和 BOT 差不多,都属于狭义项目融资,即通过项目来融资——(通过该项目的期望收益来融资)的活动,而非广义项目融资,即为项目融资——(为特定项目的建设、收购以及债务重组进行融资)的活动。

【基本认识】

PPP 和 BOT 项目对民营机构的补偿都是通过授权民营机构在规定的特许期内向项目的使用者收取费用,由此回收项目的投资、经营和维护等成本,并获得合理的回报(建成项目投入使用所产生的现金流量成为支付经营成本、偿还贷款和提供投资回报等的唯一来源),特许期满后项目将移交回政府(也有不移交的,如 BOO)。但 PPP 的含义更广泛,反映更广义的公私合伙/合作关系,除了基础设施和自然资源开发,还包括公共服务设施和国营机构的私有化等,因此,近年来国际上越来越多地采用 PPP 取代 BOT。

BT 属于 BOT 的一种演变形式,是指政府在项目建成后从民营机构中购回该项目(可一次支付,也可分期支付);与政府借贷不同,政府用于购买项目的资金往往是事后支付（可通过财政拨款，但更多地是通过运营项目收费来支付）；民营机构用于建设的资金可自己出，但更多地是获取银行的有限追索权贷款。

政府在 PPP 和 BOT 中的责任在本质上没有什么不同，但细节有区别，如在 PPP 项目中，民营机构做不了的或不愿做的，由政府来做，其余全由民营机构来做，政府只起监管的作用；而在 BOT 项目中，绝大多数工作由民营机构来做，政府则提供支持和担保。无论什么方式，都要合理分担项目风险，从而提高项目的投资、建设、运营和管理效率，这是 PPP 或 BOT 最重要的目标。

【适用对象】

PPP 模式在公共基础设施领域，尤其是在大型、一次性的项目，如公路、铁路、地铁等的建设中扮演着重要角色。

【典型结构和实质】

PPP 模式是一种优化的项目融资与实施模式，以各参与方的"双赢"或"多赢"作为合作的基本理念，其典型的结构如下：政府部门或地方政府通过政府采购的形式与中标单位组建的特殊目的公司（特殊目的公司一般是由中标的建筑公司、服务经营公司或对项目进行投资的第三方组成的股份有限公司）签订特许合同，由特殊目的公司负责筹资、建设及经营。政府通常与提供贷款的金融机构达成一个直接协议，这个协议不是对项目进行担保的协议，而是一个向借贷机构承诺将按与特殊目的公司签订的合同支付有关费用的协议，这个协议使特殊目的公司能比较顺利地获得金融机构的贷款。采用这种融资形式的实质是政府通过给予私营公司长期的特许经营权和收益权来加快基础设施建设及实现有效运营。

PPP 模式的典型结构如图 1-32 所示。

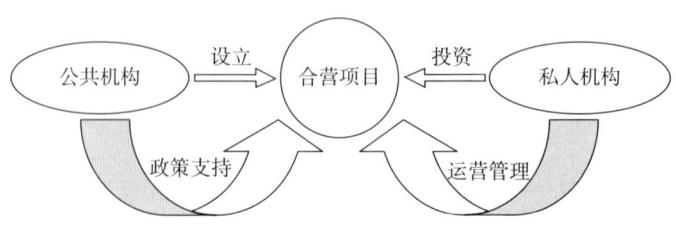

图 1-32　PPP 模式典型结构

【优势】

PPP 模式主要有以下几方面优势：

第一，PPP 融资是以项目为主体的融资活动，是项目融资的一种实现形式，主要根据项目的预期收益、资产以及政府扶持的力度而不是项目投资人或发起人的资信来安排融资。项目经营的直接收益和通过政府扶持所转化的效益是偿还贷款的资金来源，项目公司的资产和政府给予的有限承诺是贷款的安全保障。

第二，PPP 融资模式可以使更多的外部资本参与到项目中，以提高效率，降低风险。政府的公共部门与外部企业以特许权协议为基础进行全程合作，双方共同对项目运行的整个周期负责。PPP 融资模式的操作规则使外部企业能够参与到项目的确认、设计和可行性研究等前期工作中，这不仅降低了企业的投资风险，而且能将外部企业的管理方法与技术引入项目，还能有效地实现对项目建设与运行的控制，从而有利于降低项目建设投资的风险，较好地保障国家与企业各方的利益。

第三，PPP 模式可以在一定程度上保证外部资本"有利可图"。外部企业的投资目标是寻求既能够还贷又有投资回报的项目，无利可图的基础设施项目是吸引不到外部资本的投入的。采取 PPP 模式，政府可以给予投资者相应的政策扶持作为补偿，如税收优惠、贷款担保、沿线土地优先开发权等。通过实施这些政策，可提高外部资本投资项目的积极性。

第四，PPP 模式可以减轻政府初期建设投资负担和风险。在 PPP 模式下，公共部门和企业共同参与项目的建设和运营，由外部企业负责项目融资，有可能增加项目的资本金数量，进而降低资产负债率，这不但能节省政府的投资，还可以将项目的一部分风险转移给企业，从而减轻政府的风险。同时，双方可以形成互利的长期目标，更好地为社会和公众提供服务。

【案例 1】

北京地铁 4 号线 PPP 模式

京投公司为北京地铁 4 号线成功引入了"香港地铁—首创集团"联合体的 55 亿元的建设投资，既为北京地铁 4 号线项目解决了融资难题，也为政府节省了巨额的项目后期运营补贴费用。与政府全额投资相比，北京地铁4号线为政府节省了55亿元的地铁B部分投资，同时京港地铁还承担了4号线建设投资增加的风险和2亿元的开通费用。此外，30年经营期内，不但32亿元的更新改造费由京港地铁承担，而且京港地铁每年还向政府上交4250万元租金。综合算来，4号线项目总体可节约政府财政支出100多亿元，这是国内基础设施领域的第一个公私合作项目。

【案例2】

包头地铁1号线南延线PPP项目

一、企业基本情况

中铁建电气化局集团有限公司是具有国家一级资质的大型企业，隶属于中国铁道建筑总公司，总部设在北京，主要从事铁路电气化、通信、信号、电力、城市轨道交通、公路交通、机电设备安装、水利水电、地方电信、送变电、建筑智能化及大型土石方等工程建设。具有承担时速200公里以上电气化铁路的科研、设计、施工、专业器材生产、物资供应、系统集成和运营维护能力。拥有承包境外工程、设备材料出口和对外派遣劳务等经营权。公司现有多名高级管理人员和专业技术人员，拥有多台（套）国内外各类大中型电气化设备及进口精密仪器仪表，年综合施工能力较强。先后参建了我国50多条铁路新线和既有线扩能改造重点工程建设，担负了京秦沈客运通道建设，承建了我国第一条一次性建成时速达200公里的胶济线电气化铁路建设，修建了以北京地铁、天津轻轨为代表的20多项市政工程建设。在以京石高速公路通信工程、"亚洲第一长隧"乌鞘岭隧道电力工程、世界第一条高原铁路青藏线通信信号工程、苏丹麦罗维大坝500千伏输变电工程等为代表的国内外工程建设中，积极采用高科技施工技术和科学的管理手段，始终坚持精品立世、和谐自然、以人为本、创新发展的管理方针，努力追求产品质量和服务质量的完美结合，有100多项工程被评为国家、省部级和建设单位优质工程，其中荣获中国建筑工程鲁班奖和国优工程奖15项、省部级科技进步奖34项。

包头地铁1号线南延工程是地铁1号线正线的延伸线，由安德门站向南延伸至包头副中心江宁区，线路全长17.954公里，共设车站12座。整个工程包括供电系统、信号系统、通信系统、旅客资讯系统、自动售检票系统、电扶梯系统、环境监控系统、综合信息管理系统、火灾自动报警和气体灭火系统、通风空调给排水系统、车辆段工艺设备、12座车站设备安装和装修工程施工共12个专业。该项目由中铁建电气化局集团投资和建设管理，并对项目实施总承包，建设期费用中标价14.2亿元，加上回购期融资费，合同总价20亿元。

包头地铁1号线南延线PPP项目是中铁建电气化局继BT、BOT、系统集成、施工总承包等模式全面进入地铁市场后，首次中标PPP项目。在国内，由一家公司在PPP模式下对涵盖多专业的项目实施总承包实属罕见。

二、银行切入点分析

某银行成功介入该项目，为该项目提供了项目贷款。该项目回购方包头市政府财政实力较强，虽然该项目工期较长，投资金额较大，但是考虑到项目为PPP形式，政府参与项目的投资，该项目需要的水、电等政策资源较容易得到满足，因此，银行认为该项目风险可控，愿意提供融资。

【产品十二】租赁封闭贷款

【产品定义】

租赁封闭贷款是指承租人选定机器设备,融租租赁公司(出租人)根据承租人的申请并按照其确定的机器设备等,向供货商买入机器设备,承租人向租赁公司租赁机器设备,银行向租赁公司发放贷款用于购买设备,租赁公司以租金收入偿还银行贷款的一种融资方式。

租赁封闭贷款结构如图 1-33 所示。

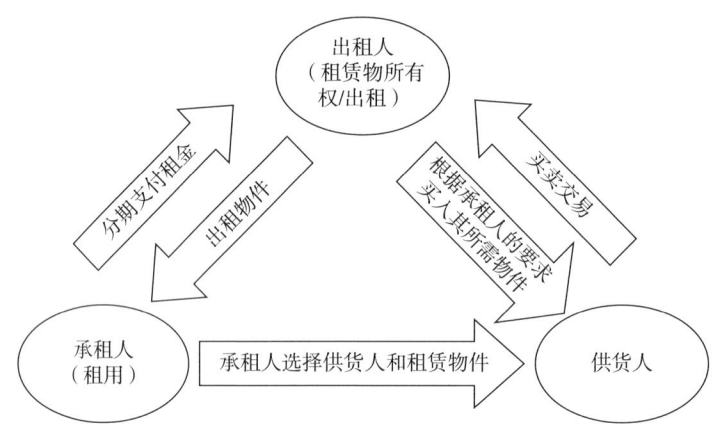

图 1-33 租赁封闭贷款结构

【业务形式】

租赁封闭贷款的业务品种主要包括:

1. 进口设备租赁(信用证项下)(见图 1-34)

银行向作为出租人的融资租赁公司签发信用证,由租赁公司专用于购买属于上列范畴的专业设备或大型项目工程,提供给承租人使用,由物流公司全程控制货物全流程,还款来源为贷款项目租金收入。

适用对象为直接租赁形式的项目,银行应当选择自身实力较强的承租人。

主要风险控制手段包括:银行为租赁标的物的抵押权人;以项目租金

产品篇

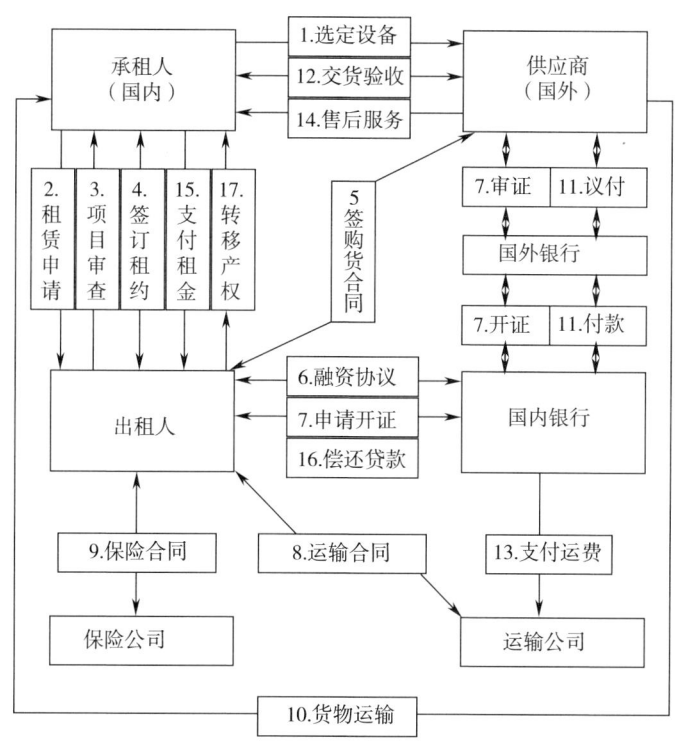

图1-34 进口设备租赁（信用证项下）结构

收入作为第一还款来源；要求承租人在银行开立还款专用账户，每月租金划付此账户内，委托银行直接办理还款手续，实现项目资金封闭运行；要求出租人提供其他有效的担保。

2. 设备租赁（银行承兑汇票项下）（见图1-35）

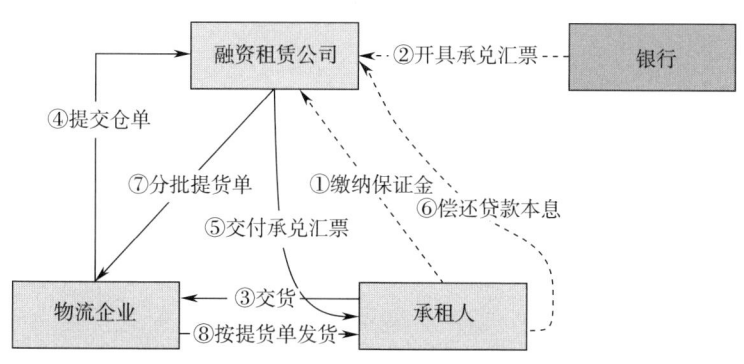

图1-35 设备租赁（银行承兑汇票项下）结构

银行向作为出租人的融资租赁公司提供电子银行承兑汇票，由租赁公司专用于购买专业设备，提供给承租人使用。贷款以设备抵押作为担保，由设备供应商（或已购买大型项目工程）提供回购担保，或者由实力较强的设备供应商或第三方提供连带责任保证，或者提供其他银行认可的授信担保方式。兑付银行承兑汇票资金来源为项目租金收入。

适用对象为直接租赁形式的项目；以企业业绩为基础，银行应当选择自身实力较强的融资租赁公司。

主要风险控制手段包括：银行为租赁标的物的抵押权人；以项目租金收入作为银行承兑汇票第一还款来源；要求承租人在银行开立还款专用账户，每月租金划付此账户内，委托银行直接办理锁定保证金，实现项目资金封闭运行。

3. 融资租赁应收租赁款质押封闭贷款

以已经确认并可以按期足额收回的应收租赁款质押为担保条件，向融资租赁公司发放贷款。贷款的用途可以是独立于被质押应收租赁款项目以外的其他租赁项目。贷款的还款来源同时包含贷款项目租金收入和被质押应收租赁款项目的租金收入。

适用对象为直接租赁或回租赁形式的项目适用于融资租赁公司自身实力一般、合作承租人实力较强的项目；重点关注作为质押物的应收租赁款的质量，要求已确认的合同项下承租人具有较强的经营能力及还款能力。

主要风险控制手段包括：要求承租人在银行开立还款专用账户，每月租金划付此账户内，委托银行直接办理还款手续，实现项目资金封闭运行；贷款的还款来源同时包含贷款项目租金收入和被质押应收租赁款项目的租金收入；银行认可的质押率；银行为贷款项目租赁标的物的抵押权人；由专业保险机构提供保险。

4. 融资租赁应收租赁款买断封闭融资

以有追索权为前提，对租赁公司可以按期足额收回的应收租赁款开展买断融资业务，按租赁期限收取利息的同时向租赁公司收取手续费。

它适用于回租赁形式的项目；以与资产对应的现金流为基础，以风险和收益对称与否为轴心，以债权及资产回购为依托审查资产收益，以项目风险评估为主。该封闭融资适用于融资租赁公司自身实力一般、合作承租人实力较强的项目。

主要风险控制手段包括：银行认可的贷款金额；以该项目固定租金收入作为本息还款来源；保留对租赁公司的追索权；银行为所收购应收租赁款融资租赁项目项下租赁标的物的抵押权人；要求承租人在银行开立还款专用账户，每月租金划付此账户内，委托银行直接办理还款手续，实现项目资金封闭运行；由专业保险机构提供保险。

【说明】

银行通常与专业的金融租赁公司（或财务公司）合作，银行提供融资（收取贷款利息），租赁公司提供资格（收取租赁费），供货商提供设备（收取销售款），承租人租赁设备（支付租赁费），四方合作完成整个操作。

1. 在不含专业租赁公司模式下，商业银行与设备供应商签订设备供货合同，商业银行与承租人签订租赁合同。

2. 在包括专业租赁公司模式下，商业银行与专业租赁公司签订贷款合同及反担保合同，专业租赁公司与供货人签订设备供货合同，专业租赁公司与承租人签订租赁合同。

【租赁的基本原理】

租赁是一种通过"融物"达到"融资"的交易。当企业（承租人）需要添置设备时，不是以自有资金或者向金融机构借款购买，而是由出租人根据承租人的需要、意愿和请求，通过自有资金或向金融机构融资，购入设备，再出租给承租人使用，承租人按照融资租赁合同规定，定期向出租人支付租金，租赁期满后，选择退租、续租或留购的一种交易行为。在同一宗租赁交易中，必定包含设备货物的买卖和以该设备货物为租赁物的租赁这两类互为条件又相互独立的交易，它们分别由相关的买卖合同和租赁合同体现。人们通常把租赁描述为包含至少两类合同（买卖合同、租赁合同）和至少三方当事人（承租人、出租人、出卖人）的交易。

【点评】

在营销此类项目的时候，建议考虑直接以租赁公司作为拓展目标，租赁公司的特点是缺资金，不缺项目。选择优质的租赁公司,间接开拓一些优质的客户,不失为一种明智的选择。将租赁公司作为渠道类客户,为它提供一定的利益,通过它去开拓客户,比商业银行自己一家一家拓展容易得多。

【租赁优势】

(一)对银行的益处

1. 降低贷款占用的风险

租赁公司掌握着大量租赁资产的所有权和租金收取权,而且"买卖不破租赁",租赁公司具有明显的、安全的资产管理优势,能够使银行贷款"化零为整",并降低银行的管理成本和金融风险。对于一些让银行不放心的借款人,如果设备非常有价值,为防止客户偷卖设备或被法院拍卖,可以提供融资租赁。例如,对于一些资产负债率较高的航空公司,这些航空公司最有价值的资产就是飞机,如果提供担保贷款,这类飞机很容易被扣划或拍卖;如果是租赁的,法院无法处置,就可以较好地保护银行的利益。

2. 通过租赁公司屏蔽一层风险

(二)对出租人的益处

以融资租赁带动的投资必然会带动该设备的生产、销售、使用,促进相关产业的发展和劳动就业增长。融资租赁是承租人通过融物获得融资、以融资促进投资的一个重要金融工具。

由于融资租赁业务中的出租人要先购买设备后出租,便于供货人大部分或全部回笼货款,因此融资租赁对制造商或经销商而言具有强劲的促销作用。融资租赁是生产制造企业的一个非常重要的促销工具。

(三)对承租人的益处

1. 经营租赁对客户而言又是"表外融资",即经营租赁的资产和负债均不体现在客户的资产负债表上,可以优化客户的资产负债率、收益率等财务指标。经营性租赁比较灵活,但税负较重,按租金全额纳税,由于其租金可在费用中全额列支,因此经营租赁在实质上更具有"加速折旧的功能"。承租人采用融资租赁,通过"融物"达到"融资"的目的,改进企业装备；通过融资性的经营性租赁，还可实现表外融资。

2. 节税功能。采用融资租赁，可以获得合理合法的节税效果。融资租赁业务的出租人可享受与银行一致的"按差额缴纳营业税及附加"的优惠政策，而传统租赁中的出租人则须按租金全额缴纳营业税。承租人采用融资租赁方式购置设备，如果按会计上的融资租赁核算，则可享受加速折旧的优惠政策，可获得在所得税前提取折旧费用的好处；如果按会计上的经营租赁核算，则可在所得税前列支扣除租金全额，同样会获得"加速折旧"的好处。

3. 理财功能。对于高端客户，可以通过委托租赁、回租赁、经营性租赁保持或降低资产负债率，提高流动比率和速动比率，改善财务指标，优化财务结构，进行有效的理财服务。在为客户融资的同时辅以理财服务，当属融资租赁的最高理念和境界。

【产品特点】

（一）融资租赁业务也有由租赁公司以自有资金支付全部设备款项，待项目起租并正常运行后，再就这些成熟租赁项目向银行申请贷款，用于置换已经投入的部分自有资金的操作方式。

返还式租赁特点包括：承租人与租赁物件供货人是一体的，租赁物件不是外购，而是承租人在租赁合同签订前已经购买并正在使用的设备。承租人将设备卖给租赁公司，然后作为租赁物件返租回来，对物件仍有使用权，但没有所有权。设备的买卖是形式上的交易，承租企业需将固定资产转为融资租入固定资产。返还式租赁强调了租赁融资功能，失去了租赁的促销功能，类似于典当业务。企业在不影响生产的同时，扩大资金来源，是一种金融活动。

（二）融资租赁是一项非常有前途的业务，很多租赁公司最大的优势在于有较强的特殊背景，如政府成立的租赁公司，可以拿到一些优质政府投资项目；特大型集团公司成立的租赁公司（包括财务公司，有租赁业务的经营范围），凭借近水楼台的优势，可以直接操作本集团的优质项目。可以通过这些租赁公司（持有租赁资格的财务公司），间接切入优质的集团客户，顺藤摸瓜。

（三）供货合同、租赁合同两个合同相互制约。融资租赁的操作核心由设备供货合同和租赁合同组成，设备供货合同依据的是租赁合同。

（四）至少涉及三方当事人——出租人、承租人和供货商，构成自成一体的三边交易，这三方当事人相互关联。

（五）银行只负责单据，实际货物的风险由承租人自担。拟租赁设备由承租人自行选定，出租人只负责根据承租人的申请，提供购买设备融资，不负担设备缺陷、延迟交货等责任和设备维护的义务，承租人也不得以此为由拖欠或拒付租金。出租人对单据表面是否符合买卖合同及租赁合同的要求承担责任，而单据对应的实际货物质量，出租人不予负责。

（六）全额清偿。在租期内，出租人只将设备出租给一个特定用户，出租人从该用户收取的租金总额应等于出租人在该项租赁交易的全部资金投入及利润（银行在租赁期内收回全部的贷款本息）。

（七）设备所有权与使用权分离。设备的所有权属于出租人，设备的使用权属于承租人，设备的保险、保养、维护等费用及过时风险均由承租人自行负担。

（八）不可解约性。对于承租人而言，租赁的设备是承租人根据其需要自行选定的，承租人不能以退还设备为条件而中止合同。对于出租人而言，因设备为已购进产品，也不能以市场涨价为由提高租金（因为汇率、贷款利率变化等原因除外）。总之，一般情况下，租期内租赁双方无权中止合同。租期结束时，承租人一般对设备拥有留购、续租或退租三种选择权。

【业务流程】

1. 承租人应就租赁引进的设备向银行（出租人）提出申请，商洽银行提供融资租赁的意向。

2. 银行首先评估承租人履约风险，即确信承租人能够按期支付租金，银行按照一般授信业务标准审查承租人；在银行表示同意的情况下，承租人与供应商洽商供货事宜，并与银行洽商供货合同及融资租赁合同。接下来，银行对供货商进行评估，考察供货商能否按期供货以及货物质量风险。

3. 银行对承租人及担保进行授信审批，并审查设备供货合同、租赁合同等的条款。

4. 审批通过后，银行与承租人签订租赁合同，与供应商签订设备供货合同。

5. 承租人按时支付租金，银行收回贷款本息资金。

【所需资料】

1. 经国家有权部门批准的以租赁方式引进机器设备的文件。

2. 融资结构、租赁结构的有关描述文件（一般大型供货商都有成文的融资租赁操作规定等文件，银行需要根据本行的规定进行审查）。

3. 授信所需的常规资料。

【政策依据】

《最高人民法院关于审理融资租赁合同纠纷案件适用法律问题的解释》（法释〔2014〕3号）

【营销建议】

（一）融资租赁的设备主要为大型电气设备、机械加工设备、医疗设备、通信设备、环保设备、航空飞行器、教学科研设备等。客户经理营销目标可以定位于各大航空公司、航空器材进出口公司、各大发电公司等客户。

（二）国内仅有几大商业银行投资设立了金融租赁公司，具备开办融资租赁的业务资格，直接作为融资租赁设备的所有权人操作融资租赁业务，而中小银行需要和这些大型金融租赁公司合作。中小银行在拓展这项业务的时候，可以与专业的金融租赁公司合作，中小银行作为融资方，货物所有权由金融租赁公司控制，以租赁的设备作为融资银行的反担保。

（三）融资租赁应当重点考察承租人的履约能力，这是防范风险的关键，因为银行的贷款融资最终是由承租人归还的。

（四）可以在中国民航局、中国航空器材进出口总公司、各大发电公司、各大电站设备供应商的网站找寻业务信息。

另外，应当选择实力雄厚、经营规范、专业性较强的大型金融租赁公司为突破口，主动寻找租赁公司要求合作，对方提供项目，银行提供融资。

【风险控制】

银行操作融资租赁的风险控制要点如下：

1. 选择合格的供货商。

要根据具体情况确定，若承租人足够强大，符合银行的授信标准，履约能力较强，供货商可以弱小并且不承担回购担保责任，如在电信设备租赁交易中，四大电信运营商作为承租人。

若供货商足够强大，符合银行的授信标准，信誉较好，并承担回购担保责任，承租人可以实力弱小，如在工程机械租赁交易中，大型工程机械厂商作为供货商。

2. 对承租人的选择。

选好项目及较好的项目公司（承租人）是关键。除电信类公司外，还可考虑航空公司、三甲医院、中石油、中石化、电力行业、机械制造行业、大型印刷机构、金融机构、国家行政机关等。

承租人必须是因为希望表外融资、加速折旧、保存现金流等而办理融资租赁，而绝不可以是因为在银行办理不了贷款才选择租赁。

3. 通过设计封闭还款、监管资金流，有效控制风险。

【点评】

（一）租赁公司和银行之间合作的原因

1. 租赁公司选择银行的原因。

众所周知，银行资金最富余而成本又是最低的，租赁公司对资金的极度渴求使其必然会选择银行。

租赁保理在银行无追索的情况下，租赁公司也可以实现"表外融资"，改善财务报表，优化财务结构，用迅速收回的资金继续开展下一个项目，如此循环，租赁公司的资金获得倍增效应，租赁资产增大，效益也增大，最终实现银行与租赁公司、供货商、承租人"四赢"的局面。

2. 银行选择租赁公司的原因。

租赁公司虽然资金量远小于银行,但有银行不具有的独特功能,如表外融资、加速折旧、促进销售、安全度高于贷款、"买卖不破租赁"等功能。这样,在面对一些优质客户(如电信类公司、航空公司等)的特殊需求时,银行需要借助租赁公司"搭桥过河"。

一些优质客户在采购大额设备的时候,有资金融通的需要,但这些客户出于不能对外贷款等原因(由于是上市公司或总公司对其进行限制),银行欲突破这些优质客户很困难。租赁公司独特的表外融资功能、回租功能使这些优质客户愿意采用租赁交易模式,但租赁公司资金不足,于是便催生出"租赁+封闭贷款""租赁+银行保理"等银租合作创新产品,从而实现银租合作共赢。

(二)供应商与承租人参与租赁的原因

供应商一直非常积极参与融资租赁,有的甚至成立了专门的租赁公司,如飞机、大型工程机械等,它们要做的不是通过融资来赚钱,而是要把产品更多、更快地卖出去,让资金更多、更好地回流到企业,因为企业赚钱是靠不停的产业链运转来实现的。

【案例1】

北京××体育大厦工程机械融资租赁项目

一、企业基本情况

北京××建设机械租赁有限公司为一家专业工程机械设备租赁公司,公司资金紧张,希望能够得到银行融资。北京××混凝土有限公司为北京大型混凝土供应商,由于中标北京××体育大厦等市重点项目,承租人北京××混凝土有限公司通过融资租赁从北京××建设机械租赁有限公司租赁某品牌60台混凝土搅拌车、7台混凝土输送泵车。

二、银行切入点分析

某国有商业银行北京分行经过分析认为,北京××体育大厦工程为市重点项目,工程回款有保障,北京××混凝土有限公司具有按时还贷的能力。北京××建设机械租赁有限公司为一家实力雄厚的租赁公司,管理规范。该品牌混凝土搅拌车、混凝土输送泵车有较好的市场口碑。本次贷款的风险控制点依托在北京××混凝土有限公司,风险可控。

北京××体育大厦工程机械融资租赁项目如图1-36所示。

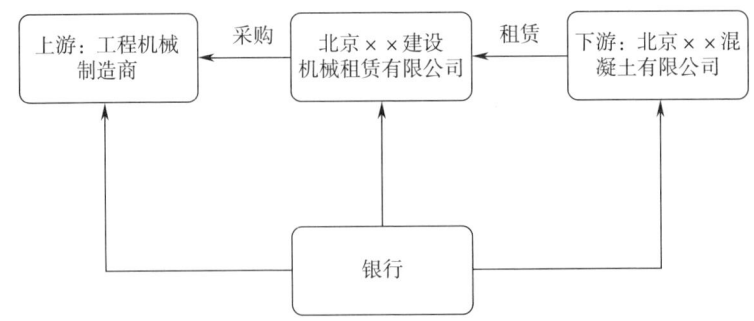

图1-36 北京××体育大厦工程机械融资租赁项目

三、银企合作情况

经过充分准备后,某国有商业银行北京分行发放2000万元贷款给北京××建设机械租赁有限公司,定向支付给某品牌工程机械在北京的经销商。北京××混凝土有限公司按照计划将设备的租赁款汇入北京××建设机械租赁有限公司开立在融资银行的账户,银行直接扣收归还贷款。

租赁期限为3年,3年的租金全额覆盖银行融资的本息。租金交齐后,设备所有权归承租方。

银行为了降低风险,除在合同签订前对北京××混凝土有限公司进行详细的资信调查外,合同签订后,每月还定时检查北京××混凝土有限公司的财务报表、经营状况,并不时查看工程现场,以掌握项目的进展情况,了解公司的回款程度,对其还租能力作出评估。

【点评】

一个项目最重要的是资金风险可控,融资租赁业务中银行风险控制的着力点在于承租人,因此,应当按照银行的贷款标准认真筛选承租人。融资租赁的优势在于可以切入期限较长、银行直接介入存在一定困难的项目或可能存在政策性风险的项目，如一些较好的飞机融资租赁项目等，没有租赁资格的银行不能介入，但是这些项目通常现金回流较好，资金风险不大。因此，商业银行可以采取与租赁公司合作的方式介入，分享项目的现金流。

【案例2】

陕西煤业化工集团有限责任公司融资租赁业务

根据陕西煤业化工集团有限责任公司15年资本运营规划，集团未来将形成以上市融资、与战略投资者合资、企业债券、融资租赁、商业银行贷款和政策性长期贷款等融资工具为主体，以企业短期融资券、资产证券化、信托等融资手段为辅的多渠道持续融资体系。其中，融资租赁将作为该集团的一个重要的融资工具，融资租赁规模逐步稳定在当年投资总额的10%。融资租赁业务对于搭建多渠道融资体系的作用来自两个方面：一方面，该集团未来投资中，设备投资占了较大的比重，可以通过融资租赁的方式融入所需要的资金；另一方面，租赁表外融资的特点，使该集团未来的资产负债率动态保持在70%左右，为其他融资手段的顺利实施创造了条件。

集团固定资产120亿元，拟拿出30%的固定资产即30多亿元开展融资租赁业务，品种分为直租、回租等。为更好地实施集团长远战略规划，该集团规定所有新引进的固定资产全部采用融资租赁的方式。目前，已有建银租赁、工银租赁、深圳租赁、民生租赁等多家租赁公司以及工商银行、建设银行、兴业银行、招商银行等多家银行与该集团洽谈融资租赁业务，集团选择面较宽，允许银行从其下属需做融资租赁业务的子公司中挑选经营情况好、设备状况佳、发展前景好的公司作为承租人与银行开展该项融资租赁业务。

陕西煤业化工集团有限责任公司融资租赁业务如图1-37所示。

经银行筛选，最终确定下属5家公司作为本次授信的具体承租人与银行开展业务，授信品种为融资租赁封闭贷款，专项用于该集团下属子公司

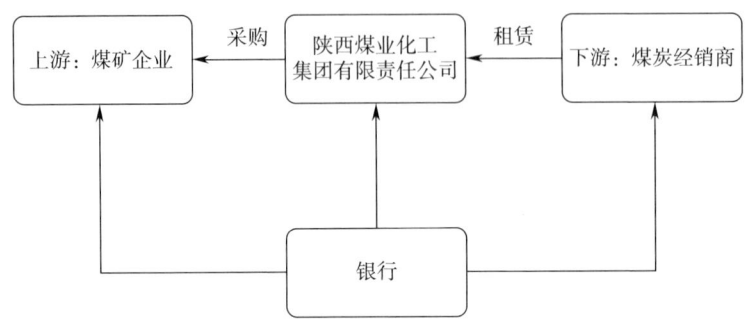

图 1-37　陕西煤业化工集团有限责任公司融资租赁业务

融资租赁业务项下应收租赁款买断业务，此业务由该集团提供连带责任保证担保。集团下属公司情况如下：

1. 陕西黄陵矿业集团有限责任公司：总资产 52.97 亿元，全年实现销售收入 18.7 亿元，实现利润 5 亿元。该公司矿井年生产能力为 1000 万～1500 万吨，固定资产总值为 34.95 亿元。该公司拟用自有设备开展不超过 10 亿元的回租业务。

2. 陕西彬长矿区开发建设有限责任公司：总资产 30.78 亿元，全年实现销售收入 3.42 亿元。该公司矿井年生产能力为 1000 万吨，固定资产总值为 15 亿元。该公司属于正在建设中的企业，基本建设和生产经营并行，设备较新，该公司拟用自有设备开展 5 亿元的回租业务。

3. 陕西红柠铁路有限责任公司：红柳林至神木西铁路专用线，主要承担该集团下属大型矿井及地方煤矿的煤外运任务，线路正线长度为 42.334 公里，设计年通过能力 3000 万吨，按东西双向年运输能力 6000 万吨，项目总投资 16 亿元。该公司拟用自有设备开展 2 亿元的回租业务。

4. 铜川矿务局：总资产 53.5 亿元，全年实现销售收入 32.33 亿元，实现利润 2.48 亿元。该公司矿井年生产能力为 1000 万～1500 万吨，固定资产总值为 27.85 亿元。公司拟开展 10 亿元的回租业务。

5. 陕西北元化工有限公司：原生产能力为 10 万吨/年聚氯乙烯项目，总投资 74.18 亿元，项目建成后可直接转化原盐 150 万吨、电石 150 万吨，间接转化原煤 600 万吨，未来效益巨大，发展前景广阔。公司租赁设备规模为 10 亿元。

根据以上企业需求和××银行总行融资租赁封闭贷款操作细则，××银行将陕西煤业化工集团作为本次授信主体，拟对该集团授信15亿元，用于下属子公司融资租赁业务项下应收租赁款买断业务，此业务由该集团提供连带责任保证担保。

具体额度分配如下：黄陵矿业有限责任公司2亿元，陕西彬长矿区开发建设有限责任公司5亿元，陕西红柠铁路有限责任公司2亿元，陕西北元化工有限公司2亿元，铜川矿务局及其子公司陕西神木柠条塔矿业有限公司各2亿元，下属子公司融资租赁额度实际操作时可相互串用，具体额度结合实际情况再确定，所有下属公司融资租赁业务均由集团提供连带责任保证。本次授信用途只能用于融资租赁相关业务，不得串用。该业务一方面加强了××银行与该集团及下属公司的合作，拓展了双方合作的领域，另一方面可给××银行带来稳定的贷款利息收入和可观的中间业务收入。经初步测算，15亿元的融资租赁业务可给××银行带来1000万元的中间收入。

【相关定义】

直接租赁是指出租人根据承租人对出卖人、租赁物的选择，向出卖人购买租赁物件，提供给承租人使用，向承租人收取租金的交易，它以出租人保留对租赁物的所有权和收取租金为条件，使承租人在租赁合同期内对租赁物取得占有、使用和受益的权利。

回租赁是指承租人将自有物件出卖给出租人，同时与出租人签订一份融资租赁合同，再将该物件从出租人处租回的租赁形式。回租业务是承租人和供货人为同一人的特殊融资租赁方式。

按照我国租赁会计准则，租赁是指在约定的期间内，出租人将资产使用权让与承租人以获取租金的协议。租赁分为融资租赁和经营租赁，融资租赁是指在实质上转移了与资产所有权有关的全部风险和报酬的一种租赁，经营租赁是指对已有物件出租收取租金的交易，是不完全偿付租赁，是除融资租赁外的其他租赁。

【国内典型的经营租赁业务形式】

中国联通有限公司与联通新时空移动通信有限公司签订了《CDMA租赁网络容量协议》，银行向联通新时空移动通信有限公司提供固定资产贷款。联通新时空移动通信有限公司所承担的业务实际为经营租赁业务。

【产品十三】租赁保理

【产品定义】

租赁保理业务就是由银行与租赁公司合作而将租赁业务与银行保理业务结合起来形成的创新金融产品,是指在出租人与承租人形成租赁关系的前提下,出租人将其对承租人应收租金转让给保理银行的一种融资业务形式。

银行通过与租赁公司合作,为需要长期资金的借款人提供大额资金。

【租赁保理分类】

(一)有追索权保理

承租人未按期支付租金时,银行向租赁公司追索。银行同步考察租赁公司和承租人的实力。

(二)无追索权保理

承租人未按期支付租金时,银行不得向租赁公司追索,只能向承租人追偿。在这种情况下,对租赁公司而言是"表外融资"。银行必须确认承租人实力非常强,有足够的履约能力。

【风险控制】

租赁保理比贷款的安全之处在于租赁公司在租赁期内始终拥有设备的所有权,当承租人违约时可以收回租赁资产,通过市场退出机制得到补偿,以挽回经济损失。

通俗地说,租赁公司好比"有钱人",承租人好比"你",比如你需要购买一台设备,但没有足够的资金,你可以找到"有钱人",他们帮你购买你需要的设备,然后你需要支付一定的首付,并在规定的时间内还给"有钱人"一定的本金和利息,在此期间,设备归你使用。当你们约定的时间到期后,如果你想购买该设备,则需要和"有钱人"商量;不想购买,就将设备还给"有钱人"。由于这些设备都是你租的,千万别想着把它偷偷卖了,否则你就犯了诈骗罪,后果非常可怕。

【产品背景】

租赁保理的实质是租金作为应收账款进行保理,满足了租金期限、金额可调的业务特点，突破了一般应收账款对应产品固定付款条件的限制，是现代商业银行的金融业务创新。在无追索的条件下，银行对租赁公司的应收租金保理是"表外融资"。

【产品功能】

（一）租赁保理的功能

1. 解决租赁公司和承租客户资金来源问题：租赁公司通过银行保理对应收租金提前一次性收取，解决资金难题，不受承租人付款资金约束。

2. 扩大生产厂家和租赁公司业务规模：无追索权保理可以改善租赁公司资产负债表，解决资本充足率问题，租赁公司可依托客户优势实现小平台、大业务。同时，承租客户可取得租金优惠。

3. 协助应收账款管理和催收工作：银行介入，规范出租人和承租人双方债权、债务关系的执行。

（二）租赁保理与银行贷款的比较

1. 对租赁公司：保理第一还款人是承租人，融资额大于贷款；无追索条件下，不计入租赁公司报表。

2. 对承租人：对租赁公司做保理不计入承租人报表，承租人承担还款责任但不增加负债。对于财务结构及成本支出，保理均优于贷款。

【租赁保理的不同操作模式】

（一）对"已形成租金"的保理融资，即"先付款，后保理"

在此模式中，租赁公司先支付购货款项，银行对已形成的租金进行保理，用于解决"承租人实力强大而供货商弱小"的租赁交易架构中的"收款"问题。

此模式的业务流程如图1-38所示。

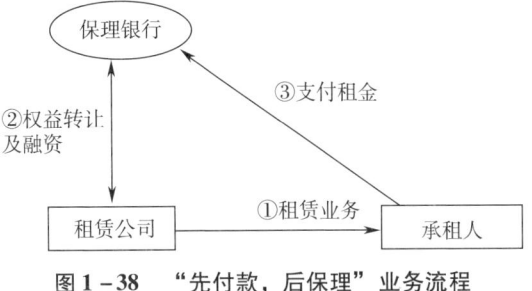

图1-38 "先付款，后保理"业务流程

（二）对"拟形成租金"的保理融资，即"先保理，后付款"

在此模式中，租赁当事人之间已形成附带条件的法律形式关系，但租赁公司尚未支付货款，即租赁公司与供货商已形成合同购买关系，租赁公司与承租人已形成合同租赁关系，供货人已承诺提供回购担保，租赁公司一旦支付货款，随即获得租金收益权。银行认可上述法律关系，并把"即将形成的租金"视同"已形成租金"进行先期保理，但要求租赁公司按照"封闭运行"的规则，在获得租赁保理款项的同时支付给供货商，以确保银行通过先期受让所获得的租金收益权的事实存在。此模式用于解决"供货商强大而承租人弱小"的租赁交易架构中的"付款"问题，是租赁公司的优质租赁项目获得银行资金支持的一种重要融资方式。

【案例】

武汉地铁集团成功融资租赁 20 亿元

一、武汉地铁集团介绍

武汉地铁集团有限公司是在原武汉市轨道交通有限公司的基础上，经武汉市委、市政府批准成立的大型国有独资企业，公司注册资金 10 亿元。

现已建设好轻轨一号线（东吴大道至堤角），二号线、四号线已开工建设。地铁集团的主体公司是武汉市地铁运营有限公司。

建设完成一号线二期工程、二号线一期工程和四号线一期工程，总投资约 273 亿元，形成总长约 70 公里的轨道交通线网。目前，该线网规划已获得国家发展改革委的立项批复，3 条线路正在建设过程中。远期将建设轨道交通二号线二期、三号线、四号线二期、五号线、六号线、七号线工程。220 公里轨道交通线网建成后将全面连接武汉三镇，以轨道交通为主体、其他交通方式为补充的城市公共交通体系将确立。

二、银行授信方案

为了筹集 19.4 亿元工程建设资金用于延伸至东西湖吴家山地区的轨道交通一号线二期工程，东西湖区拟提供 5500 亩土地融资。东西湖区提供 5500 亩土地并委托武汉地铁集团整体整理储备，通过市土地交易中心挂牌出让后，土地出让收益用于轨道交通建设。

5500 亩土地储备权的取得，为武汉地铁集团在轨道建设筹融资方面增添了后劲。

1. 银团贷款

武汉地铁集团获得209亿元银行贷款,这是武汉建市以来最大的一笔银行贷款。这笔贷款包括48亿元政策性贷款及161亿元银团贷款,由国家开发银行牵头,工商银行、中国农业银行、中国邮政储蓄银行组团提供。

2. 土地开发贷款

中信银行武汉分行与武汉地铁集团签订贷款协议,向武汉地铁及其配套项目提供8亿元信用贷款。

按照"地铁+物业"的发展模式,地铁物业在轨道交通发展中占有举足轻重的地位。此次8亿元信用贷款,主要用于地铁及其配套项目建设。

3. 融资租赁

武汉地铁集团与工商银行金融租赁公司签订融资协议,将轻轨部分设备和车辆资产出让,融资20亿元。这是湖北首笔大额金融租赁业务,也是我国轨道交通建设中首次使用金融租赁的方式融资。在租赁期内,租赁公司享有租赁物的名义所有权,而武汉地铁集团则享有资产的占有权、使用权和控制权。武汉市将轨道交通一号线部分设备和车辆资产出让给工商银行,3年内根据工程建设需要提款20亿元,再向工商银行租赁以上资产,付清全部租金并支付资产残余价值后,重新取得所有权。

武汉地铁集团融资租赁业务流程如图1-39所示。

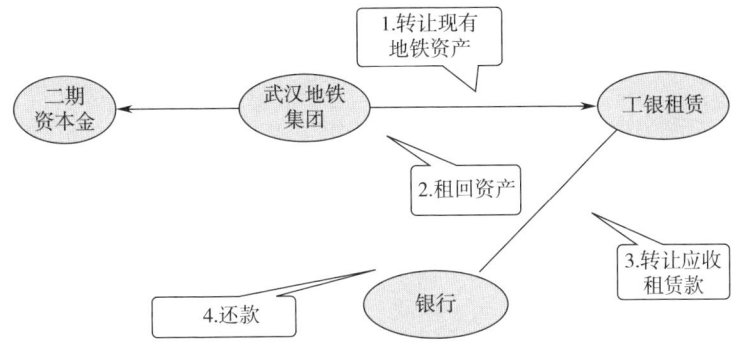

图1-39 武汉地铁集团融资租赁业务流程

讨论:最后一次融资,武汉地铁集团为什么不贷款,而选择融资租赁?

　　武汉市建设的轨道交通一号线二期、二号线一期和四号线一期3个项目，财政资金缺口达41亿元。地铁项目资本金不足的问题亟须解决，但如果银行直接对武汉地铁集团提供项目贷款，项目贷款不能用于企业的项目资本金的投入，因此，武汉地铁集团选择了融资租赁方式。

　　这对地铁、高速公路、铁路项目融资，会带来什么样的启示？

【产品十四】房地产开发贷款

国内各家银行纷纷重视开展房地产金融业务,一般选择支持和培育大型优质房地产开发企业,拓展个人住房信贷业务,实施以大中城市为主导的住房金融发展战略。

在住房开发贷款方面,应重点支持具有良好开发业绩、实力雄厚、管理规范的大型和特大型优质房地产开发企业,拓展个人住房贷款业务。同时,应积极创新业务品种,注意交叉销售与住房金融业务相关的其他业务。银行开展住房金融业务,一方面在于住房金融业务风险较低、收益稳定,是银行优质的长期信贷资产;另一方面,银行可以通过积极参与住房制度改革的金融配套工作,赢得政府支持、社会认同,取得较好的社会效益。

【产品定义】

房地产开发贷款是指银行提供给房地产开发企业,用于住宅、写字楼等项目开发建设的特定用途贷款,一般由企业提供已经取得土地使用权的土地、已经取得房屋所有权的房产作为抵押或由企业的股东提供担保。

【点评】

房地产贷款可以有效带动按揭贷款、对私存款、银行卡、代发工资等业务,是发展个贷业务的基础,关联收益较大,有利于银行公私关联营销及银行多产品交叉销售,价值非常高。

房地产产业链条,上游是施工企业/材料供应商,下游是个人消费者、对公客户。

房地产贷款必须注意整个产业链条的完整资金流动,尤其是导入终端消费者(购房户)的资金,实现产品的销售,从而保证整个房地产产业链条各交易主体的安全,保证产业链条的完整运转,获得资本回报。

【适用对象】

银行房地产开发贷款的对象为经国家房地产主管部门批准成立,在工商行政管理部门注册登记,并取得企业营业执照及由行业主管部门核发的房地产开发企业资质证书的各类房地产开发企业。

【房地产开发商融资流程】

房地产项目资金工作流程详见图1-40。

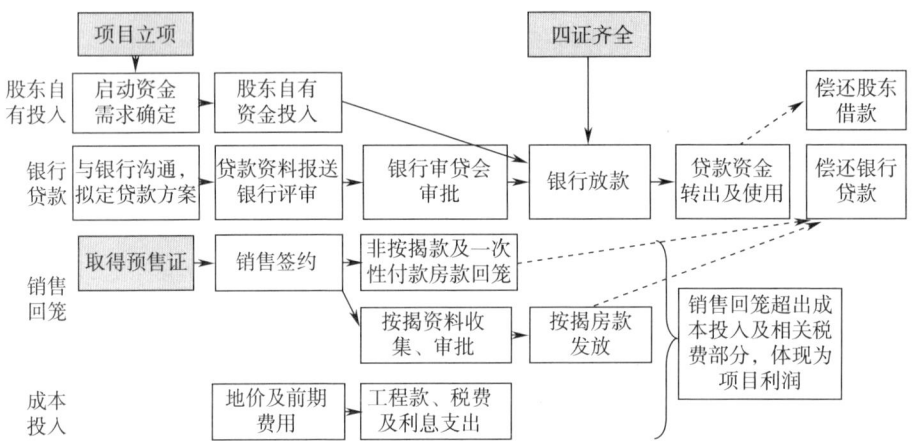

图1-40 房地产项目资金工作流程

【营销建议】

1. 在拓展房地产客户时应把握的几点

(1) 银行最看重借款人,抵押仅是一种额外保证,因此,应重点审查借款人的经营能力、偿债能力,而不是一味地看重抵押担保,否则就是舍本逐末。

(2) 应当选择销售业绩良好、管理规范的大型房地产开发商,应将以下类型的房地产公司作为选择目标:一是国有大型房地产公司。其优势在于通常具有强大的股东背景、管理规范、规模较大,基本不会出现虚假按揭的风险。二是规模较大的民营房地产企业,其优势在于开发效率较高、速度较快、销售方式灵活,大型民营房地产开发企业一般经验丰富,有较好的市场口碑。三是实力雄厚的外资房地产公司,其优势在于资金非常充裕，有成熟的项目运作经验，但合作的条件通常较为苛刻。

（3）选择保障性住房项目。由于保障性住房的土地由政府无偿划拨，开发商成本很低，同时市场需求量很大，因此产品的市场前景看好，不愁销路。

2. 选择大型房地产开发商的理由

（1）政府支持。各地方政府对大型房地产开发商青睐有加，这些房地产开发商实力较强、信誉卓著，有强大的市场号召力，受到了各地政府的欢迎。

（2）资金优势。大型房地产开发商资金融通渠道较多，很容易获得银行贷款，银行动辄向其提供数十亿元授信，而且有实力、经营规范的大型房地产开发商通过上市融资、发行信托计划、引入国外基金等方式融资的优势也十分明显。一些实力不强的小型房地产开发商则融资渠道匮乏，存在一定的资金风险。

（3）市场欢迎。大型房地产开发商信誉佳、资金实力强，在市场上建立了自己的品牌，开发的项目普遍规模大、配套全、服务优，很容易获得消费者的认可，具备强大的抵御行业风险的能力。虽然最近国家陆续推出了提高首付、限制投资性购房等措施促使房地产"降温"，但是这些大型房地产开发商受到的冲击较小，开发的项目仍然受到了市场的追捧。在激烈的市场竞争状况下，宏观调控措施不断出台，中小房地产开发商就如同汪洋中的一条船，生存将变得越发困难。

3. 与大型房地产开发商合作技巧

与大型房地产开发商合作应当由总行高位切入，与它们洽谈一揽子合作，提出合作的整体方案，如提供总额度为50亿元的整体授信，由大型房地产开发商切分给下属公司使用，总部提供担保，大型房地产开发商承诺下属公司指定该行下属分行为按揭银行；否则，由分行直接营销大型房地产开发商，难度极大。

【点评】

房地产行业存在明显的"马太效应",越是大型的、管理规范的房地产开发商越能得到市场的支持。在房地产行业,国家的相关政策随着经济发展变化,经常适时进行调整,贷款风险较大,银行要选择大型房地产开发商择优支持。

寻找客户网站推荐:一是各地建委网站。通常,各地建委有详细的房地产开发商信息。二是搜房网(http://www.soufun.com/)。

【贷款条件】

借款人申请房地产开发贷款时,应具备下列基本条件:

1. 具有企业营业执照及有权部门核定的房地产开发资质等级证书。

2. 综合类房地产开发企业,原则上应具备房地产开发二级(含)以上资质,且从事房地产开发经营3年以上,近3年房屋建筑面积累计竣工15万平方米以上,贷款项目没有拖欠工程款。

房地产开发项目公司,其主要投资商(控股股东)原则上应具备房地产开发二级(含)以上资质,且从事房地产开发经营3年以上,近3年房屋建筑面积累计竣工15万平方米以上,经营状况良好,无不良记录。

提供定向开发的房地产公司,可根据具体情况适当放宽条件。定向开发是指开发楼盘定向销售给特定的机构或购买人,如公安、检察院、电力公司、公交公司、学校等在当地政府批准下,以自有产权的土地委托开发商代建楼盘,销售给本单位职工。这类项目的开发商不承担项目的销售风险,委托方提供了项目的主要需要资金,风险通常较小。

3. 公司产权清晰,法人治理结构健全,经营管理规范,财务状况良好,开发经验丰富,资金实力雄厚,品牌知名度较高。

4. 具有贷款证（卡），并在银行开立基本账户或一般结算账户，无不良信用记录。

5. 贷款项目总投资中，各项建设资金来源得到落实，其中项目资本金（指所有者权益部分）不得少于国家规定比例，并先于贷款发放，全部投入房地产项目开发。股东借款、预售收入及其他银行借款可以作为分析项目资金缺口的依据，但不得计入项目资本金。

对分期开发的大中型项目，申请某一期开发贷款的，按当期开发投资提出项目资本金比例要求；对分期开发的大中型项目，申请整个项目开发贷款的，按整个项目总投资提出项目资本金比例要求。

6. 项目地段较好，周边项目销售情况良好；楼盘具有一定规模，小区规模一般在5万平方米以上；楼盘规划合理。

7. 开发商承诺该楼盘的个人按揭贷款与开发贷款的额度比例一般要求达到1:1（含）以上。原则上，应要求个人住房按揭贷款业务在未还清银行贷款本息之前，全部由银行办理，开发商同意与银行签订银企合作协议。

8. 抵押物合法有效，由银行指定的资产评估机构进行评估。以出让土地使用权作为抵押物的，抵押率不得高于70%；以土地使用权和在建工程作为抵押物的，综合抵押率不得高于60%；以开发商尚未售出的普通住宅作为抵押物的，抵押率不得高于60%。

9. 银行发放的房地产开发贷款只能用于本地区（指银行分支机构所在城区）的房地产开发项目，不得跨地区使用。

10. 既有住宅又有商用房的项目，住宅类建筑面积占项目总建筑面积的比例不低于85%。

【业务提示】

1. 抵押人出质抵押的房产必须取得土地使用权证。以房产作为抵押的，必须提供房屋所有权证。抵押贷款金额一般不超过抵押物评估值的60%。对用于抵押的财产，要审查其合法性，并经过银行指定的资产评估机构评估，抵押物可以包括土地使用权、在建工程、商品房。

2. 房地产抵押必须办理登记手续。办理抵押登记时，以土地使用权作为抵押物的，必须在抵押合同中注明抵押物包括土地和抵押合同签字生效后土地上的建筑物；以在建工程作为抵押物的，必须在抵押合同中明确抵押物的范围或部位，并将其占用范围内的土地使用权一并抵押。以土地使用权或在建工程抵押的，在开发项目竣工验收符合商品房现房抵押条件后，应当将土地使用权抵押或在建工程抵押转为商品房现房抵押。

3. 抵押物必须办理保险并指定贷款银行为保险第一受益人，投保总额不得低于银行贷款本息额。

4. 住房开发封闭贷款期限根据项目开发期决定，一般为2年左右，最长不超过3年。

5. 抵押的土地使用权或房产合法取得，并拥有完整的所有权。

6. 拟抵押的房产在建筑和使用上完全符合法律及国家有关部门的规定。

7. 拟抵押的房产如已部分或全部出租，抵押人应将抵押事宜告知承租人。

8. 拟抵押的房产应当地理位置优越，属于优质项目，易变现。

【点评】

必须谨防抵押项目被过度高估，借款人恶意套取银行信贷资金，以非市场方式变现房产。现在，房地产企业普遍连续购地，资金链非常紧张。在开发按揭封闭贷款模式下，要防止企业挪用销售资金，转移到其他项目上。

【产品优势】

优质的大型房地产开发商对银行收益的贡献度较大，可以促进个人住房按揭贷款、对私存款、银行卡、代发工资等对私业务的发展，综合价值非常高。

【业务流程】

1. 开发商向银行提出流动资金借款申请。双方约定，开发商在银行办理按揭贷款，授权银行扣划按揭贷款归还开发贷款。

2. 银行对借款人（开发商）进行审查，同时要求对拟抵押的土地（房屋）进行评估；担保方式下，审查担保人履约能力。

3. 银行同意贷款，开发商对拟抵押的土地（房屋）办理保险，受益人为贷款银行。

4. 开发商在房屋土地管理局办理抵押登记手续，在房屋有承租人的情况下，开发商须将此情况告知承租人。

5. 银行发放贷款并监督资金的使用。

6. 符合贷款条件，开发商指定银行为按揭银行。

7. 银行发放住房按揭贷款，资金直接进入开发商账户。

8. 银行扣收一部分已经发放的按揭贷款，归还本行开发贷款。

【业务形式】

银行住房开发贷款根据运行模式的不同，分为住房开发封闭贷款和住房开发非封闭贷款。

住房开发封闭贷款是指以所开发项目土地使用权及在建工程作为抵押物，贷款发放、项目建设、销（预）售的整个环节中资金能够封闭运行。住房开发封闭贷款以外的住房开发贷款为住房开发非封闭贷款，包括以信用方式发放的开发贷款、以保证担保发放的开发贷款、以其他项目土地使用权或其他财产进行抵（质）押发放的贷款等。

银行住房开发贷款应以住房开发封闭贷款为主导，辅以住房开发非封闭贷款。发放住房开发非封闭贷款必须满足以下条件之一，并能有效保障银行贷款安全，带动银行按揭业务发展：

1. 与其他银行合作均未采用封闭贷款模式的大型优质上市房地产开发企业。

2. 银行优先支持前期能够以所开发项目土地使用权抵押、后期变更为以银行认可的其他抵押物抵押，或全程以银行认可的其他抵押物抵押的项目。

【风险控制】

严格控制纯写字楼、纯商铺等商业地产以及无任何按揭业务的纯住房开发贷款，银行应当将房地产开发商和具体项目同时评估，在选择的时候注意以下事项：

1. 重点定位地段成熟、交通便利、价格适中的楼盘，邻近地铁、交通枢纽等，政府规划的大型居住区为佳。

2. 重点营销大型楼盘项目。大型楼盘通常整体规划较好、配套齐全、分期开发，有一定的升值潜力。

3. 回避被过度炒作的楼盘。很多楼盘被投资客大肆炒作，价格在较短时间内急速攀升，这样的楼盘风险较大，银行应当避免介入。

4. 回避存在政策性风险的楼盘。部分开发商以住宅立项，实际从事的却是商业地产的开发，虽然可以少交土地出让金，但是预留了很多风险隐患。

5. 资金全程封闭运行。银行应当在贷款发放、项目建设、销（预）售资金回笼的整个环节中，确保资金封闭运行，全过程封闭风险。

6. 按揭贷款属于优质贷款，风险相对较小。银行贷款的最大问题在于一味地提供开发贷款，但是在实践操作中却不注意要求开发商严格履行开发贷款必须配套按揭贷款的承诺。

7. 以自有资金支付土地价款是基本前提，房地产公司自有资金投入的底限一般为40%，这是抵御整个项目风险的关键，银行资金应当不超过整个项目所需资金的40%（其余所需资金一般采取预收款和施工单位垫资方式，预收款一般占项目资金的20%左右甚至更高）。

8. 开发贷款的担保方式应采用抵押形式。借款人如果是项目公司，原则上还应要求项目公司的控股股东提供连带责任保证。

9. 客户经理应定期到施工现场了解项目进展情况，参加有关会议，适时掌握项目最新动态，了解项目可能面临的风险，及时拟定控制风险的具体措施。

【案例】

北京××房地产开发公司的房地产开发贷款

一、企业基本情况

北京××房地产开发公司为大型综合类房地产开发企业，自成立以来，开发建设了商品房、保障性住房、写字楼及别墅等多种类型的项目，积累了丰富的开发经验，并在北京的房产市场中占有一定的市场份额，公司年销售额突破 100 亿元。公司现有的土地储备超过了 100 万平方米。

【点评】

　　企业土地储备较多，发展后劲十足，具备非常丰富的开发经验，且有成功的案例，对这样的公司通常可以放心合作。

二、项目概况

　　1. 规模：北京××项目位于北京南三环，其中一期两栋楼已全部售罄。本次向银行申请开发贷款的为二期工程，共两栋楼。

　　2. 位置及周边设施：北京××项目地理位置优越，周边商业设施有中国建设银行、工商银行、大中电器、苏宁电器等，距核心餐饮街仅 500 米，有许多著名老字号饭庄及现代快餐店。

　　3. 项目经济效益分析：该项目总投资 25 亿元，其中企业自筹资金 16 亿元，尚有 9 亿元资金缺口，拟通过银行贷款解决。该项目已取得"四证"（国有土地使用证、建设用地规划许可证、建设工程规划许可证、施工许可证），已完成全部地下部分和地上一层主体结构。

【点评】

　　拟用于贷款的项目地理位置优越，属于大盘项目，配套齐全、生活方便，市场销售前景乐观。

三、银行切入点分析

　　银行通过提供一定的开发贷款，可以有效地切入企业，撬动可观的按揭贷款。整个项目需要封闭运作，开发商将项目土地及地上建筑物全部抵押给银行。在达到按揭贷款条件后，银行发放按揭贷款，归还银行开发贷款，银行同步对抵押部分进行解押，由开发商作为抵押主体变更为购房客户抵押，顺利地将开发贷款转换成按揭贷款，银行贷款实现低风险运行。

该公司为规范的大型房地产开发公司，公司创建伊始即从事住宅及相关房地产项目的开发建设，在业内具有较好的市场声誉。经过多年的市场磨砺，公司年开工、复工面积超过百万平方米，销售额超过50亿元。公司具备完善的财务机制，管理规范，可以按银行要求进行财务监管。

银行经办人员对项目周边同等品质楼盘进行了了解，认为贷款项目在售价上具有一定的优势。周边楼盘平均销售价格为8000元/平方米，项目销售计划价格为7000元/平方米，价格优势明显，且该地段交通便利、周边设施完善，因此银行对该项目销售持乐观态度。

四、银企合作情况

公司由于开发资金需求量较大，向某国有商业银行北京分行申请开发贷款，提供北京××项目一期一幢房地产作为抵押，评估价值为15亿元，抵押率为七成，银行贷款1亿元，用于该项目的二期建设。客户承诺提供2亿元的个人住房按揭贷款。

综上所述，该公司自身实力及良好的信用，结合项目预期销售状况以及贷款封闭运作模式的安全性，可以保证公司如期归还银行贷款。同时，银行通过为公司提供两年期1亿元人民币贷款，可获得一定的按揭业务，收益显著。

【点评】

第一，整个方案设计科学合理，资金全过程封闭，步步关联，非常值得借鉴。房地产贷款最重要的就是管理，银行必须投入足够的人力资源进行管理，落实相应的抵押、担保手续，严格签订相关的合同。开发贷款绝对不像提供给优质大型客户的一般流动资金贷款，只简单地办理贷后管理，开发贷款的规范操作是保证资金安全的基本前提。

第二，从还款计划安排看，由于房地产项目周期较长，因此将贷款期限定为两年，采用分期还款的方式，同时根据还款金额相应解除抵押物。按照上述计划，逐期归还银行贷款是比较合理的。银行对此笔贷款进行封闭管理，同时承办该项目的按揭业务，根据对按揭量的测算，在各个还款期，销售回款都足以完全覆盖当期还款金额，且可以对项目销售回款及各项支出均在银行监管账户内封闭监控。以上措施可以保证银行信贷资金的安全。

【产品十五】商用房开发贷款

【产品定义】

商用房开发贷款是指向借款人发放的，用于宾馆（酒店）、写字楼、大型购物中心及其配套设施等商用项目建设的贷款。

对非住宅部分投资占总投资比例超过50%（含）的综合性房地产项目，其贷款视同商用房开发贷款管理。

【风险分析】

商用房的贷款风险远远高于普通住宅商品房，由于中国商用房刚需不大，而且面临商水、商电，不能办理落户，无法解决子女上学等问题，因此，商用房销售极为困难。银行应当注意回避中小商业地产商开发的这类项目。

【基本条件】

（一）经工商行政管理部门批准，核准登记且具备房地产开发与经营资格的企业法人。

（二）借款人为综合性房地产开发企业的，除符合上款规定外，其房地产开发资质应为二级（含）以上，实收资本不少于10000万元人民币（含）或所有者权益不少于20000万元人民币（含）。

（三）借款人为项目公司的，其实收资本或所有者权益应不少于5000万元人民币（含），其控股公司实收资本或所有者权益应符合上述第（二）款规定，且同意提供项目按期完工、项目成本超预算时及时筹集项目建设资金的保证。

（四）借款人信用等级在AA－级（含）以上。

【贷款条件】

（一）系宾馆（酒店）、写字楼、大型购物中心及其配套设施等商用项目。

（二）地处商业繁华地段或中心商务区，地理位置优越，交通便利，规划设计合理，配套设施齐全。

（三）立项合法，项目已取得国有土地使用权证、建设用地规划许可证、建设工程规划许可证、建设工程施工许可证。

（四）借款人投入项目的自有资金不低于项目总投资的50%（含）且先于贷款资金到位。

（五）项目风险等级为AA级（含）以上。

（六）经评估，项目预期市场前景良好，宾馆（酒店）项目已落实由知名品牌的酒店管理公司管理。

（七）经评估测算，项目预期净现金流量充裕，贷款还款来源稳定、可靠。

【贷款方式】

贷款采取担保贷款方式，原则上应采取抵押担保或借款人有处分权的国债、存单及备付信用证质押担保方式，担保能力不足部分可采取保证担保方式，确保贷款担保合法、充足、有效；严禁发放信用贷款。

（一）采取抵押担保方式的，贷款金额与抵押物实际成本或评估价值（二者取较低值）的比例不得超过50%（含）。

（二）采取国债、存单、备付信用证质押担保方式的，贷款金额与有价证券面值的比例不得超过90%（含）。

（三）采取保证担保方式的，保证人信用等级应为AA级（含）以上，且企业经济实力雄厚，财务状况稳定，担保能力充足。

【贷款规定】

1. 贷款金额

贷款金额不得超过项目总投资额的50%（含）。

2. 贷款期限

出租、自营项目贷款期限最长不得超过15年（含），出售、转让项目贷款期限最长不得超过8年（含）。

3. 贷款利率

贷款利率按照中国人民银行和贷款行总行有关规定执行。

4. 还款方式

出租、自营项目，贷款采取从项目竣工年度起，按季度或半年等额（或按约定比例）归还本金的还款方式；出售、转让项目，贷款采取按项目销售进度分期归还本金的还款方式，项目完成销售60%时应收回全部贷款本息。

【所需资料】

（一）公司章程和公司组织架构图。

（二）经过年检的营业执照正本、副本原件及复印件。

（三）组织机构代码证、税务登记证原件及复印件。

（四）出示中国人民银行征信材料，并留下中国人民银行征信材料号和正确的密码。

（五）上年末及近期财务会计报告及审计报告。

（六）授权委托书、法人和经办人身份证原件及复印件。

（七）商业地产规划批复文件。

（八）土地使用权、规划投资许可证、建设许可证、开工许可证以及银行要求的其他有关资料。

【业务流程】

商用房开发贷款业务流程详见图1-41。

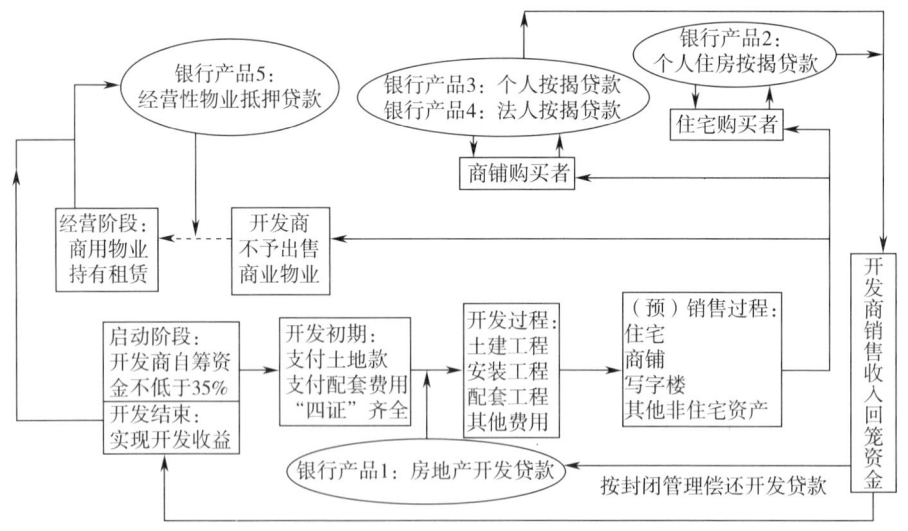

图1-41　商用房开发贷款业务流程

【案例】

××置业有限公司

一、企业基本情况

××地产是一家领先的商业物业开发商,专注于开发及经营高质量、大规模、多业态、综合性商业地产项目。目前的物业项目一般位于福建省、江苏省、山东省以及安徽省内多个增长迅速的新兴城市毗邻市中心的主流地段。××地产拟主要在国内有较大增长潜力的其他二线、三线城市扩展商业物业开发业务。其被评为中国商旅房地产领先品牌。

二、银企合作情况

某银行提供商用房贷款5亿元,用于商业用房的开发经营,在商业地产开发完毕后,银行提供了经营性物业抵押贷款。

【产品十六】法人商用房按揭贷款

中国企业普遍有自己置业的想法,租用房子总是觉得寄人篱下,同时,白白将租金交付他人,总是觉得心有不甘。因此,中国企业购房非常普遍,银行应当非常重视该项业务,相对于流动资金贷款,此项业务不但风险可控,而且可以通过按揭贷款,锁定企业的销售资金回流。

企业就如我们每个人一样,有了自己的房产,才算"安居",才能"乐业";除非万不得已,否则不会让银行拍卖自己的房产。

【产品定义】

法人商用房按揭贷款是指银行发放的、用于借款人购置自营商业用房或自用办公用房的中长期按揭贷款,是借款人以经营收入分期偿还银行贷款的一种贷款业务形式。

【适用对象】

一、大型商业地产开发商

大型商业地产开发商即从事商业用房开发的开发商,包括工业地产、园区地产、写字楼地产、商用房开发的开发商。

二、购买商业地产的中小企业

1. 需要购买办公用房的中小企业,如购买写字楼的标准间。

2. 需要购买工业厂房的中小企业,如购买开发区内的标准工业厂房。

【产品优势】

可以为中小企业提供购房所需长期资金,解决其长期需要。

【办理条件】

1. 借款人为经工商行政管理机关核准登记并按规定办理年检手续的企事业单位法人,经营管理规范、财务状况良好。

2. 有贷款证(卡),在贷款行开立基本账户或一般账户。

3. 能提供贷款人认可的有效担保。

4. 有购买商业用房或办公用房的合同或协议。

5. 所购商业用房或办公用房价格合理、品质较佳。
6. 符合贷款行要求的其他条件。

【业务流程】
1. 借款人选定房产，并与银行洽商贷款事宜。
2. 银行委托中介机构对房产进行评估，对售房企业核定担保额度。
3. 售房企业缴存房价款5%左右的保证金，并与银行签订担保协议，银行同时与借款人签订贷款协议。
4. 银行发放贷款，并划入售房企业账户。
5. 借款人分期偿还银行贷款本息。

【贷款期限和利率】
1. 贷款期限最长不超过10年。
2. 贷款利率按中国人民银行有关规定执行。

【业务流程】
法人商用房按揭贷款业务流程详见图1-42。

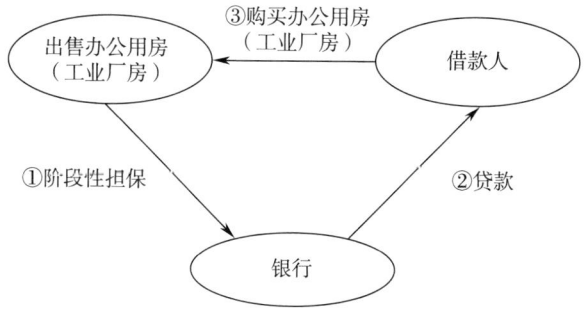

图1-42 法人商用房按揭贷款业务流程

【风险控制】
1. 借款人本身必须有较强的经营运作能力，这是风险控制的基础。
2. 购买的办公用房或工业厂房本身产权清晰，不存在法律瑕疵。

【案例1】

××公司关于为购房人向银行申请的按揭贷款提供阶段性担保的公告

一、担保情况概述

为满足房地产业务的需要,按照银行政策和房地产开发企业的商业惯例,××公司及其下属房地产企业将分别为购买其开发的房地产项目的合格按揭贷款客户提供阶段性连带责任担保,担保总额合计不超过人民币11亿元(其中单笔担保金额不超过公司最近一期经审计净资产的10%)。房地产项目开发商为购房客户的按揭贷款提供阶段性担保,是房地产行业的商业惯例。根据相关的贷款管理办法,开发商在完成项目交付使用后,需督促办理按揭贷款的购房客户配合银行办理房屋他项权证等,在相关文件办妥并交银行收执前,开发商必须为该等客户提供阶段性担保。

二、被担保人基本情况

被担保人系购买××公司及其下属房地产企业开发的两个项目商品房的银行按揭贷款客户。其中,第一个项目由××公司开发建设,目前为存量尾盘房产销售;第二个项目由××公司的全资子公司开发建设,规划用地面积17.61万平方米,分期开发,其中首期总建筑面积1.97万平方米。

三、担保协议的主要内容

1. 担保方式:保证担保。

2. 担保期限:自保证合同生效之日起,至承购人所购住房的房地产所有权证办结及抵押登记手续办妥并交银行执管之日。

3. 担保金额:担保总额合计不超过人民币11亿元(其中,单笔担保金额不超过公司最近一期经审计净资产的10%)。

【案例2】

北京××发行有限公司法人商用房按揭贷款业务

一、企业基本情况

北京××发行有限公司注册资金为2000万元,属于中型规模企业。该企业在行业内部具有较强的竞争力,与众多知名出版社签订了图书包销协议，为其唯一包销发行商。

该公司发行的多家期刊有几十年的历史，其发行的工具书和教育类丛书长期以来被教育界认可，受到广大师生的欢迎，销售有保障，良好的销售渠道每年给公司带来了稳定的收入。借款人经营的产品主要为图书及期刊，销售收入为1.26亿元，主营业务利润为3264万元，净利润为1322万元。公司自身现金流非常好，足以应付现有的日常经营，同时与银行合作良好。

【点评】
　　企业竞争力非常突出，经销的图书、期刊有较大的市场知名度，主业较为扎实，符合银行的客户选择。

二、银行切入点分析

××支行客户经理经过认真分析后认为，公司现在租写字楼办公，每年要支付80万元，租金成本较高。鉴于北京房地产不断上升趋势及公司决定长远发展的打算，可以劝公司购置房产，银行提供融资。客户经理指出，公司可以通过自置办公用房省去以往租赁支付的租金，同时实现主业书报发行与分享中国房地产升值的双重利润。该公司负责人头脑灵活，听了客户经理的建议后非常赞同。该行趁机介绍其重点按揭项目，企业考察后决定购买。

该行的重点扫揭项目地处朝阳区，地理位置优越，周边商业氛围良好。该项目在银行已经获得了1亿元按揭额度，由开发商提供阶段性担保。所购房产的均价属于合理价格，抵押物贬值的可能性较小，50%的抵押率应当可以保障银行的利益不受损失。

【点评】

  北京房地产价格多年来总体处于上升趋势，因此，借款人购置的房产未来贬值的可能性很小，且项目地理位置优越，品质较佳，变现性较好。中国未来房地产行情看好，通过分期还款自置物业对于中小企业来说是一个较好的选择。

三、银企合作情况

银行提供贷款1200万元，期限3年，执行基准利率。

银行采取如下风险控制措施：

（1）要求借款人以公司法人名义投房屋财产综合险，保险第一受益人为银行。

（2）要求开发商做阶段性担保，并交纳5%的保证金。

（3）分户产权落实后，做抵押登记。

（4）做强制执行公证。

【点评】

  风险控制措施得力，法人按揭贷款风险度通常较低，企业因为购买自营用房，用自身经营产生的现金流分期偿还贷款，对企业而言，长期分摊偿还贷款，每期偿还贷款金额不大，企业偿还压力适中。通过按揭贷款，贷款行可以有效地将客户的结算资金吸引到本行。

【文本示范】

法人客户按揭贷款合作协议书

甲方：××银行
地址：
邮政编码：
法定代表人（或授权代理人）：
电话：

乙方：
地址：
邮政编码：
法定代表人（或授权代理人）：
电话：

为促进_____楼盘（坐落于_____）的房产销售，甲乙双方根据有关法律法规、规章，本着"平等互利、相互支持、合作发展"的原则，经友好协商，约定如下条款：

第一条 在乙方取得商品房（商用房）预售许可证或办理新建商品房（商用房）产权初始登记后，甲方同意向符合甲方贷款条件的该楼盘购房人提供法人房屋按揭贷款。购房人所购商业用房为营业用房的，甲方发放的按揭贷款单笔金额最高不超过所购用房全部价款的____%，贷款期限最长不超过____年。购房人所购商业用房为办公用房的，甲方发放的按揭贷款单笔金额最高不超过所购用房全部价款的____%，贷款期限最长不超过____年。购房人所购商业用房为通用厂房的，甲方发放的按揭贷款单笔金额最高不超过所购用房全部价款的____%，贷款期限最长不超过____年。

第二条 甲方接受以下申请人的贷款申请：

1. 经有权部门批准成立并依法持有有效的企（事）业法人营业执照、实行独立核算、具有法人资格的经济组织；

2. 具有贷款证（卡），并在甲方任一分支机构开立基本账户或一般账户，信用状况良好；

3. 具有按期偿还贷款本息的能力；

4. 已与乙方签订真实合法的购买房屋合同或协议，申请贷款时向甲方提供相关复印件；

5. 有不低于所购房屋全部价款的____%（适用于营业用房）、____%（适用于办公用房）、____%（适用于通用厂房）的首期付款；

6. 甲方规定的其他条件。

甲方对购房人的贷款申请有最终决定权。

第三条 乙方保证按照国家有关部门批准的条件和要求建造并完成楼盘，并按照其与购房人签订的"商品房（商用房）预售/出售合同"规定的期限和条件将房产交付购房人。甲方只负责对购房人（借款人）提供信贷支持，借款人与乙方之间的任何纠纷（包括但不限于因房屋工程质量瑕疵或交付使用脱期等引发的纠纷），应当按照借款人与乙方签订的"商品房（商用房）预售/出售合同"解决，概与甲方无关。若借款人因前述纠纷而延期归还贷款或因与乙方解除"商品房（商用房）预售/出售合同"而提前终止与甲方的贷款合同，乙方须向甲方承担偿付所有贷款本息及相关费用的连带责任。

第四条 乙方为楼盘房产的所有购房人（借款人）向甲方申请的法人房屋按揭贷款提供担保，其担保方式为全额不可撤销的连带责任的保证，保证范围为各借款人的借款本金及由此产生的借款利息（包括罚息）、违约金、赔偿金及甲方实现债权的费用。此担保为连续的无条件的保证。保证期限为：

（　）从本协议项下甲方每笔法人房屋按揭贷款发放之日起至乙方协助相应的借款人办妥相应房产的权属、抵押登记手续，并将房屋产权证复印件和房地产他项权证原件交甲方收执之日。

（　）从本协议项下甲方每笔法人房屋按揭贷款发放之日起至借款人归还全部贷款本息之日。

在保证期限内，若借款人连续三期或累计六期不按贷款合同的规定按时偿付借款本息及其他相关费用，甲方有权向乙方发出"履行担保责任通知书"，要求乙方承担全部连带责任，乙方应在接到甲方的通知书后的一个月内按照通知书中所载明的偿还金额、方式向甲方履行清偿义务。清偿方式包括但不限于：

1. 甲方有权从乙方在甲方处开立的"担保保证金专户"内直接扣收

相应的金额，如有不足，甲方可继续向乙方追偿；

2. 由乙方对借款人已购房产进行回购，借款人因此获得的回购款项优先用于支付借款人尚未清偿给甲方的借款本息、违约金、赔偿金及相关费用等。

第五条 乙方保证在甲方开立"销售商品房（商用房）存款户"，所有向甲方申请法人房屋按揭贷款的购房人交付的首期购房款（含定金）及其他所有涉及该楼盘的款项（包括预售及销售款项和工程款）均将通过"销售商品房（商用房）存款户"运转。对提供给借款人的贷款，甲方可以借款人购房款名义直接划入乙方的"销售商品房（商用房）存款户"。同时，乙方可委托甲方代收今后该楼盘发生的物业管理费等各项费用。

第六条 乙方保证在甲方处开立"担保保证金专户"。乙方同意在甲方发放法人房屋按揭贷款时，按照借款人的房屋贷款金额的_____％提供担保保证金，逐笔划入"担保保证金专户"内的资金专项用于履行乙方在本协议第四条项下的保证责任。当借款人未按期偿付贷款本金、利息和其他应付款项时，乙方授权甲方从"担保保证金专户"直接扣收乙方应承担的债务金额，实现甲方在本协议项下的担保权益。

第七条 乙方必须将借款人所持有的"商品房（商用房）预售/出售合同"正本、首付房款的收款收据、100％楼款发票复印件交甲方保管。乙方与借款人修改"商品房（商用房）预售/出售合同"必须征得甲方的事先书面同意并将修改后的由借款人持有的"商品房（商用房）预售出售合同"正本提交甲方保管，否则乙方应承担因此给甲方造成的所有损失。

第八条 乙方在收到甲方代购房人（借款人）支付的购房款，并将房产交付购房人验收后，应会同购房人尽快向房地产主管部门申领上述房产的房屋产权证和房地产他项权证。因办理房屋产权证而需向甲方借出相关的贷款档案资料的，乙方应指定专人借取并开具授权委托证明，在甲方处造册登记资料清单，并经双方经办人签字、盖章后方可借出。乙方保证，在办妥为取得房屋产权证、房地产他项权证所需手续后即将相关的贷款档案资料会同房屋产权证和房地产他项权证全部交还甲方。在乙方与甲方完成交还手续之前，因任何原因造成房屋产权证、房地产他项权证及借出的贷款档案资料的遗失、损毁，并因此而带来的纠纷和损失，均由乙方负责。

第九条 乙方应按甲方的要求,向甲方提交与本协议项下法人房屋按揭贷款有关的文件,并在借款人的贷款发生逾期时协助甲方进行催收。

第十条 乙方保证,其在本协议项下向甲方申请房屋按揭贷款合作、与甲方签署本房屋按揭贷款合作协议和为借款人提供连带责任保证的行为,均已得到乙方董事会或其相应公司最高权力机构的授权,且不违反乙方的公司章程及其他内部规定。

第十一条 甲乙双方应严格遵守上述条款,任何一方对上述任何条款的违反均构成本协议项下的违约,违约方应无条件承担违约责任,包括但不限于赔偿因该等违约而对对方当事人造成的损失,支付违约金、赔偿金等。赔偿金自违约事情发生之日起计算,按日收取。

第十二条 因本协议发生的争议,应通过协商解决;协商不成时,应向甲方所在地人民法院提起诉讼。在协商或诉讼期间,本协议不涉及争议部分的条款,双方仍须履行。上述规定并不影响甲方就因履行本协议所发生的或与本协议有关的一切争议、纠纷选择在其他任何有管辖权的法院提起诉讼的权利。

第十三条 本协议自甲乙双方法定代表人或授权代理人签字并加盖公章后生效,至乙方依据本协议第四条的规定向甲方提供的保证中最晚到期的保证结束时终止。

第十四条 本协议未尽事宜,按照有关法律规定执行或由当事人各方签订书面补充协议解决。补充协议(如有)应被视为本协议不可分割的组成部分,与本协议具有同等的法律效力。

第十五条 本协议正本一式____份,甲乙双方各执一份。

第十六条 本协议于____年____月____日在甲方所在地签订。

甲方:____银行　　　　　　乙方:
(公章)　　　　　　　　　　(公章)

法定代表人:(签字)　　　　法定代表人:(签字)
(或授权代理人)　　　　　　(或授权代理人)

【产品十七】大型开发商合作方贷款

【产品定义】

大型开发商合作方贷款是指大型开发商与地方中小开发商合作,共同开发土地,由大型开发商统一负责资金筹措及开发销售,地方中小开发商负责协调关系及拿地,并以项目公司股权作为质押,银行对地方中小开发商提供的贷款。

【业务框架】

业务框架如图 1-43 所示。

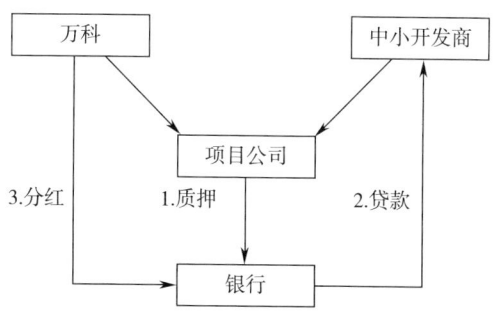

图 1-43 业务框架

【风险防范】

1. 中小开发商必须将项目公司股权质押给银行,并在工商管理部门办理质押登记手续。

2. 必须由大型开发商出具承诺函,承诺将分红款封闭划给银行指定账户,切实控制回款风险。

3. 地块必须为优质地块,销售前景看好,通常必须是住宅地块。

【产品定价】

一般来说,中小开发商利润率较高,价格承担能力极强,通常为年化 8%~12%。

【业务流程】

1. 中小开发商向银行申请贷款。
2. 银行核实中小开发商在项目公司的股权比例及出资金额。
3. 中小开发商办理股权质押手续，办理质押登记。
4. 大型开发商向银行出具承诺函，承诺向中小开发商在银行开立的指定账户进行分行款划拨。
5. 银行审查同意后，对中小开发商发放贷款。
6. 项目公司进行分红，分红款直接冲抵贷款。

【案例】

A 地产集团贷款

一、企业基本概况

A 地产集团是一家以房地产开发为主业的多元化、综合性集团公司，具有中国房地产开发企业一级资质，总部位于上海市。它凭借卓越的产品品质、优质的客户服务，成功投资开发了 180 多个地产项目，开发面积达 2500 多万平方米。

A 地产集团与国内最知名的开发商——B 地产集团合作，开发某地块，建筑面积为 20 万平方米。

二、银行切入点分析

银行认为，B 地产集团为国内知名的地产品牌，产品销售风险极小，而且整个项目由 B 地产集团全盘控制，资金风险可控。

三、银企合作

银行对 A 地产集团提供 2 亿元贷款，以项目公司股权质押。通过项目分红方式，银行收回全部贷款。

【文本示范】

分红款应收账款质押三方协议

甲方：（借款人）____中小开发商_____

法定代表人/负责人：_____

乙方：（确认人）____大型品牌开发商_____

法定代表人/负责人：_____
丙方：（金融机构）××银行_____
法定代表人/负责人：_____

甲方与乙方合作开发房地产项目，甲方将远期分红款应收账款权益质押予丙方，作为丙方发放贷款的质押担保。为此，甲、乙、丙三方经平等充分协商达成如下一致协议，共同遵守：

一、应收账款解释：甲方与乙方合作开发房地产项目，项目公司名称：_____，根据合作协议，甲方为项目公司股东，项目开发建设完毕结算后，在扣除项目开发必需的融资、运行费用，以及纳税后，甲方可以取得税后分红款。

二、乙方已知悉甲方将相关应收账款质押予丙方的事实，乙方对此无异议。

三、本三方协议签订后，乙方承诺将项目分红款款项划入经甲方和丙方确认，并受丙方监管的如下账户中（或经丙方书面确认的其他账户）：
户名：_____
账号：_____
开户行：××银行
该账户中的资金用于提前偿还甲方在丙方处的借款。

四、其他约定事项：1. 本三方协议签订后，甲方或乙方就上述质押予丙方的应收账款主张抵销、应收账款合同撤销或改变付款方式等危及丙方质押权的行为或意思表示的，须取得丙方之书面同意。
_____
_____
_____。

五、本协议一式三份，甲、乙、丙三方各执一份，自三方均签章且法定代表人/负责人签名之日起生效。

（以下为签名签章页，无合同正文）

甲方（签章/签名）：
身份证号码（仅为自然人时填列）：
法定代表人/负责人（签名/签章）：

乙方（签章/签名）：
身份证号码（仅为自然人时填列）：
法定代表人/负责人（签名/签章）：

丙方（签章）：
法定代表人/负责人（签名/签章）：

签订日期：　　　年　　　月　　　日

【产品十八】信贷证明业务

【产品定义】

信贷证明业务是指银行应客户要求,在其参与工程等项目建设资格预审、投标、履约时,在资格预审阶段开出的用于证明客户在中标后可在银行获得针对该项目的一定额度信贷支持的授信文件;或在客户对外签订商务合同的情况下,银行提供证明,该客户在本行有一定额度的信贷支持,可以保证客户的商务合同履约需要的一种授信文件。

信贷证明业务在表外科目下进行核算,相应的手续费收入计入"中间业务收入"科目。

信贷证明是银行提供给客户的具体授信的陈述文件,这些授信必须是已经获得批准、可以随时启用或正在使用的授信。

企业在其参与工程等项目建设及商务合同竞买方资格预审时,向银行提出申请,银行经评审同意后,出具信贷证明,旨在证明申请人在承包工程及商务合同履约过程中有能力从银行获得必要的信贷支持。

信贷证明往往被要求与投标或履约保函一并出具,信贷证明和保函都是银行帮助企业获得工程、签订商务合同。

【基本条件】

申请信贷证明业务的客户应符合以下条件:

(一)有真实、合法的项目建设或商务贸易背景。

(二)资信状况良好,具备履行合同、偿还债务的能力。

(三)有健全的组织机构、经营管理制度和财务管理制度。

(四)在银行开立结算账户。

(五)银行评定的信用等级在 AA-级(含)以上或经营正常、现金流量充足的未评级企业(低风险业务除外)。

(六)无不良信用记录。

(七)申请人当年施工资质须在国家二级(含)以上。

(八)投标项目须为省级(含)以上的重点项目。

(九) 其他条件。

【适用客户】

信贷证明适用于工程施工承包企业，如铁路工程施工企业、道路施工企业等。

在并购交易中，出售方也经常要求竞买方出具银行信贷证明，证明竞买人确有足够的备用资金能够完成价款支付。

【营销建议】

信贷证明往往和投标保函捆绑销售，银行在为客户签发投标保函后，应当积极向客户咨询是否有签发信贷证明的需要。银行通过签发信贷证明可以提高客户的综合回报，降低营销的边际成本，同时为未来营销针对项目的贷款和银行承兑汇票提供机会。

营销信贷证明通常针对特大型施工企业、设备供应商等。

【证明额度】

根据申请人的要求，银行出具信贷证明的最高额度须与客户承建项目能在银行取得的短期贷款金额相匹配。每笔信贷证明的金额一般为项目总标的金额的 10%，最高不超过项目总标的金额的 30%。凡有足额现金（包括本行存单）质押的信贷证明不受以上规定限制。

【证明期限】

信贷证明的有效期限应根据项目主合同（或主债务）的履行期限确定，一般不得超过 3 年。

对因项目投资额大、施工期限长，应招标人或项目业主的统一要求和投标人的申请而确需延长信贷证明期限的，经一级（直属）分行审批，可视信贷证明申请人资信情况给予适度延长，但最长不得超过项目主合同有效期限。

如投标人流标，信贷证明自流标之日或申请人获得信贷证明文件项下的贷款时自动失效。

【证明费率】

办理业务时，银行应一次性向申请人收取信贷证明业务手续费，费率最低按出具信贷证明金额的 0.05‰ ~ 0.1‰ 确定，对不足 500 元的按 500

元收取，银行可在此基础上适当提高。

【业务流程】

信贷证明业务流程见图1-44。

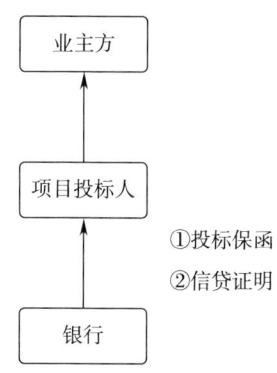

图1-44 信贷证明业务流程

（一）在受理申请信贷证明业务时，申请人应提供以下资料：

1. 营业执照副本、法人代码证副本、税务登记证副本、法定代表人证明文件。

2. 项目或贸易背景的相关证明文件，包括资格预审邀请书、项目资格预审文件、招标邀请书、招标文件、投标文件、资质证书及有关管理部门文件等。

3. 银行信贷证明申请书。

4. 申请人上年度和近期的财务报表，包括资产负债表、损益表和现金流量表。

5. 具有申请人有效签章的开具信贷证明协议书。

6. 按规定需要被授权客户提交的有关授权文书。

7. 申请人近3年的项目中标及施工情况记录。

8. 证明人要求的其他资料。

（二）信贷部门在收到申请人的申请资料后，应对申请人提供的有关资料进行如下内容的调查核实：

1. 申请人的合法资格。

2. 申请人的资质和投标项目是否符合条件。

3. 信贷证明申请书填写是否完整、真实。

4. 信贷证明有关交易、项目的真实性、可行性。

5. 申请人的信誉状况，是否有不良记录。

6. 申请人的资产负债、效益、现金流量情况以及履行合同的能力；结合项目、交易情况，测算可能提供给申请人的最高流动资金贷款额度。

信贷部门签署审查意见后送法律事务部门。

（三）法律事务部门负责审查以下内容：

1. 申请人主体资格。

2. 是否在授权权限之内。

3. 开具信贷证明协议、信贷证明文本的合法性、有效性，证明范围、证明期限、证明责任是否明确、合理。

法律事务部门签署意见后，送主管信贷的副行长签批。

（四）主管行长按照授权权限进行审批，报行长签批。按规定需经信贷审查委员会审议的，提交信贷审查委员会审议。

（五）因申请人/投标人流标或信贷证明到期的，信贷部门应即时向申请人发出信贷证明撤销通知书并要求提供回执。

【异议处理】

（一）申请人发生下列情况之一，即被视作违约：

1. 未经证明人同意，发生或实施重大经营体制变化，包括实施承包、租赁经营、联营、合并（兼并）、合资（合作）、分立、产权转让、减资、股权变动以及其他可能影响证明人利益安全的行为。

2. 发生对其正常经营活动构成危险或对其履行项目主合同项下的义务产生重大不利影响的任何其他事件，包括但不限于涉及重大经济纠纷、发生或涉及重大诉讼或仲裁案件、破产、财务状况恶化等，未能履行书面通知证明人的义务。

3. 所承接的项目发生重大方案调整或项目业主发生重大经营变故，以及国家有关政策变化导致项目无法进行。

4. 歇业、解散、停业整顿、被吊销营业执照或被撤销。

（二）发生上述违约事件后，证明人有权终止履行已开出信贷证明项下的义务，拒绝新的业务申请，以防范风险。

【风险控制】

证明人开具信贷证明后，应加强跟踪检查，注意风险防范，重点检查以下内容，防止出现可能影响银行利益的事项：

1. 申请人是否中标，未中标项目项下的信贷证明自行作废。

2. 申请人经营活动、信用情况及财务状况在信贷证明有效期内是否发生重大变化，是否发生贷款逾期、欠息和其他不良记录。

3. 申请人与投标人或项目业主中标合同金额须与招标文件金额相符，注意信贷证明有效期间发生的涉及金额、期限等主要要求是否变更。

4. 其他可能影响信贷证明申请人履约能力的事项。

【其他规定】

信贷证明业务申请书、信贷证明协议书等信贷证明文本原则上使用银行统一的文本格式。申请人确须使用招标人或项目业主提供文本格式的，经银行法律事务部门审查可以出具相应文本，但银行提供证明的内容仅限于针对投标项目开具确定最高额度的贷款意向。

【案例1】

中国××铁路工程公司

一、企业基本情况

中国××铁路工程公司注册资本高达128亿元，从事铁路系统的施工，是集基建建设、勘察设计与咨询服务、工程设备和零部件制造、房地产开发和其他业务于一体的多功能、特大型企业集团。

二、银行切入点分析

某银行非常重视开拓铁路系统工程施工企业，中国××铁路工程公司为国内特大型铁路系统施工企业，实力非常雄厚。银行对该客户可以拓展银行保函、信贷证明等业务，有利于银行大幅提高中间业务收入。

三、银企合作情况

某银行为中国××铁路工程公司核定授信额度15亿元，其中信贷证明5亿元、银行保函5亿元、流动资金贷款1亿元、银行承兑汇票4亿元。

【案例2】

中铁二局股份有限公司关于为控股子公司提供担保的公告

公司向交通银行股份有限公司成都分行申请综合授信10亿元,用于银行保函和信贷证明,授信方式为信用,并同意该授信下的银行保函和信贷证明额度调剂给控股子公司中铁二局第二工程有限公司、中铁二局第四工程有限公司、中铁二局第五工程有限公司、中铁二局机械筑路工程有限公司使用,公司提供连带责任保证担保。(摘自中铁二局股份有限公司网站)

【文本示范】

资信证明书

签发日期：____年____月____日

编号：

致：

　　根据_____的申请,现就该单位资信状况证实如下：

该单位于_____年____月____日在本行开立账户,账号为_____,账户性质为基本账户。截至本证明签发前一工作日,根据该账户对账单显示的情况,该单位在与本行合作过程中,资金结算方面无不良记录,执行本行结算纪律情况良好。

_____银行

年　　月　　日

【产品十九】项目贷款承诺函

【产品定义】

项目贷款承诺函是指银行向申请人（业主）出具的，供其在报批项目可行性研究报告时，向国家有关部门表明银行对项目建设进行贷款支持的承诺性文件，该文件具有一定的法律效力。

项目贷款承诺函是银行表示与客户有共同合作意愿的书面文件，若客户没有达到银行要求，银行可以撤销该项承诺或意向。有条件项目贷款承诺函的有效期为从出具之日起最长不超过2年。

【业务规定】

对国家有权部门正式批准立项、业主完成项目可行性研究报告的固定资产项目，银行调查评估后，经审查同意提供固定资产贷款时，可以对外提供固定资产项目贷款承诺函。在审查时批准已承诺的固定资产贷款，在贷款发放时一般还需要原审批机构对贷款条件进行重新核准，但程序较原贷款程序简化，客户经理只需要声明该项目已经国家有权部门批准，项目的内外在条件没有变化，就可以发放贷款。

项目贷款承诺函是银行的态度声明文件，即向国家有关部门表明银行同意以贷款支持项目建设，表明该项目需要的外在资金会得到满足。

项目贷款承诺函项下投资项目如未获国家有权审批部门批准或核准，承诺自然失效。

有条件项目贷款承诺函或贷款意向书应包括以下基本内容：

1. 接受承诺或意向方——客户或国家有权审批部门。
2. 客户或拟建设项目名称。
3. 有条件项目贷款承诺函或贷款意向书必备条款：如遇国家有关政策变化、项目建设方案和投资计划重大调整及项目业主发生重大经营变化、其还款能力不能达到银行要求，以上承诺需经银行重新确认。
4. 有条件项目贷款承诺函、贷款意向书的有效期限。
5. 应明确的其他内容。

【基本条件】

对外出具有条件项目贷款承诺函的基本条件：

1. 符合国家产业、行业政策。
2. 产品符合市场需要，是国家重点鼓励发展产业的产品和技术。
3. 符合国家、部门（行业）、地区制定的有关项目建设的法律法规和经济政策。
4. 符合部门（行业）、地区制定颁布的有关行业企业的技术指标、规模指标等。
5. 政府部门投资项目需提供有权部门的审批文件。

项目贷款承诺用于项目贷款须满足两个条件：一是申请人已完成项目可行性研究报告，二是项目准备正式上报国家有权部门批准或核准。

【营销建议】

通常，大型垄断型客户对项目贷款承诺函非常挑剔，支行甚至分行出具的项目贷款承诺函根本不接受，要求总行盖章出具。各银行应当高度重视这部分市场需求，总行指定专门部门、人员负责各地分行的该类业务，高效应对市场。

项目贷款承诺函有利于项目业主方申报的项目获得国家有权机构的批准。

国家发展改革委规定，项目开工必须符合六项必要条件：（1）符合国家相关产业政策、发展规划和市场准入标准；（2）按规定完成投资项目的审批、核准或备案；（3）按规定开展建设项目用地审批，依法完成农用地转用和土地征收审批，并领取土地使用证；（4）按规定完成环境影响评估审批；（5）按规定完成节能评估；（6）符合信贷、安全管理、城乡规划等规定和要求。

【产品价格】

银行出具项目贷款承诺函，在与申请人签订协议后一次性收取手续费，手续费费率为意向贷款金额的 0.5%~1%，具体费率在协议中约定。

【基本原则】

（一）对外提供项目贷款承诺函应按照信贷管理的有关要求，对项目和业主进行认真全面的调查或评估，在审查后基本确定项目可行、业主有能力实施该项目建设、贷款本息可按期收回的前提下方能提供。

（二）项目贷款承诺函通常只能由总行和一级分行对外提供。根据固定资产项目贷款意向书、承诺函的不同效力、贷款责任和适用对象，项目贷款承诺函原则上由总行或一级分行审查。

（三）项目贷款承诺函在确定银行拟提供贷款的前提条件下才能出具。项目贷款承诺函在明确承诺贷款时，应有必要的附加条件。

（四）项目贷款承诺函的有效期为从开出之日起到正式签订借款合同时止。

（五）业主未能满足提供项目贷款承诺函时约定的条件，建设项目发生重大方案调整或业主发生重大经营变故以及国家有关政策变化时，对已开出的贷款意向书和承诺函应重新确认。

【产品优势】

银行开具项目贷款承诺函可以对企业的后续信贷资金提供承诺，帮助业主单位满足项目的批准条件，有利于获得国家主管部门的审批。通常，国家发展改革委批准新项目的时候，除了要求环保评价文件、项目需要土地、水电落实文件等，还需要证明项目资金已经落实的文件，需要业主方提供银行的项目贷款承诺函。

【业务流程】

项目贷款承诺函业务流程详见图1-45。

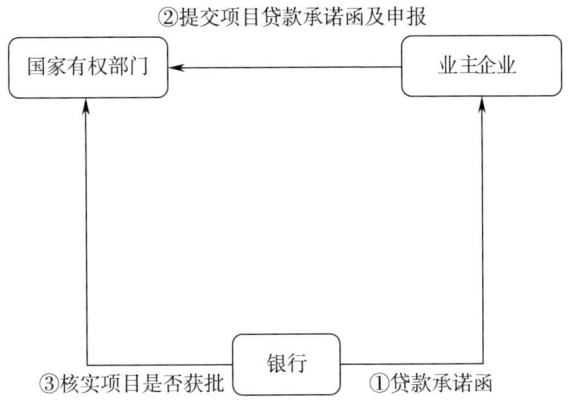

图1-45　项目贷款承诺函业务流程

1. 客户提出申请,通常需要提交项目的相关资料、客户授信需要的常规资料。

经营行客户部门在收到客户出具的有条件项目贷款承诺函或贷款意向书的申请后,可暂时不对项目进行评估,但必须对以下内容进行翔实调查:

(1) 借款人的基本情况,包括企业性质、组织形式、开户情况、资产负债情况、经营状况、法人代表情况。

(2) 是否有真实项目背景,项目涉及产业、行业的发展状况及国家当前产业政策和主导产品的市场前景。

(3) 拟上项目前期准备工作情况。要求国家有权部门审批立项的,原则上需提供项目可行性研究报告或项目建议书。

(4) 项目内容、投资估算(不得随意扩大项目投资估算总额)、投资资金构成和资金来源。

(5) 项目财务状况及经济效益预测。

(6) 银行对客户流动资金需求出具有条件项目贷款承诺函或贷款意向书的,可按照流动资金贷款相关规定执行。

2. 经营行客户部门受理并进行调查,形成调查报告,逐级报有权审批行客户部门审查认定。审批部门要对业主的项目建设方案、投资方案、资产负债和资信情况及财务状况进行全面调查,并按相应的管理程序审批。

3. 客户部门会签信贷管理部门、法律事务部门,通常法律事务部门需要对个性化的项目贷款承诺函进行法律条款审查。

4. 法律事务部门审查通过后,报有权审批人审批。项目贷款承诺函审批后,审批行有关部门根据有权审批人审批内容起草有条件项目贷款承诺函或贷款意向书,将有条件项目贷款承诺函或贷款意向书文本送同级法律事务部门审查无误后对外出具。

5. 正式启用贷款

项目贷款承诺函项下的贷款需求发生时,应再次进行授信调查,并报该项目贷款承诺函的原审批机构审批。在同时满足以下条件的情况下,可批准有关贷款,与申请人签订有关借款、担保合同等后放款:

(1) 与审批项目贷款承诺函时相比,申请人的经营财务状况未发生重大不利变化。

（2）项目贷款承诺函相关项目未发生重大不利变化。

（3）能够按照银行一般风险授信业务的条件提供担保。

（4）项目贷款承诺函有效，且发放贷款数额累计不超过项目贷款承诺函项下的承诺金额。

（5）申请人履行了"出具项目贷款承诺函协议书"等协议中的约定义务。

【风险控制】

申请人发生下列事项之一，或投资项目投资发生重大变化，并已危及银行债权利益时，经办行有权终止履行项目贷款承诺函项下的贷款义务，并以书面形式通知申请人：

1. 重大人事调整。

2. 重大法律纠纷。

3. 企业承包、租赁、联营、合并（兼并）、合作、分立、股份制改造、资产重组等重大体制改革。

4. 重大对外投资、对外担保。

5. 重大自然灾害、事故。

6. 其他重大事项。

【文本示范】

项目贷款承诺函

编号：

公司：

对于贵公司提送的贷款项目，银行承诺，在贵公司符合银行规定的贷款条件的前提下，向贵公司提供_____元人民币贷款。

本承诺函自签发之日起____个月内有效。本承诺函项下投资项目获国家有权审批部门批准或核准，并符合银行相关的贷款条件后，银行将批准发放贷款；如果银行认为项目发生了重大变化，贷款归还能力不能达到银行要求时，银行有权终止贷款承诺。

本承诺函项下投资项目如未获国家有权审批部门批准或核准，本承诺自然失效。

本承诺函只有正本有效，并不得用于向其他金融机构融资或作为信用证件用于他途。

_____银行
_____年___月____日

【点评】

现在国家项目审批有权部门对于项目贷款承诺函的格式要求非常严格，有时明确要求在承诺函中写明银行信贷审批委员会的会议编号，并明确声明本项目已经第××次信贷审批委员会审批通过。这种格式要求的承诺函，没有增加银行的实质责任，银行应当按照客户的要求出具原文。

【案例】

××省交通厅项目贷款承诺函

一、项目基本情况

××高速公路投资约66亿元，其中银行贷款约46.51亿元，具有良好的经济效益和社会效益，是各家银行竞争的焦点。

二、银行切入点分析

面对这一发展机遇和挑战，某银行得知信息后就成立了由行长挂帅的营销专班，细化了"四定"措施，即设定专职客户经理、制定营销方案和措施、锁定营销目标、规定相关人员职责，形成了行长负总责、客户经理积极跟进落实的工作机制。在行领导的重视下，做到既分工明确又紧密协作，将营销进度细化到每个月、具体到每个负责人，实施了分层次营销的工作策略，由行长负责省交通厅、市交通局联络公关工作，客户经理负责与项目公司联络工作，市场部负责落实跟进，力求每个环节有人抓、每个事项抓落实，使该项目竞争优势得到了充分体现。

三、银企合作情况

在为该项目公司开展各类金融服务的同时，该行在全面调查了解该项目公司投资背景后，积极向上级行申请项目贷款，在市分行的重视和省分行的支持下，此项目终于得到了总行的认可。总行项目贷款承诺函的出具，为下一阶段的营销实施奠定了坚实的基础。

该行收到总行对项目出具的 46.51 亿元的贷款承诺函。通过贷款承诺函，该行陆续发放了部分项目贷款。同时，借助项目业主单位，该行成功营销了这一项目的众多施工企业和材料供应商。

【产品二十】资信证明业务

【产品定义】

资信证明业务是指银行接受公司客户申请,在本行记录资料范围内,对客户结算、融资等往来情况进行如实的描述,以资信证明书的形式,证明客户业务实际状况的一种咨询见证类中间业务。

【产品分类】

资信证明业务分为综合资信证明及单项/多项资信证明两种。

综合资信证明指银行对客户在本行的业务事实状况做较全面描述的证明文件。

单项/多项资信证明指银行对客户在本行有关账户开立、存款、授信、抵/质押等单项/多项业务往来情况予以描述的证明文件。

单项/多项资信证明主要包括以下证明文件之一项或几项:

1. 开户证明。
2. 存款余额证明。
3. 授信额度证明。
4. 抵/质押证明。

【基本规定】

资信证明业务必须以客观、如实、审慎的态度对待,应按照统一的标准和原则掌握。资信证明必须为客观实际业务的陈述,不得带有主观评价字眼。

客户仅申请开立开户证明、存款余额证明、无不良结算记录内容的,各网点柜台可直接受理并对外出具。授信额度证明、抵/质押证明及应客户要求反映其在本行分行辖内多个经营机构往来情况的单项/多项资信证明业务,应报分行。

【适用客户】

公司客户资信证明业务的对象为在本行开立账户、业务往来正常的公司企业法人、事业法人和其他经济组织,用于客户在商业交往中的自我介绍，向合资、合作单位出具证明等商业或非商业用途。

【业务流程】

1. 业务的申请

客户向银行申办资信证明业务，需填写"银行开立资信证明申请书"，加盖公章及法人代表签字，并向银行提交以下资料：

（1）经年检的营业执照复印件、法人代码证复印件。

（2）经有权部门批准或审议通过的企业章程的复印件。

（3）会计师事务所验资报告。

（4）银行要求的其他文件。

2. 业务受理

（1）业务经办机构对客户申请进行初审，受理客户申请。

（2）业务经办机构应根据客户申请资信证明业务种类和范围，对客户在本机构内的存款余额、开户和授信、抵/质押物等情况开展调查，并对真实性和有效性负责。

3. 业务审查

业务部门应对资信证明书的内容进行审核，如客户征信范围涉及分行辖内其他经营机构的业务往来情况，其中存款余额、开户情况由分行清算结算中心审核业务经办机构申请后提供书面证明给业务部门，再由业务部门统一向客户出具。

4. 对外签发

经有权审核人（开户证明、存款余额证明有权审核人为分行清算结算中心，授信额度、抵/质押证明有权审核人为放款中心）审核，报行领导同意后，业务经办机构盖行章后正式对外出具资信证明书。审核意见中对办理业务有前提条件要求的，业务经办机构应根据审核意见完善和修改资信证明书，盖行章后正式对外出具资信证明书，并按规定收取费用。

5. 各类资信证明书原则上以一份正本另附两份副本形式开具。正本由业务经办部门以挂号信函的形式直接寄受文人，一份副本交申请人，另一份副本则按本行对外出具函件的管理规定，连同申请表、工作表等妥善建档保管。

【产品价格】

1. 业务经办机构应在出具资信证明书前向客户收取手续费。收费标准暂定为综合资信证明/多项证明每份不少于100元，单项证明每份不少于50元，并可参照中国银行业协会的相关标准和市场竞争情况进行调整。

2. 手续费的减免。视客户为银行创造的综合收益情况，可减免手续费，但需从严掌握。

3. 资信证明书正本由业务经办部门以挂号信函的形式直接寄受文人，应按规定向申请人收取邮寄费。

【文本示范】

银行资信证明

_____：

根据银行资料记录，本行证明_____在银行办理如下业务：

1. 存款情况

开立有存款账户，账户名称：_____，存款账号：_____，币种：_____，金额：_____。

2. 授信额度

授信品种：_____，币种：_____，金额：_____。

3. 债务余额信息：_____。

4. 抵/质押情况：_____。

5. 其他：_____。

上述描述仅为业务实际状况的客观描述，不代表本行观点，供参考。本证明函既非保证函，亦非承诺函，不构成本行对本证明申请人的任何形式的担保或承诺。任何受文人对自身的投资或其他商业行为应持谨慎态度，任何受文人依以上描述所做的投资或其他商业行为与本行无关，并不得凭此证明向本行提出索偿。

本资信证明不得用于验资用途。

公章：

日期：

【真实案例】

鸡西市国有土地使用权挂牌出让公告

根据《土地管理法》《招标拍卖挂牌出让国有建设用地使用权规定》等有关法律法规的规定，经虎林市人民政府批准，虎林市国土资源局委托鸡西市公共资源交易中心，决定以挂牌方式出让1宗国有土地使用权。现将有关挂牌事项公告如下：

一、挂牌出让地块的基本情况和规划指标要求：（略）

二、竞买人资格要求：中华人民共和国境内外的法人、自然人和其他组织均可申请参加竞买（凡欠缴土地出让金的单位及法律法规另有规定的除外）。

三、获取挂牌文件的时间和地点：2019年1月29日至2019年2月25日，并在2019年2月25日16时00分前通过黑龙江公共资源交易网提出申请。有关手续请查看黑龙江公共资源交易网下载中心的《关于黑龙江公共资源交易平台用户注册及办理数字证书的说明》。

四、交纳保证金的截止时间为2019年2月25日16时00分。经审查，申请人具备申请条件，并符合本次挂牌条件，按规定交纳竞买保证金的，于2019年2月25日16时30分确认其竞买资格。

五、挂牌地点和时间：本次国有土地使用权挂牌网址是http：//www.hljggzyjyw.gov.cn/，挂牌起止时间为：2019年2月18日9时至2019年2月27日15时。挂牌时间截止时，有竞买人需要继续竞价的，转入电子竞价，通过电子竞价确认竞得人。电子竞价时间为2019年2月27日15时30分开始。

六、其他需要公告的事项：（一）竞买人应在竞买前详细了解挂牌地块的资料及挂牌文件，竞买人可现场踏勘挂牌土地，对土地情况有异议的，应在申请报价竞买前提出，竞买人参加竞买的，视为无异议。（二）本次挂牌的增价幅度为10或10的整数倍。（三）本公告未尽事宜详见出让地块挂牌须知，挂牌出让公告内容如有变化，出让人将按规定在《鸡西日报》和黑龙江公共资源交易网、中国土地市场网发布补充公告，届时以补充公告为准。（四）竞买人缴纳竞买保证金的同时，必须向鸡西市公共资源交易中心提交竞买保证金不属于银行贷款、股东借贷、转贷和募集资金的承诺书及金融机构的资信证明。

七、我中心联系方式如下：（略）

鸡西市公共资源交易中心
（摘自黑龙江公共资源交易网）

【产品二十一】经营性物业抵押贷款

【产品定义】

经营性物业抵押贷款是指银行向经营性物业的法人发放的，以其所拥有的物业作为贷款抵押物，还款来源包括但不限于经营性物业的经营收入的贷款。

经营性物业是指完成竣工验收并投入商业运营、经营性现金流量较为充裕、综合收益较好、还款来源稳定的商业营业用房和办公用房，包括商业楼宇、星级宾馆酒店、综合商业设施（如商场、商铺）等商业用房。

在银行计算客户还款来源的时候，甚至可以将出租物业的物业管理费收入、广告费收入计算在内，对于一些商业位置极好的大型物业，这两部分收入也相当可观。

【贷款额度】

以商业营业用房类（含酒店）经营性物业抵押的贷款额度最高不得超过物业评估价值的60%，以办公楼类经营性物业抵押的贷款额度最高不得超过物业评估价值的50%，以其他类经营性物业抵押的贷款额度最高不得超过物业评估价值的40%。

【担保方式】

1. 经营性物业抵押贷款必须以竣工验收合格、取得房产证并投入正常运营的经营性物业做抵押担保，必要时还应提供银行认可的其他财产抵/质押、第三方保证，并可视情况要求借款人法人代表或其实际控制人提供连带责任保证担保。

2. 经营性物业抵押贷款的借款抵押合同必须在房地产管理部门抵押登记并确保银行为抵押物的第一抵押权人。贷款用途为置换银行贷款，且因置换原因无法及时办妥抵押登记的，借款人须提供其他足额担保，待经营性物业抵押登记障碍解除后，经办行立即与借款人办妥抵押登记手续，抵押登记办妥后其他担保可相应解除。经办行应对资金账户封闭管理，确保贷款专项用于归还银行贷款。

3. 借款人应与银行签订租金账户监管合同或协议，明确物业经营收入直接进入银行指定账户。一旦借款人无法偿还贷款本息，银行有权直接从该账户中扣划。

4. 为防止业主通过修改租赁合同，另行签订长期、低租金合同或以其他方式恶意对抗银行抵押权，应尽量要求出租人和承租人持租赁合同到房管部门办理租赁登记备案手续。

【贷款偿还】

1. 还款方式。在贷款发放前，要根据项目经营或出租前景制订切实可行的分期还款计划，一般应采取按季（月）结息、按季（月）还本的还款方式，即将每期营业收入的一定比例归还贷款本息。考虑到物业的租金回收具有一定的周期性，可给予最长不超过一年的宽限期。

要在借款合同中明确，房地产市场出现重大变化或发生其他影响贷款安全的情形时，银行应与借款人协商变更借款合同关于贷款额度、期限、利率、每期还款金额等的内容。协商不成的，应当按照合同约定采取停止发放贷款、要求借款人提前偿还已发放贷款等措施。同时，还要在借款合同中明确，借款人连续2次或累计3次未按约定归还本息的，银行可依法处置抵押物。

2. 借款人提前还款的，须提前一个月提出申请，并按银行确定的提前还款日归还剩余的贷款本息。

【授信后管理】

1. 银行与借款人签订资金监管协议。借款人须在银行开立资金监管专户，对专户实行收支两条线管理，建立收支明细台账，物业的经营性收入直接进入专户，除留足每期还本付息金额外的资金须经主办客户经理及业务主办行（部）负责人审核批准后方可使用。如借款人出现逃避资金监管的行为，银行有权提前要求借款人偿还贷款或处置抵押物。

2. 对于已抵押给银行的经营性物业用于租赁的，应审查租赁合同条款约定，预测是否存在风险，并尽量提出以下要求：（1）出租人事先告知承租人，并取得银行的书面同意；（2）承租人向银行出具书面承诺，在银行实现抵押权时，租赁合同提前终止，不得以其租赁权阻碍或干扰银行行使抵押权。

3. 及时掌握出租状况，准确估算项目经营性现金流量，动态调整还款计划，现金流量充足时可提前偿还贷款。借款人将抵押物业出售时，须经银行同意并相应归还银行贷款。

4. 在贷款期内要对抵押物价值进行动态监测，定期（原则上一年一次）对抵押物进行再评估，若出现抵押物贬值、租金收入下降等危及银行贷款安全的情况，应及时采取要求借款人补充抵押物或变更贷款额度、期限、利率等措施。

5. 借款人全部物业项下的经营性收入纳入银行监管。例如，酒店的经营性收入包括餐厅收入、物业租金收入等。

【操作要点】

一、贷款对象

借款人必须是经有权部门批准成立并依法持有企业法人营业执照，实行独立核算，具有法人资格，其拥有的经营性物业已经投入商业运营，并对其拥有的经营性物业有独立的处置权。

二、贷款用途

针对企业以下四个方面的资金需求：第一，购置、大范围修理经营性物业；第二，对于企业法人自行建造的经营性物业，可用于置换负债性资金和超过项目资本金规定比例的资金；第三，对于购置的物业，可用于置换购置款；第四，物业经营期间的配套周转性资金需求。

可以将银行商业地产开发贷款转为经营性物业抵押贷款，实现两个贷款无缝对接，提高客户的满意度。

【产品期限】

经营性物业抵押贷款期限原则上不得超过 8 年。

【融资金额】

抵押率最高可达抵押物价值的 60%。

【产品要点】

1. 用于抵押的经营性物业必须是借款人自己拥有的、位于商业繁华地段、用于对外出租并以所收取的租金作为还款来源的贷款。借款人须在银行开立结算专户和还款专户，明确其全部收入进入结算专户结算，并将自有可支配收入转入还款专户,接受银行对支出款项的封闭式监管;承诺同意银行按还款计划扣还还款账户中的款项,用于封闭归还贷款本息。

2. 对承租人发函通知其房产抵押给银行,并由承租人对其回执进行盖章确认。

3. 如果是置换其他银行贷款,必须承诺将其他银行贷款置换后,解除抵押的物业及土地必须在合理期限内(设定约3个月的期限)抵押给银行。

4. 该物业必须已经与实力强大的承租人签订长期租赁合同,租金收入稳定。物业地处黄金商业区域,地理位置优越,交通便利。

5. 在银行的信用评级在BB级(含)以上,资产负债率原则上不高于70%,经营和财务状况良好,具有还本付息能力。

6. 拥有经营性物业全部产权,持有合法、有效的土地使用权证和房产所有权证;获得土地使用权证的方式为国有出让土地。

7. 董事会或有权决策机构同意将其拥有的经营性物业作为贷款抵押物。

【营销建议】

经营性物业最好为商场、写字楼、商品交易市场、宾馆酒店、酒店式公寓或商铺,出租情况稳定,现金流状况较好。出租人经营管理规范,利润较为稳定。

经营性物业抵押贷款类似于房地产信托投资基金(REITs),借款人将未来的长期现金流折现,以未来的现金流获得现在的资金融通。

承租人最好为特大型商业企业,或商业银行等金融机构。

【基本条件】

一、合格应收账款范围及条件

1. 物业承租人属于实力较强、信誉良好、具有充分付款能力的大型企业、公用事业单位及政府机关等。

2. 租赁时间较长,租赁金额较大,支付租金期限明确,方便银行计算。

3. 出租方与承租方交易真实,双方原则上不得为同一集团内部企业及其他关联性企业。

4. 经营性物业原则上应是位于城市中央商务区和中心商业区等城市中

心繁华地段,并已投入运营一段时间,出租率较高,经营状况良好的低风险项目。

二、经营性物业须具备的基本条件

1. 经营性物业应合法合规,原则上经过竣工综合验收合格,办妥房产证,并已投入商业运营一年以上。

2. 经营性物业地理位置优越。位列世界500强企业的商业企业入驻经营的大型超市,区位要求可适当放宽。

3. 酒店为四星级(含)以上,由国际知名品牌管理公司管理,经营状况优良,现金流稳定,上一年度平均入住率高于60%。

4. 写字楼为甲级(含)以上写字楼,且年均出租率高于80%。

5. 商业物业面积(可供银行抵押面积)原则上不低于10000平方米,且主力店应为知名品牌;混合业态的物业应至少满足以上一个条件。

6. 银行暂不接受以非标准工业厂房、住宅底商、住宅小区配套商业为抵押物的经营性物业抵押贷款项目。

7. 经营性物业定位准确,经营情况稳定,出租市场前景较好;经营性物业的市场价值和租金价格稳定或有上涨趋势;经营性物业具有较强的变现能力,有利于整体处置。

8. 在贷款期内经营性物业所产生的稳定的经营性净现金流(净现金流指已扣除经营物业必须支付的各项支出后的现金流)能够按期归还贷款本息,经营性物业抵押贷款本息与贷款期间预期可产生的净现金流之比不超过80%。

9. 经营性物业抵押贷款原则上应采取物业整体抵押方式。

【产品优势】

经营性物业抵押贷款的优势如下:

1. 贷款用途灵活。经营性物业抵押贷款可以解决房地产企业贷款用途监管难的问题,对于自行建造的物业,可用于置换负债性资金和超过项目资本金规定比例的自有资金,即置换出来的是房地产企业的自有资金,银行对房地产企业自有资金使用的监管力度可适当降低,借款人同时可以将信贷资金用于物业的日常经营或者正常经营周转等。

2. 贷款期限长。普通的抵押贷款,贷款期限一般为1年,企业还款压力较大;经营性物业抵押贷款,贷款期限最长可达10年,企业可获得长期稳定的资金。

3. 还款方式灵活，减少企业财务管理费用。企业可根据资金安排和经营性物业现金流状况合理安排还款计划，经营性物业抵押贷款的还款来源是经营性物业的稳定的现金流，物业的所有租金监管到银行，既保证了贷款的按时归还，又减少了借款人的财务人员的工作量和财务管理成本，使企业还款压力降到最低。

4. 操作简单，解决企业融资难问题。经营性物业抵押贷款操作简单，主要关注抵押物的价值和贷款期内的现金流，只要满足这两点条件（贷款第一还款来源和第二还款来源）的经营性物业均可操作经营性物业抵押贷款业务，企业可以容易地获得银行贷款。

【利率】

融资利率一般由银行根据借款企业的资信确定。

【业务流程】

经营性物业抵押贷款融资流程详见图 1-46。

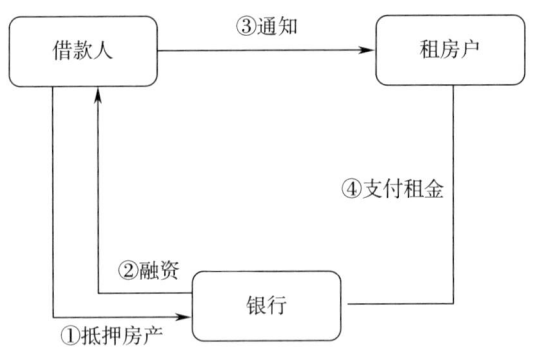

图 1-46　经营性物业抵押贷款融资流程

1. 企业向银行提出贷款申请。
2. 评估机构对抵押物做预评估。
3. 银行审批后，企业与银行签订相关合同。
4. 办理抵押物保险和抵押物登记，开立监管账户。
5. 银行发放贷款。
6. 企业按期偿还贷款。

【点评】
　　一个企业如果非常看好自己开发的地产商业项目，完全可以自己持有产权，采取长期租赁的方式。选择出租物业可以获取长期收益，而借助银行的经营性物业抵押贷款可以有效解决投资的商场、写字楼、酒店式公寓等固定资产占压了大量资金的烦恼。经营性物业抵押贷款提供以经营性物业抵押的中长期融资服务，既可以盘活客户在商业地产投资时所占压的资金，又可以帮助客户尽享物业长期升值所带来的收益。

【风险控制】
项目的承租人属于较为优质的客户，缴纳租金较为及时。
经营性物业产权清晰，已经获得产权证。
租金的收取应当封闭，封闭进入银行指定的账户，防止借款人挪用资金。

【业务管理】
1. 授信前调查应重点关注以下内容：
（1）物业的权属：是否竣工验收合格、是否取得房产证、物业设定抵押情况如何。
（2）物业的出租率、租赁合同租期、租金支付方式：调查租金收入与贷款额度和贷款期限是否匹配；调查租金支付方式，防止物业在抵押给银行时，承租人已经一次性向借款人支付了长期租金，或者是将租金与出租人对于承租人的其他债务进行抵销，导致银行届时无法从租金中获得还款来源以及无法处置抵押物。
（3）租约情况：调查租约的真实性以及租赁合同中是否存在损害银行利益的条款，特别注意承租人依法享有的承租权、优先购买权及其他权利对银行抵押权的限制和影响，对抵押权实现的难易程度做必要的预估。

（4）承租人资信、经营状况、支付租金能力等资质情况：对于承租人经营状况或资信不佳、按期足额支付租金有困难或多次拖欠租金的，不宜介入。

（5）借款人整体经营活动现金流情况及综合还款能力。

2. 审查经营性物业抵押贷款项目时应着重分析以下内容：

（1）从申请人股权结构、股东背景、整体实力、行业经验、管理团队及公司治理等方面分析申请人的经营规范性和持续经营能力。

（2）详细了解物业出租情况，填写"物业租赁明细表"，并从行业运行趋势、区域发展前景、同业竞争情况、租户稳定性和消费者的消费习惯变化等方面分析预测经营性物业在银行贷款期间内产生的经营现金流的稳定性，编制"贷款期间内物业现金流量预测表"。

（3）经营性物业在银行贷款期间内的经营现金收入扣除改造、大修、日常修理维护、招租代理费、管理费用、财务费用、税金等各项支出以后的经营性净现金流须能覆盖银行当年贷款本息。

（4）应从经营性物业的经营收入减少和支出增加两个方面进行敏感性分析。

3. 《物权法》第一百九十条规定："订立抵押合同前抵押财产已出租的，原租赁关系不受该抵押权的影响。抵押权设立后抵押财产出租的，该租赁关系不得对抗已登记的抵押权。"所以，经营性物业如果已出租，应当通知承租人，控制贷款风险。

4. 在贷款期内，借款人应根据有关法律及贷款人要求办理抵押物的财产保险，保险费用由借款人承担，并在所投保险的有关保险单中明确银行为优先受偿人（第一受益人），借款人应向保险公司申请出具"未经经办行书面同意，不得变更受益人"的书面承诺；借款人可每年连续投保或一次性购买整个贷款期限内的保险。在贷款期间内，借款人应使保险持续有效，不得中断或撤销保险，投保总额不得低于银行贷款本息额。

5. 借款合同中要补充明确，银行有权在贷款期内要求指定的房地产评估机构对抵押物重新进行价值评估，若抵押物价值发生贬值，则银行有权要求借款人补充银行认可的抵押物或收回相应贷款，银行有权视市场形势、抵押物价值变动、出租回报率、市场利率变化等情况，对贷款期限、额度、利率等进行调整。

6. 对于借款人为房地产开发企业的经营性物业抵押贷款，统一纳入银行房地产开发贷款管理。

【案例】

北京××物业有限公司经营性物业抵押贷款业务

一、企业基本情况

北京××物业有限公司注册资金2亿元，年经营额8亿元，论规模属于中型物业企业。××大厦位于北京中央商务区，为五星级写字楼，承租公司大都是具有一定实力的外资企业及国内的大型垄断企业，出租率达到90%以上，且全为长期租约，出租率较高。

北京××物业有限公司准备扩建二期，自筹2亿元资金，需要银行融资5000万元，公司准备寻求外部资金支持。北京××物业有限公司资产负债率适中，长期经营现金流非常稳定，现金流状况较佳，是银行拓展中期贷款的理想目标客户。

二、银行切入点分析

××支行经过认真分析后认为，××大厦出租率较高，承租企业实力非常强，每年的租金回报率理想；经测算，企业5年的租金收入在扣除正常的支用后，应当可以完全覆盖银行的贷款本息。其分析考虑因素如下：

1. 物业符合北京市商业网点规划要求，经竣工综合验收合格并办妥房产证和土地证，已投入商业运营1年以上。

2. 物业地理位置优越，位于城市中央商务区、主要中心商业区或城市中心繁华地段等，交通便捷，人流、物流、车流充裕，商业、商务氛围浓厚。位列世界500强的商业企业入驻经营。写字楼为甲级以上写字楼，年均出租率高于80%。

3. 物业定位准确，经营情况稳定，出租市场前景较好；经营性物业市场价值和租金价格稳定或有上涨趋势；物业具有较强的变现能力，有利于银行整体处置。

4. 在贷款期内物业所产生的稳定的经营性净现金流能够按期归还贷款本息，贷款本息和与贷款期间预计可产生的净现金流现值之比不超过75%。

银行的风险控制措施如下：

首先，要求借款人以公司法人名义投保房屋财产综合险，保险第一受益人为银行。

其次，要求借款人将××大厦完整抵押给××支行，并将抵押信息通知承租人。

最后，做强制执行公证。

三、银企合作情况

1. 北京××物业有限公司向银行提出融资申请，期限5年，金额5000万元。银行评估后得知，北京××物业有限公司年租金收入在2600万元左右，年日常经营支出及水电费等支出约800万元，年可支配收入1700万元，5年约8500万元。

2. ××支行提供贷款5000万元，期限5年，执行基准利率。北京××物业有限公司每季度以收到的租金偿还银行贷款本息。北京××物业有限公司与银行签订财务监管协议。

3. 北京××物业有限公司将出租的房产抵押给银行，并及时通知承租客户，租金收取账户修改为：账号：_____，开户行：_____，此账户为收取租金监管账户。北京××物业有限公司提供授权划款书，授权银行可以从该账户扣划资金，归还在银行的贷款本息。

4. 承租人按季度支付的租金进入北京××物业有限公司收取租金监管账户，银行按季度进行扣收。

【点评】

通常情况下，经营性物业抵押贷款风险度较低，因为项目已经产生稳定的现金流，用项目产生的租金现金流分期偿还银行贷款，对企业而言，长期分摊贷款偿还，每期偿还贷款金额不大，企业偿还压力适中。通过经营性物业抵押贷款，银行可以有效地将客户的结算资金流控制到本行。

【要点】

经营性物业抵押贷款业务实务操作

问题1：如何确定经营性物业抵押贷款的贷款用途、贷款期限、宽限期、还款方式、还款金额？

答：第一，经营性物业抵押贷款可用于借款人合法合规的资金需求，包括但不限于物业在经营期间维护、改造、装修、招商等资金需求以及置换该物业建设期的银行贷款、股东借款等负债性资金和超过项目资本金规定比例的资金，不得用于国家明令禁止的投资领域和用途，不得用于偿还银行存量不良贷款或违规贷款。

第二，关于贷款期限的问题，经营性物业抵押贷款期限最长不超过10年是原则性要求，但不是要求每一笔业务的期限都要做到10年期，分行应该根据企业实际的经营性现金流扣除费用是否能够覆盖贷款本息，来测算确切的贷款期限，个别业务根据实际情况适当调整。

第三，关于宽限期的问题，如果物业已投入运营，银行的经营性物业抵押贷款应没有宽限期，宽限期主要是给予部分银行先支持开发贷款，后转为经营性物业抵押贷款的房地产开发企业，在物业开发完毕到投入运营期间有一定空档期（进行装修、试营业等），此类情况才能给予宽限期。

第四，关于还款方式的问题，对于酒店类物业，由于客户每日都能产生经营性收入，原则上应按月或按季度归还银行贷款本息。对于写字楼及商业物业，银行应根据物业承租人与物业所有权人签订的租赁合同中确定的租金支付方式来确定贷款的还款方式。如主力承租人按月支付房租收入，则借款人也应按月归还银行贷款本息。

第五，关于贷款金额的问题，应合理测算物业在贷款期可产生的经营性活动净现金流，根据测算结果来确定贷款金额，同时贷款金额最高不能超过银行规定的物业评估价值抵押率上限。

问题2：房地产开发企业以自建酒店参股，成立新的酒店管理公司，物业所有权人为酒店管理公司，能否以该酒店做抵押物为房地产开发企业申请经营性物业抵押贷款？

答：银行经营性物业抵押贷款应遵循"谁拥有，谁贷款"的原则，原则上不接受第三方提供抵押物的经营性物业抵押贷款。对于借款人与物业所有权人为同一控制人的经营性物业抵押贷款可个案处理。

问题3：专业市场可否办理经营性物业抵押贷款？

答：应综合分析专业市场所处的地理位置、承租人结构、管理团队及经营性现金流，择优支持，但由于部分专业市场客户准入门槛不高，物业品质较低，升值空间不大，银行应审慎介入。

问题4：工业用地是否可以办理经营性物业抵押贷款？

答：鉴于工业用地的市场价值较低，且工业用地转变性质，首先要到规划部门变更规划，其次凭变更的规划到国土部门变更土地使用性质，并需补交土地出让金，这一过程中存在较大的不确定性。因此，银行暂不办理土地性质为工业用地的经营性物业抵押贷款。

问题5：银行规定经营性物业抵押贷款的物业要求已竣工验收并运营一年以上，能否提前介入，先通过对开发商发放开发贷款，然后转经营性物业抵押贷款？

答：这种模式原则上不行，如果有，只能做个案处理。个案要求开发商必须是全国知名品牌，物业品质有保证，有多年的商业物业开发经验，且开发的物业地理位置优越，位于城市主要中心商业区或城市中心繁华地段。

问题6：住宅底层商铺能否放宽条件办理经营性物业抵押贷款？

答：应根据商铺所处的地理位置、物业的经营面积、承租人的品质、经营活动现金流来综合判断，对于底商位于城市主要中心商业区或城市中心繁华地段，且商业物业面积（可供银行抵押面积）大于10000平方米，主力店为知名品牌，经营性现金流充裕的，银行可择优支持。

问题7：抵押物所有权人为个人的，能否办理经营性物业抵押贷款？

答：不能。银行经营性物业抵押贷款业务为对公授信产品，对于抵押物所有权人为个人的，原则上应选取银行合适的个人金融产品。

问题8：如果银行贷款用途是置换他行贷款，对于先放款后办理物业抵押的，应采取何种风险防范措施？

答：对于银行经营性物业抵押贷款的用途为置换银行贷款，且因置换原因无法及时办妥抵押登记的，银行可采用以下方式防范阶段性授信风险：

第一，要求借款人提供其他足额担保，待经营性物业抵押登记障碍解除后，经办行立即与借款人办妥抵押登记手续，抵押登记办妥后其他担保可相应解除。

第二，经办行先办理抵押手续，成为第二顺位抵押人，再放款，待原贷款行办理解押手续后，银行成为第一顺位抵押人。

第三，经办行与借款人、原贷款行签订三方协议，约定银行贷款资金归还原借款行贷款后，原借款行限时办理解押手续。协议签订后，银行可先放款，并将资金划入原借款行指定账户，归还原贷款后，督促原借款行及时办理解押工作，银行跟进办理抵押手续。

问题9：对于授信金额较小、期限较短的经营性物业抵押贷款业务，能否在风险总监权限以内审批？

答：不能。鉴于经营性物业抵押贷款的业态较多，各种业态的收入结构、风险防范措施均不相同，因此该产品暂不对风险总监进行转授权。

问题10：如果公司注册地为A市，所拥有的经营性物业位于B市，可否在B市申请经营性物业抵押贷款？

答：如果B市有银行经营机构，原则上要求B市经营机构主办，这样能有效监管经营性物业的现金流，以保障银行信贷资产安全，A市经营机构可以和B市经营机构按照银行内部联合贷款模式进行操作。

问题11：有的经营性物业建筑面积较大，整体抵押存在难度，可否部分物业分割抵押？

答：经办行应分析物业所处的地理位置，是否是由国际、国内知名企业开发经营，物业的经营管理是否规范、现金流量是否充裕、物业出租情况如何，做到具体问题具体分析。对物业进行分割抵押物，不易监控现金流，风险较大，因此银行经营性物业抵押贷款原则上应要求物业提供整体抵押。

问题12：排他性条款能否不作为合同内的必要条款？

答：可以，该条款属于建议性条款，不是必要条款，主要是为防止企业在银行多头授信，用他行贷款恶意置换本行贷款，有此条款可以提高部分企业恶意置换银行贷款的成本，也可防止银行间的无序竞争。企业由于经营活动产生的现金流较充裕而申请提前还款时，银行可以接受。

问题13：酒店类物业上一年度入住率达不到60%的，能否突破？

答：酒店类物业应在四星级（含）以上，由国际知名品牌管理公司管理，经营状况优良，现金流稳定，上一年度平均入住率高于60%。实践中，经营机构应分析入住率达不到60%的原因，不能教条。如遇特殊情况，可适度放宽入住率要求。原则是总行把握业务的导向，但同时不能把个案普遍化。

问题14：何种条件的客户可以前期只还利息不还本金？

答：此类情况仅限于全国知名品牌开发商，而且银行先给予开发贷款，然后转经营性物业抵押贷款，其间有一定空档期（进行装修、试营业等）才给予一定的宽限期，只还息不还本，宽限期到期开始按期还本付息。只要物业已投入使用，有经营性收入，授信方案就不应给予宽限期。

问题15：异地品牌超市规模较大，业务审批能否突破？

答：首先应判断所在地是否有银行经营机构，其次应分析物业的品质如何。如果所在地有银行经营机构，则由该经营机构作为主办行；若没有经营机构，由于物业位于异地，较难对物业的现金流进行有效监控，还款来源不能落实，不建议开展此类业务。

问题16：关联企业租金收入可否纳入借款人现金流监管？

答：关联企业的租金收入可以纳入借款人现金流管理，要参照市场价格和同类物业合同价格，确定公允价值，可作为补充现金流方案，也可让关联企业提供担保或出具承诺。

问题17：经营性物业抵押贷款抵押物的价值是采用评估报告中的评估价值还是评估净值？

答：根据银行授信风险管理操作手册的相关规定，以评估报告中的评估价值确定抵押物的价值。

【产品二十二】保障性住房（棚改房）开发贷款

【产品定义】

保障性住房（棚改房）开发贷款是指银行向房地产开发商发放的专项用于保障性住房（棚改房）项目开发建设的一种专项开发贷款。

保障性住房由地方政府进行回购，采取出租方式提供给居民。

棚改房由地方政府进行土地安排，由开发商进行建设投资，低价出售给原居民。

【适用客户】

承接各地地方政府保障性住房建设的开发商。

【政策依据】

《中国人民银行、住房城乡建设部、中国银行业监督管理委员会关于个人住房贷款政策有关问题的通知》（银发〔2015〕98号）

【期限规定】

保障性住房（棚改房）开发贷款期限一般为3年，最长不超过5年。

【基本条件】

保障性住房（棚改房）开发贷款条件如下：

1. 借款人已取得贷款证（卡）并在贷款银行开立基本存款账户或一般存款账户。

2. 借款人产权清晰，法人治理结构健全，经营管理规范，财务状况良好，核心管理人员素质较高。

3. 借款人实收资本不低于1000万元，信用良好，具有按期偿还贷款本息的能力。

4. 建设项目已列入当地保障性住房（棚改房）年度建设投资计划和土地供应计划，能够进行实质性开发建设。

5. 借款人已取得建设项目所需的国有土地使用证、建设用地规划许可证、建设工程规划许可证和建设工程开工许可证。

6. 建设项目资本金（所有者权益）不低于项目总投资的30%，并在贷款使用前已投入项目建设。

7. 建设项目规划设计符合国家相关规定。

8. 贷款人规定的其他条件。

【产品优势】

可以满足保障性住房（棚改房）开发商对项目开发资金的需求。

通过提供保障性住房（棚改房）开发贷款，银行可以密切与当地政府的关系，为银行营销土地出让金存款等提供机会。

相对于一般住宅开发市场，保障性住房（棚改房）市场较为平稳，不存在销售风险，不存在政策限制等，非常有利于银行平滑在房地产行业的贷款份额。银行通常应当对房地产开发贷款和保障性住房（棚改房）开发贷款按照一定合理比例配比。

【风险控制】

保障性住房（棚改房）开发贷款必须专项用于保障性住房（棚改房）项目建设，不得挪作他用。严禁以流动资金贷款形式发放保障性住房（棚改房）开发贷款。

保障性住房（棚改房）开发贷款应以项目销售收入及借款人其他经营收入作为还款来源。

保障性住房（棚改房）开发贷款实行封闭管理。借贷双方应签订资金监管协议，设定资金监管账户。贷款人应通过资金监管账户对资金的流出和流入等情况进行有效监控管理。

贷款人应对保障性住房（棚改房）开发贷款使用情况进行有效监督和检查，借款人应定期向贷款人提供项目建设进度、贷款使用、项目销售等方面的信息以及财务会计报表等有关资料。

保障性住房（棚改房）开发贷款具备非常开阔的前景，各地政府都在大力发展保障性住房（棚改房）建设，需要大额的银行信贷。银行通过支持开发商建设保障性住房（棚改房），可以密切和当地政府的关系，同时为银行投放按揭贷款提供机会。

【案例】

××市××房地产有限公司保障性住房开发贷款

一、企业基本情况

××市××房地产有限公司为当地规模较大的房地产开发企业，从事城市建设和地产开发，先后承揽了众多市政重点工程，累计完成市政建设投资6000余万元，为××市城市建设作出了巨大贡献。

二、银行切入点分析

当地经济较为活跃，保障性住房销售不存在困难。因此，银行决定支持××市××房地产有限公司，提供一定的保障性住房开发贷款。

三、银企合作情况

工商银行为××市××房地产有限公司发放1.5亿元保障性住房开发贷款，加快推动百姓住房条件的改善。

【产品二十三】安慰函项下贷款

【产品定义】

在借款人的母公司或政府提供安慰函情况项下，银行向借款人提供的一种贷款业务。

安慰函又称赞助信、安慰信、意愿书，通常是指政府或企业控股母公司为借款方融资而向贷款方出具的表示愿意帮助借款方还款的书面陈述文件。

安慰函并不是担保，而是政府或企业控股母公司向银行提供的一种安慰函件，并不具备法律约束力，一旦借款人不能借款，签发安慰函的主体并不承担法律责任。

【风险防范】

国家严禁政府承诺项下安慰函融资。

我国地方政府、财政部门向金融机构出具承诺函，由当地人大通过决议，对银行提供贷款的具体项目，当地财政列入还款计划，利用财政资金归还贷款，并报经当地人大批准。

由于《担保法》规定，政府部门不得对各类贷款提供担保，因此，政府机构多采取安慰函等方式。由于借款主体本身就是政府的下属机构，或者干脆就是政府的融资窗口，银行提供贷款实际上就是给政府提供贷款，因此它在评价贷款风险时多依据当地政府的财政实力。

地方政府今后融资的主要渠道是发债、政府购买服务贷款，而非政府安慰函项下贷款。

银行考量地方政府平台公司贷款时，需要更多地考虑地方政府的预算安排，地方政府平台贷款必须有具体项目，项目应当有政府对应的预算。

【产品种类】

1. 境外集团母公司承诺项下安慰函融资

这类安慰函贷款占比较大，大型跨国公司实力非常强大，但是由于不了解外国的法律，普遍不愿意对子公司在当地的贷款提供担保。

2. 境内集团母公司承诺项下安慰函融资

通常,母公司对金融机构作出以下承诺:

(1) 督促子公司对金融机构的债务履约;

(2) 母公司不会放弃子公司的控股权;

(3) 子公司会严格遵守各类合同契约。

【适用对象】

1. 各地省交通厅的项目资本金贷款、各省投资集团、政府融资平台、国有资产经营公司。

2. 外资背景的特大型企业集团。

由于集团母公司实力较强,这些子公司在国内投资规模较大,经营状况普遍较好,但是厂房等多为租赁,缺乏固定资产。向这些子公司提供安慰函贷款,风险可以控制。

【所需资料】

1. 公司章程和公司组织架构图。

2. 经过年检的营业执照正本、副本原件及复印件。

3. 组织机构代码证、税务登记证原件及复印件。

4. 中国人民银行征信材料,并留下中国人民银行征信材料号和正确的密码。

5. 上年末及近期财务会计报告及审计报告。

6. 授权委托书、法人和经办人身份证原件及复印件。

7. 安慰函函件。

8. 银行要求的其他有关资料。

【业务流程】

安慰项下贷款业务流程详见图1-47。

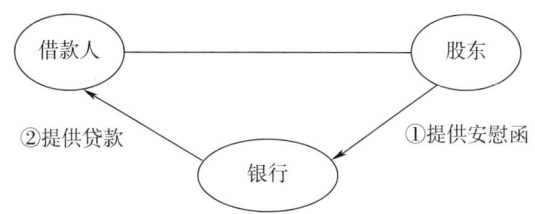

图1-47 安慰项下贷款业务流程

【风险控制】

安慰函虽然在广义上为国际融资信用支持文件之一，但其最显著的特征是其条款一般不具有法律约束力，而只有道义上的约束力，即使明确规定了它的法律效力，也由于其条款弹性过大而不会产生实质性的权利和义务。

安慰函一般是由母公司写给贷款人，对其发放给子公司的贷款表示支持的信。通常情况下，安慰函的主要目的在于使提供安慰函的人或机构只对债权人承担支持债务人履行义务的道义责任而非法律上的保证责任。然而，尽管出具安慰函的初衷在于避免承担法律责任，但在实践中，安慰函的法律性质及效力比较模糊。

【文本示范】

集团安慰函

_____ 银行：

贵行已经批准向_____公司安排_____（金额）的贷款，我机构已经知晓该安排，并作出如下承诺：我机构将积极督促_____公司及时归还贵行的融资，在未归还贵行融资前，我机构将不会要求_____公司分红、支付股息等。

集团公司
_____年____月____日

市财政局安慰函

_____ 银行：

贵行已经批准向_____公司安排_____（金额）的贷款，我局已经知晓该融资安排，并作出如下承诺：我局将安排预算资金归还融资款项，并提请市人大审议该安排，我局将力促市人大同意该预算安排。

市财政局
_____年____月____日

【案例】

××置地与多家银行订立贷款融资协议　涉资148亿港元

××年5月11日,××置地有限公司发布公告称,公司作为借款人就148亿港元的定期贷款融资与多家银行组成的银团订立贷款融资协议,期限5年。

根据融资协议,倘若××集团不再为××置地的最大单一股东、××集团不再持有或控制(无论直接或间接)合计不低于35%××置地的已发行股本或××集团实际上不再拥有控制委任董事到××置地董事会的能力,其将构成一项违约事件。

截至公告日,××集团拥有××置地约61.27%的已发行股本。

若发生该融资协议项下的违约事件,根据该融资协议,贷方可宣布取消提供贷款额度及/或宣布所有未偿还款项连同贷款额度项下所有应计利息及其他所有××置地需于该融资协议项下支付的款项实时到期即须予偿还。

【产品二十四】在建工程抵押贷款

【产品定义】

在建工程是指经审批正在建设的房屋及其他建筑物。

在建工程抵押贷款是指抵押人为取得工程继续建造资金的贷款,以其合法方式取得的土地使用权连同在建工程的投入资产,以不转移占有的方式抵押给银行作为偿还贷款履行担保的行为。

【法律依据】

《最高人民法院关于适用〈中华人民共和国担保法〉若干问题的解释》第四十七条规定:"以依法获准尚未建造的或者正在建造中的房屋或者其他建筑物抵押的,当事人办理了抵押物登记,人民法院可以认定抵押有效。"该司法解释确立了在建工程抵押的合法性。

《最高人民法院关于适用〈中华人民共和国担保法〉若干问题的解释》对在建工程抵押的合法性进行了明确,但对在建工程抵押的条件未作出具体规定。建设部发布的《城市房地产抵押管理办法》第三条将在建工程抵押限定为抵押人为取得在建工程继续建造资金的贷款,以其合法方式取得的土地使用权连同在建工程的投入资产,以不转移占有的方式抵押给贷款银行作为偿还贷款履行担保的行为。根据《最高人民法院关于适用〈中华人民共和国担保法〉若干问题的解释》《城市房地产抵押管理办法》及其他法律法规的规定,在建工程抵押必须具备以下几个方面的条件:

1. 在建工程抵押贷款的用途为在建工程继续建造所需资金。《物权法》出台前,信贷客户不得用在建工程为他人的债务提供担保,也不能为自己其他用途的债务进行担保,而只能为取得在建工程继续建造资金的贷款担保。《物权法》实施后,可以为其他债权种类设定在建工程抵押,对在建工程抵押担保的种类没有限定。

2. 在建工程占用范围内的土地,已经缴纳全部土地出让金,并取得国有土地使用权证。

3. 《城市房地产抵押管理办法》明确规定,在建工程抵押合同应载明土地使用权证、建设用地规划许可证和建设工程规划许可证"三证"的编号，故在建工程抵押必须已经取得土地使用权证、建设用地规划许可证和建设工程规划许可证。同时，正在建造的在建工程抵押，还必须取得建设工程施工许可证。

4. 投入工程的自有资金必须达到工程建设总投资的25%以上，并已经确定工程施工进度和工程竣工交付日期。

【产品优势】

在建工程抵押作为抵押的一种特殊形式，因具有加速资金流动和促进资金融通等优点，在满足银行客户拓展需求的同时，又可解决企业的融资需求，现广泛地被银行采用。

【风险控制】

在建工程抵押毕竟不同于已取得房屋所有权证的房地产抵押，在建工程抵押的法律关系较为复杂，不确定因素较多，隐含较多的风险，如操作不当，很可能出现法律风险，造成信贷资产损失。

银行在审查时应重点要把握以下三点：

1. 要求客户提供与在建工程施工单位签订的建设工程合同，注意审查合同约定工程的总造价、工程款支付条件、支付方式及是否存在施工单位垫资建设等情况。

2. 确定在建工程可抵押担保额度时，应将尚欠施工单位的工程款从抵押物价值中剔除。对尚欠工程款的情况，应要求工程施工单位出具书面证明材料。

3. 要求工程施工单位对银行贷款提供担保或书面承诺放弃工程款优先受偿权。银行在办理贷款时，除在建工程抵押外，还可以要求增加工程施工单位做连带责任保证担保，如出现施工单位主张工程款优先权时，银行可要求施工单位承担抵押物不足清偿部分的保证责任，使贷款资金不受损失。

需要注意的是，在建工程的建筑物与土地使用权必须同时抵押。《城市房地产抵押管理办法》明确规定，以在建工程已完工部分抵押的，其土地使用权随之抵押。这也是与我国房地产法律中的"房随地走"或"地随房走"保持一致的要求。银行在办理在建工程抵押贷款时，应把整宗土地使用权与在建工程的建筑物一并抵押,而不能仅抵押在建工程建筑物占用部分的土地使用权,土地使用权和在建工程建筑物的数量、面积、有关权证号码等情况应在抵押物清单上载明。在建工程应按规定到相关部门办理抵押登记手续,取得抵押物登记证。银行要密切关注在建工程的建设施工情况,根据实际及时办理新增部分在建工程的抵押手续。当在建工程竣工、客户取得房屋所有权证后,银行应根据《城市房地产抵押管理办法》第三十四条的规定,与客户重新签订抵押合同,按规定办理房地产抵押登记。

【在建工程抵押权与商品房预售冲突的风险及防范】

房地产开发企业为筹集资金,常常在开发的过程中就进行预售。一般来说,在建工程抵押与商品房预售不能同时并存。也就是说,商品房预售时,开发企业应当与银行解除已设定的抵押关系,否则购房人将无法获得房屋的产权证。根据《城市房地产管理法》第四十五条的规定,"按提供预售的商品房计算,投入开发建设的资金达到工程建设总投资的百分之二十五以上,并已经确定施工进度和竣工交付日期",并且向县级以上人民政府房产管理部门办理预售登记,取得商品房预售许可证明等,才能进行商品房预售。

预售是一种转让行为,《担保法》第四十九条规定:"抵押期间,抵押人转让已办理登记的抵押物的,应当通知抵押权人并告知受让人转让物已经抵押的情况;抵押人未通知抵押权人或者未告知受让人的,转让行为无效。"

购房人在购买房屋时需向银行申请贷款的,应参照中国人民银行《个人住房担保贷款管理试行办法》第十四条的规定:"借款人以所购自用住房作为贷款抵押物的,必须将住房价值全额用于贷款抵押。"因此,怎样部分地解释原有的在建工程抵押并办理按揭贷款的新的抵押,也成为银行必须面对的问题。

【已设定在建工程抵押权项目的商品房的预售操作】

1. 要厘清法律关系,预售部分要先解除抵押关系,再签订预售合同;否则,签订的预售合同将是无效合同。也就是说,先由开发企业向银行支付与解除预售房屋所需偿还贷款额度相当的款项,或提供与该款项等值的其他财产做担保后，银行同意解除预售部分的抵押关系，开发企业再将已解除抵押关系的部分商品房预售给购房人。如此反复，流动销售，实现良性循环。

2. 银行应该尽可能地成为唯一的监管银行，全权收存售房款。开发企业在申请办理预售许可证明时，即选定抵押权银行作为监管银行，在该行设立一个专门用于收存预售款的监管账户，并与监管银行签订监管协议，明确双方的权利、义务。预售许可证载明该监管账户，预售款包括其他银行为购房人提供的购房抵押贷款均必须存入该指定的监管账户。监管银行必须根据工程监理单位出具的工程进度核定意见书拨付预售款。开发企业应严格按照施工计划组织施工，在实际工程进度与计划进度一致的前提下，允许根据相应的预算方案使用预售款，实际工程进度落后于计划进度时禁止使用预售款。

【在建工程抵押权与税收优先权冲突的风险及防范】

《税收征收管理法》规定了税收优先权，该优先权在顺序上优先于抵押权。该法第四十五条规定："税务机关征收税款，税收优先于无担保债权，法律另有规定的除外；纳税人欠缴的税款发生在纳税人以其财产设定抵押、质押或者纳税人的财产被留置之前的，税收应当先于抵押权、质权、留置权执行。"该规定表明，只要纳税人欠缴税款的行为发生在纳税人以其财产设定担保之前，即纳税人欠缴税款在先，以其财产设定担保在后，税收作为国家公权力就优先于担保物权这种私权力。房地产开发企业在以开发项目占用范围内的土地使用权或在建工程提供抵押之前已经拖欠税款的，商业银行在处置抵押物时就要受到限制，税务机关有权先于商业银行处置并就处置价款优先受偿；收税后的剩余部分，商业银行才可以受偿。如果商业银行私自处置抵押物进行受偿，税务机关知道后有权在抵押物价值范围内向商业银行追偿欠税企业应缴的税款。

【企业欠税风险】

1. 商业银行在信贷调查过程中应通过各种途径获知企业是否欠税和欠税的时间、金额；

2. 通过税务机关在媒体上对纳税人欠税情况的定期公告，了解抵押人是否欠税；

3. 直接要求房地产开发企业说明其纳税情况，提供完税凭证；可以把开发企业已经缴清税款作为银行接受在建工程抵押贷款的前提条件。

【土地使用权抵押转为在建工程抵押过程中的操作风险及防范】

由于我国土地和房地产的登记部门不同，土地使用权抵押在土地管理部门登记，在建工程抵押则在房地产管理部门登记，在将土地使用权抵押转为在建工程抵押的过程中，必须签订新的抵押合同，并重新办理登记，原有的抵押合同和登记必须注销，否则就构成了重复抵押。

首先，作为抵押物的土地使用权已被法院或其他司法部门查封的，此时银行若到登记机关注销了原登记，却因为抵押物已经被查封而无法办理新的登记，一旦注销后甚至连恢复原状也无法做到。

其次，土地使用权虽然没有被查封，但在银行办理注销土地使用权抵押登记后、在建工程抵押权登记前的短暂时间内，抵押物突然被查封，此时，在建工程抵押权登记也无法办理。因为，根据《担保法》第三十七条第五项的规定，依法被查封的财产是不能抵押的。另外，《城市房地产抵押管理办法》第三十四条第二款规定："抵押的房地产在抵押期间竣工的，当事人应当在抵押人领取房地产权属证书后，重新办理房地产抵押登记。"注销在建工程抵押、重新办理房地产抵押登记的过程中也可能存在上述风险。

银行在因办理土地使用权抵押转为在建工程抵押、在建工程抵押转为房地产抵押而必须重新办理抵押登记时，首先要到登记部门查明抵押物是否被法院或其他司法部门查封，如果被查封的，不得办理新的登记手续，而只能要求借款人归还贷款或依法起诉，要求行使抵押权；抵押物没有被查封的，在办理新的抵押手续过程中，要带好完备的登记资料，力求使登记手续在尽量短的时间里完成，同时做好保密措施，防止借款人的其他债权人获悉后通知司法机关查封抵押物。

【在建工程抵押办理保险过程中的风险及防范】

《城市房地产抵押管理办法》第二十三条规定："抵押当事人约定对抵押房地产保险的，由抵押人为抵押的房地产投保，保险费由抵押人负担。抵押房地产投保的，抵押人应当将保险单移送抵押权人保管。在抵押期间，抵押权人为保险赔偿的第一受益人。"

根据我国《保险法》的规定，不管在保险责任开始前或者保险责任开始后，投保人都可以向保险人要求解除保险合同（退保）。虽然抵押权存续期间，保险单正本在银行保管，但并不能排除投保人中途声明保险单丢失进而办理退保的情况。

《保险法》第四十九条规定："保险标的转让的，被保险人或者受让人应当及时通知保险人，但货物运输保险合同和另有约定的合同除外。因保险标的转让导致危险程度显著增加的，保险人自收到前款规定的通知之日起三十日内，可以按照合同约定增加保险费或者解除合同……被保险人、受让人未履行本条第二款规定的通知义务的，因转让导致保险标的危险程度显著增加而发生的保险事故，保险人不承担赔偿保险金的责任。"此时，如果投保人不履行对保险公司的通知义务，作为第一受益人的银行也不知情，保险合同因而被保险人解除或保险人依法不承担赔偿责任，银行所持有的保险单等同于一张废纸。

在办理在建工程抵押保险的过程中，应要求抵押人按照银行指定的险种、投保金额到与银行有合作关系的保险公司办理财产保险，并要求在保险单中约定："除非经过保险受益人（银行）的书面同意，投保人以任何理由中断或撤销保险要求的，保险人不得接受。"同时，银行应在与保险公司的合作协议中约定："涉及银行利益的保单中，投保人声明保单丢失或要求中断、撤销保险的，保险公司应该及时通知银行。"抵押人不缴纳保险费或中途中断、撤销保险的，银行应以自己的名义对该抵押物进行保险，要求抵押人负担保险费用，否则要求借款人归还贷款。

1. 土地权属

在建工程的土地权属有两种性质，分四种情况，即以出让方式取得的国有土地使用权、以租赁方式取得的土地使用权、以无偿划拨方式取得的国有土地使用权、集体所有制土地使用权。不同的权属性质和情况，其抵押评估价值内涵和被评估在建工程即将发生的经济行为是不完全相同的。

2. 项目权属

对在建房地产项目的抵押贷款评估，要查明委估房地产项目是否属于联建项目或是否有参建单位、委托单位对委估的在建项目整体或部分是否确实拥有所有权。若委托单位是委估对象的主建单位，另有一个或两个参建单位，则参建单位的价值不属于委托单位所有，其价值不属于委估房地产的抵押范围；若委估房地产项目是联建项目，则委托单位对委估对象拥有的权利部分是多少？因此，评估人员必须对上述情况进行充分的调查，特别是要搞清楚项目公司组成各方的权利状况以及各方之间的经济合同在法律上是否有效等。评估人员只能就委托单位对委估房地产项目所实际拥有的权利部分进行抵押价值评估。

3. 工程进度

在估价实务中，各个委估在建项目完成的在建工程量各不相同，有的刚刚完成了设计地坪以下的基础工程（包括地下室结构部分），有的刚刚完成了裙房的结构部分，有的已完成全部的结构封顶等。大部分的项目，其装修及设备安装工程还没有进行。对于上述不同的情况，评估时必须准确地把握在建工程项目的实际完成进度，即把握其已完成的实物工程量；对于那些未安装并固定在建筑物主体上的材料和设备，就不能纳入在建房地产项目的评估范围。因此，在对在建工程进行抵押价值评估时，不能简单地根据工程的实际投资进度来评估其价值。

4. 销售状况

有些委估的房地产在建项目，已领有商品房预售许可证，并预售了部分楼盘。评估抵押价值时，必须清楚地把握两个问题：一是预售许可证所允许预售的楼层及其建筑面积，即可售部分；二是开发商已实际出售了多少建筑面积。评估时必须将已售部分的在建实物工程量价值和相应的土地使用权价值从整个在建房地产项目的评估值中扣除，因为已售部分楼盘的权利已不属于委托单位所有，委托人无权将其抵押。

【适用客户】

房地产开发商、正在进行厂房投资建设的中型制造企业。

【文本示范】

在建工程抵押贷款合同

抵押人＿＿＿＿＿＿愿将其在建工程作为抵押物，以担保债务按期清偿，担保的范围为抵押贷款的本息及罚息，经与抵押权人＿＿＿＿＿＿协商，于＿＿＿＿年＿＿＿月＿＿＿日在＿＿＿＿＿＿＿签订本抵押贷款合同。

一、抵押在建工程状况：＿＿＿＿＿＿＿＿。

1. 坐落位置：_____区_____街（路）_____胡同_____号。开工许可证_____号。工程设计总面积：_____平方米。

2. 建筑结构：_____。设计层数_____。用途：_____。

3. 资金来源：_____。计划批准文号：_____。工程总造价：_____元整。

4. 已完成部分：层数_____。建筑面积_____平方米。评估现值：_____元整。

5. 土地使用权取得方式：_____。使用年限：_____。

6. 土地面积：_____。地区类别：_____。

7. 土地使用性质：_____。土地证号：_____。

8. 土地评估现值：_____元整。

9. 在建工程及土地总值：_____元整。

二、抵押人将上述在建工程全部/部分抵押给抵押权人，并将在建工程有关要件（计划批件、规划许可证、用地许可证、开工许可证、_____）交_____保管。

三、抵押权人同意在建工程评估现值_____%以内提供贷款。贷款总额为：（币种：_____）_____元整。

抵押贷款期限：_____个月，从_____年____月____日至_____年____月____日。

付款方式：_____。

四、抵押人保证将该款项用于_____。抵押人同意按本合同所定之贷款利率（年/月利率）_____%支付利息。如遇国家调整利率或计息办法，自调整之日起按调整后的规定计息。

五、还款方式：_____。

六、双方商定，抵押在建工程的保险事宜按以下第_____款办理。

1. 由抵押人向保险公司投保。保险费用由抵押人负担，保险凭证交抵押权人保管。在本合同有效期内，当抵押工程因保险事由毁损灭失时，抵押权人为该保险赔偿金支配人。保险赔偿金如不足以清付贷款本息和罚息，抵押权人有权另行追索。已投保的，填写下列（1）（2）款。

（1）投保价值：_____元整。

（2）保险期限：_____个月，从_____年____月____日至_____年____月____日。

2. 双方另行约定。

（1）依照法律追回欠款，在欠款尚未追回的情况下，抵押权人有权依法对抵押工程及土地使用权提出诉讼保全。

（2）向房地产市场管理部门提出申请，对抵押工程及土地使用权进行拍卖，拍卖所得价款按有关规定依次偿还，若不足以清偿贷款本息及罚息，抵押权人有权另行追索；若超出所欠贷款本息及罚息，所余部分返还给抵押人。

七、抵押期内，抵押人必须保证该工程的安全、完整，正常施工。其贷款的使用应接受抵押权人的监督、检查。

八、抵押期内，未取得抵押权人书面同意，抵押人不得将该工程转让或以其他交易方式处置。

九、抵押期内，抵押人必须缴纳有关部门对该工程所征收的任何税费，并保障该工程免受扣押或涉及其他法律诉讼。

十、抵押权人未按本合同约定的期限、金额给付贷款的，抵押人有权要求支付违约金或赔偿实际损失。

十一、抵押人不依约履行本合同任何条款，或逾期不能偿还贷款本息的，抵押权人有权处置。

十二、企业法人分立、合并或更名的，本合同的权利与义务随之转移、变更。

十三、抵押人还清贷款本息及罚息，并同时已全部履行本合同各项条款，抵押关系即告终止。抵押权人应会同抵押人在十日内到房地产市场管理部门办理合同注销手续。

十四、本合同的附件：_____等，构成本合同的整体。完整的合同整体方具有法律效力。本合同一式_____份，抵押双方各执_____份，房地产市场管理部门存档一份。

十五、本合同经房地产市场管理部门登记鉴证方可有效。

十六、特约：_____。

抵押人（盖章）：_____　　抵押权人（盖章）：_____

地址：_____　　　地址：_____
法定代表人（签名）：_____　　法定代表人（签名）：_____
经办人（签名）：_____　　　经办人（签名）：_____
_____年___月___日　　　_____年___月___日

【产品二十五】央企并购贷款

【产品定义】
银行向央企核心母公司发放的,专项用于央企整合并购资产等用途的特定贷款。

【基本条件】
申请客户应符合以下条件:
1. 国资委直接监管的央企;
2. 具备央企整合概念;
3. 有健全的组织机构、经营管理制度和财务管理制度;
4. 在银行开立结算账户;
5. 银行评定信用等级在AA级(含)以上;
6. 其他条件。

【适用客户】
并购多发生在整合领域,如煤炭、钢铁、汽车、水泥等行业。国资委鼓励央企对过剩资源进行整合,"合并同类项"。

【营销建议】
银行应当积极关注国家发展改革委、国资委关于央企整合的基本政策规定,进行自上而下的营销。

【授信额度】
5亿~10亿元。

【期限】
整个项目并购期间,直至项目产生的现金流覆盖贷款本息,通常为5~10年。

【产品二十六】开发商并购贷款

【产品定义】

开发商并购贷款是银行向大型开发商发放的，用于并购持有土地资源的中小开发商的一种特定贷款。

股权收购是指以目标公司股东的全部或部分股权为收购标的的收购，通过持有目标公司的股权而间接地持有房地产项目。

股权收购既包括全资和绝对控股型的收购，也包括非控股的参股型收购。此种模式又可细分为股权转让方式收购和增资扩股方式收购。股权转让方式为大家所熟悉，就是双方签订股权转让协议，办理相关变更登记。所谓增资扩股方式收购，即收购方以现金或其他资产对目标公司进行增资，增资后收购方持有目标公司一定比例的股权。

股权收购的交易主体为收购方和目标公司的原股东，不需要征得目标公司的同意，交易的决策权在股东手里。

在股权转让模式下，收购方收购目标公司原股东的全部或部分股权，达成协议后签订股权转让协议，然后到工商部门办理相应的变更登记。

采取增资扩股方式进行收购，具体来说，由收购方即增资方与目标公司原股东签订增资协议，对增资额和增资后各方所占股权比例作出约定，然后由会计师出具验资报告，并到工商部门办理变更登记。如果目标公司是外商投资企业，或增资后目标公司由内资企业变更为外商投资企业，则需要经相关商务部门批准，再办理工商变更登记，即在采用股权收购的方式时，一般情况下，无须缴纳增值税、营业税、所得税、契税等高额税费，大大降低了收购总体价格，而且收购前开发成本和资金占用利息可以全额计入此后项目总成本，有利于降低今后项目处置的土地增值税。

在法律程序上，股权收购操作相对简单，收购方与目标公司股东达成股权收购协议，办理工商变更登记，取得目标公司的股权优势后，再进行董事、监事改选即可。

【基本条件】

申请客户应符合以下条件：

1. 国内知名品牌开发商；
2. 资信状况良好，具备履行合同、偿还债务的能力；
3. 有健全的组织机构、经营管理制度和财务管理制度；
4. 在银行开立结算账户；
5. 被并购对象土地资源丰富；
6. 无不良信用记录；
7. 其他条件。

【适用客户】

国内排名进入前 50 强的顶尖开发商。

【风险】

1. 存在或有负债。虽然采取股权收购方式，收购方仅在出资范围内承担责任，目标公司的原有债务仍然由目标公司承担，但因为目标公司的原有债务对今后股东的收益有着巨大的影响，对于目标公司的或有债务在收购时往往难以预料，所以股权收购存在一定的负债风险。

2. 被收购企业的税务义务以及由此产生的法律责任（包括原应尽而未尽的义务、新纳税义务）均由新股东承继。在信息不对称的情况下，收购方很可能掉入被收购方设计的陷阱，导致收购方有可能要为被收购方的股东买单。

【额度】

贷款金额不超过并购金额的 50%。

【期限】

一般 3~5 年。大型开发商进行并购后，通常开盘速度较快，现金迅速回流，完全可以归还贷款。

【案例】

国内首例房地产并购贷款出炉

兴业银行北京分行、北京产权交易所（以下简称北交所）、北京市华远置业有限公司（以下简称北京置业）三方在京签订"开发并购贷款合作框架协议"。其中，兴业银行北京分行提供第一笔6亿元并购贷款给北京置业，北京置业将其中1亿元用于长沙项目的收购。兴业银行北京分行当天还与北交所签订并购贷款合作协议。兴业银行总行投资银行部总经理表示，这是银行业与房地产企业在并购贷款上的首次合作。

【产品二十七】上市公司并购贷款

【产品定义】

上市公司并购贷款是指银行对上市公司发放的，专项用于并购的一种特定贷款。

【基本条件】

申请客户应符合以下条件：

1. 有真实、合法的项目背景；
2. 资信状况良好，具备履行合同、偿还债务的能力；
3. 有健全的组织机构、经营管理制度和财务管理制度；
4. 在银行开立结算账户；
5. 未受证监会处罚；
6. 无不良信用记录；
7. 其他条件。

【适用客户】

国内行业排名靠前的优质上市公司，有较强的增发、配股等能力，声誉较佳。

【营销建议】

银行可以重点对国内优质上市公司进行营销，尤其是与证券公司合作，由证券公司推荐客户资源。

【风险防范】

1. 规避从事资本运作的空壳型上市公司并购贷款。
2. 识别被并购对象价值，防范被并购对象与上市公司之间没有任何协同，引发并购失败风险。

很多上市公司大股东恶意掏空上市公司，利用自己的大股东地位，收购自己的资产，或者被收购对象刚刚设立，没有任何现金流，经营不稳定。此类方式对金融机构而言风险极大。

【额度】

一般为1亿~5亿元。

【期限】

一般为3~5年。

【案例1】

××股份有限公司与G银行杭州分行签署贷款合同，将持有的公司控股子公司丁公司50%的股权质押，向G银行杭州分行申请的并购借款不超过2亿元人民币，期限不超过5年，用于置换该公司收购丁公司股权的部分转让款。同时，该公司将授权公司董事长根据公司实际情况在上述贷款额度内确定最终贷款银行及办理贷款的手续，并代表公司签署办理贷款手续所需合同、协议及其他法律文件。具体情况如下：

一是根据《关于以自筹资金收购丁公司18.52%股权暨关联交易的议案》，公司拟通过自筹资金收购丁公司18.52%的股权；审议通过了《关于公司发行股份及支付现金购买资产并募集配套资金暨关联交易的议案》，公司拟以发行股份及支付现金的方式购买交易对手持有的丁公司合计81.48%的股权。

二是现根据公司的发展规划及资金安排，公司董事会同意以持有的公司控股子公司丁公司的50%股权质押，向G银行杭州分行申请并购借款不超过2亿元人民币，期限不超过5年，用于置换公司收购丁公司股权的部分转让款。具体贷款银行、贷款额度、贷款利率、担保、抵押的金额与期限等以实际办理及银行审批结果为准。

并购贷款协议的主要内容如下：

1. 贷款银行：G银行杭州分行。
2. 贷款金额：不超过2亿元人民币。
3. 贷款期限：不超过5年。
4. 贷款用途：置换公司收购丁公司股权的部分转让款。
5. 贷款的担保：公司以持有的丁公司50%的股权提供质押担保。

具体贷款、股权质押的内容以签订的相关合同内容为准。

【案例2】

A公司关于向银行申请并购贷款的公告

A公司通过现金方式收购股权及增资取得B公司51%的股权，合计投资金额为38000万元。根据A公司的发展规划和资金安排，A公司决定向N银行上海分行（以下简称贷款行）申请金额不超过19000万元人民币的并购贷款，贷款期限为5年，贷款金额、期限以贷款行最终审批为准。该并购贷款以A公司持有的B公司51%的股权作为质押，以A公司全资子公司C公司的厂房作为抵押，并由A公司控股股东D公司提供连带保证责任。

【案例3】

E公司关于向银行申请并购贷款的公告

一、并购贷款概述

E公司与H银行北京中关村支行签署贷款协议，将其持有的F公司99.56%的股份质押给H银行北京中关村支行，申请不超过4.63亿元人民币的并购贷款，用于置换收购F公司股份支付的部分转让价款，融资期限3年，利率参考市场价格确定。

二、并购贷款协议的主要内容

1. 贷款银行：H银行北京中关村支行。
2. 贷款金额：不超过4.63亿元人民币。
3. 贷款期限：融资期限3年。
4. 贷款用途：用于置换E公司收购F公司支付的部分转让款。
5. 贷款的担保：F公司99.56%的股份质押，最终的贷款及质押情况以双方签署的相关协议为准。

【产品二十八】项目尾款 ABS

【产品定义】

项目尾款 ABS 是银行协助开发商进行项目尾款资产证券化的一种特定融资业务。

房地产资产证券化的方式有购房尾款 ABS、物业费 ABS、供应链 ABS、REITs、CMBS 等。其中,购房尾款 ABS 作为最主要的房地产证券化产品,是将房地产销售阶段产生的应收账款作为基础资产发行资产支持证券进行融资。

购房尾款专项资产管理计划如图 1-48 所示。

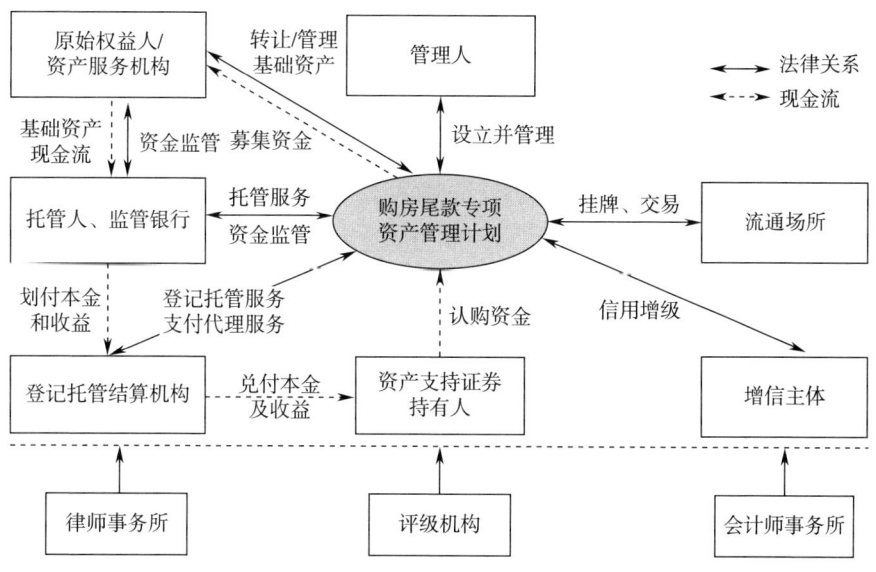

图 1-48 购房尾款专项资产管理计划

【基本条件】

申请客户应符合以下条件:
1. 有真实、合法的项目建设背景;

2. 资信状况良好，具备履行合同、偿还债务的能力；

3. 有健全的组织机构、经营管理制度和财务管理制度；

4. 在银行开立结算账户；

5. 银行评定的信用等级在 AA－级（含）以上的企业，或经营正常、现金流量充足的未评级企业（低风险业务除外）；

6. 无不良信用记录；

7. 项目销售情况良好；

8. 其他条件。

【适用客户】

国内知名开发商的按揭尾款。

【营销建议】

银行可以积极营销国内知名开发商的财务部门，帮助这些开发商盘活资金。

【交易流程】

1. 专项计划设立

认购人与管理人签订认购协议，将认购资金委托管理人管理。募集资金到达法定额度后，管理人设立并管理专项计划。

2. 基础资产购买

管理人与原始权益人签订资产买卖协议，将专项计划募集资金用于向原始权益人购买基础资产。

3. 基础资产管理服务

资产服务机构与管理人签订服务协议，负责对基础资产进行管理，包括但不限于应收账款回收款的收取管理、相关通知及查询、资料移交与保管等基础资产管理工作。

4. 应收账款回收及托管

监管银行根据监管协议的约定，在回收款转付日依照管理人的指令将基础资产产生的现金进行划付；托管银行根据托管协议对专项计划资产进行托管。

5. 专项计划分配

管理人根据计划说明书及相关文件的约定，在相应分配日及兑付日发出分配指令,将当期分配资金划至登记托管机构指定账户,再由登记托管机构支付至资产支持证券持有人的资金账户。

【购房尾款资产证券化项目的意义】

1. 减轻回款压力

房地产行业属于资金密集型行业,在房地产开发过程中,房地产企业往往面临较大的资金压力,只有在楼盘开盘销售后,开发资金才能逐步回笼。由于商品房买卖标的额大,普通购房者无法一次性支付大额的购房款,需要借助银行按揭或分期付款的方式购房。在房地产企业与购房人正式签署购房合同后,后续的购房尾款需要等待银行贷款审批及购房人的分期支付。银行或住房公积金管理中心根据购房人的资质等相关贷款申请资料对贷款申请进行审核,贷款审批流程大概需要3~6个月的时间。因此,楼盘在开盘销售后,即使销售的业绩良好,房地产企业想要拿到全部的购房资金,也需要等待3个月甚至更长的时间。同时,进行新一轮的开发建设又有大量的资金需求,需要迫切解决资金回笼问题。

2. 获得更高的信用评级,降低融资成本

房地产企业的融资途径一般有银行贷款以及发行企业债券、中期票据、公司债券等债务融资工具。通过上述方式进行债务融资时,均需要对融资主体进行信用评级,发债的实质信用基础为房地产企业主体信用。发行资产证券化产品,不需要依赖房地产企业本身的信用等级,其信用基础可根据基础资产真实出售的情况及风险隔离程度的不同,而单独对资产进行信用评级,决定资产证券化产品的信用等级,或采取"资产信用+主体信用"的方式增加资产证券化产品的信用等级。

3. 优化财务状况,改变商业模式

房地产企业通过资产证券化产品的发行,可以增强企业资金的流动性,优化企业的资产结构。根据真实出售情况的不同,针对表内的固定资产,可以达到轻资产模式的表外运营目的,同时募集到的资金也可以不受用途限制,对房地产企业来说,是盘活资产、改善现金流状况的理想方式。

【案例】

碧桂园地产集团有限公司作为原始权益人的"碧桂园—天风购房尾款

资产支持专项计划"获得深交所审核通过，项目规模 19.1 亿元。通过发行购房尾款 ABS 产品，碧桂园得到一次性出售基础资产购房尾款的对价，获得原本需要长时间回笼的资金，大大减轻了回款压力，有力保证了后续的开发建设。

【产品二十九】4S 店建设项目贷款

【产品定义】
4S 店建设项目贷款是指银行向 4S 店的经销商提供的专项用于建店，以经销商的经营收入进行还本付息的专项贷款。

【适用客户】
一线品牌厂商专营店建设投资。

【营销建议】
银行可以关注国内经营状况较好的知名汽车经销商集团进行重点营销。

【授信额度】
在北京、上海等特大型城市，高端 4S 店建设投资一般在 1000 万元左右，银行可以考虑提供 500 万元左右的贷款。

【基本规定】
经销商建店融资应根据建店项目资金来源、用款计划，合理确定贷款额度，贷款金额不得超过建店总投资额的 70%；对经销商自行购地建店融资的，贷款金额不得超过建店总投资额的 60%，并测算在贷款期内，4S 店经营所产生的稳定的经营性净现金流，保证能够按期归还贷款本息，两种计算方法以孰低为原则。同时，对建店融资项目投资总额中的各科目应根据汽车厂平均建店标准进行严格对比审核，防止虚增投资总额。经销商建店融资要求经销商控股股东提供连带责任保证。

对经销商自行购地建店融资的，贷款申请人项目资本金（所有者权益）比例不得低于总投资的 40%，其他建店方式可不低于 30%，资本金应通过银行账户监督支付全部使用完毕后方可启用银行贷款。

【授信期限】
授信考虑在 3~5 年期限为妥。

【经销商建店融资方式】

1. 经销商自行购地建店融资，即经销商以已购得的土地建设4S店，银行给予经销商建店融资支持。

2. 经销商抵押建店融资，即经销商以土地和4S店或其拥有的其他房产作为抵押物，购地或租地建设4S店，银行给予经销商建店融资支持。

3. 经销商集团抵押建店融资，即经销商集团以土地和4S店或其拥有的其他房产作为抵押物，购地或租地建设4S店，用于集团内经销商4S店的品牌销售，银行给予经销商集团建店融资支持。

4. 厂商抵押建店融资，即汽车或工程机械厂商以土地及厂房或其拥有的其他房产为抵押物自行建造4S店，以租赁形式出租给经销商用于本品牌产品销售，银行给予核心厂商建店融资支持。

5. 厂商担保项下的经销商建店融资，即核心厂商对购地建店的经销商提供担保，且核心厂商承诺经销商建店项目竣工并取得正式产权后，项目形成的全部固定资产抵押给银行，银行给予经销商建店融资支持。在厂商担保项下，银行不接受无法形成正式产权的经销商建店融资申请，如经销商租地建店融资申请等。

【办理抵押应具备的基本条件】

1. 需要以土地和4S店或其拥有的其他房产作为抵押物办理抵押贷款或建店融资的经销商、经销商集团及厂商必须以已取得正式产权手续的土地证、房产证为抵押；

2. 经销商自行购地建店融资，经销商已经购得土地，取得了国有土地使用证等"四证"项目建设期以项目购置土地及在建工程为抵押，且承诺经销商建店项目竣工并取得正式产权后，项目形成的全部固定资产一并办理抵押；

3. 厂商担保项下的经销商建店融资，核心厂商对经销商的建店融资提供担保，经销商建店完工取得正式产权后，项目形成的全部固定资产一并办理抵押，或以经销商其他等值房产办理抵押。

【不接受下列土地使用权抵押】

1. 划拨土地使用权、集体所有的土地使用权。

2. 所有权、使用权不明或有争议的土地使用权，违章建筑及已列入拆迁范围的房屋、设施。

3. 军事设施，以及学校、幼儿园、医院等以公益为目的的事业单位、社会团体教育设施用地、医疗卫生设施用地和其他社会公益设施用地使用权。

4. 依法被扣押、监管的土地使用权，国有土地使用权已抵押登记的地上房屋所有权，地上房屋所有权已经抵押登记的国有土地使用权作为抵押物。

5. 《闲置土地处置办法》（中华人民共和国国土资源部令第53号）规定的闲置土地使用权；以出让方式取得土地使用权，满两年未动工开发，可以无偿收回的土地使用权。

6. 无正式产权的建筑物和临时建筑物作为抵押物。

7. 法律、行政法规规定不得抵押的其他类型土地使用权。

8. 已经抵押给其他债权人的土地使用权；未按土地出让合同约定支付全部土地使用权出让金，并取得土地使用权证书的。

9. 房地产开发公司拥有的以商品房开发为用途的土地使用权等。

10. 银行不接受空置3年以上的商品房作为贷款的抵押物。

【其他抵押物的评估】

1. 抵押物自建成交付使用之日起，至借款人提出贷款申请之日，未满一年的，买卖合同价可以视为抵押物价值，无须另行评估，但须满足以下条件：抵押物自非关联方买入，且抵押物自建成交付使用之日起不满一年；当地有较多同类财产交易记录，经办单位调查并确认，该抵押物的买卖合同价格符合近期市场行情，不存在虚高情况。

2. 交付使用超过一年的，则必须由银行认可的专业评估机构进行评估、确认。

【贷款效益性的调查】

1. 从建店融资项目所处地段、品牌的特定店面设计要求、质量设计标准、周边环境等方面，与同类项目的销售相比，预测市场前景；

2. 后期经销商销售给银行存款、中间业务等带来的综合效益；

3. 调查其以往销售情况，预测建店后的销售日期及销售收入，分析市场风险。

【建设一个汽车 4S 店的成本项目】

1. 购买或租土地；
2. 按汽车厂家的要求建设展示大厅、维修工厂、仓库；
3. 人员招聘培训费用；
4. 获得汽车代理权的费用；
5. 购买第一批销售的汽车费用。

【文本示范】

4S 店建店贷款财务监管协议

甲方：

地址：

电话：

经办人：

乙方：_____银行_____分行（支行）

地址：

电话：

经办人：

根据甲乙双方签订的第_____号人民币借款合同的规定，为确保甲方建店融资项目_____（项目建设地点为_____，以下简称该项目）的顺利完成，保障该项目的贷款银行（乙方）的信贷资金的安全，甲乙双方经协商同意由乙方为该项目的财务监管银行，在建店融资期间实施财务监管，甲方自愿接受乙方的监督和管理，有关具体的监管内容如下：

第一条　监管范围

本协议所称的财务监管是指对该项目所发生的建设费用及建店后的汽车销售资金进行专项资金跟踪监督，即通过设立支出监管账户、收入监管账户，对该项目内的所有工程款、材料和设备款以及与该项目有关的费用支付、汽车销售收入的资金回笼和贷款归还办法等均列入本监管协议的范围。

第二条　账户设置

一、甲方在乙方开立如下银行账户作为支出监管账户、收入监管账户，该类账户除预留甲方人员的印鉴外，还预留乙方授权的客户经理的印鉴。支出监管账户用于核算乙方注入的贷款资金，收入监管账户核算甲方投入该项目的自筹资金、汽车销售收入及其他资金。

支出监管账户名称：_____

开户行：_____

账号：_____

收入监管账户名称：_____

开户行：_____

账号：_____

二、甲方在乙方开立如下账户作为结算账户，用于结算往来。结算账户不预留乙方授权人员的印鉴，但支付仍需符合该项目的建设用途。

结算账户名称：_____

开户行：_____

账号：_____

第三条　监管内容

根据甲乙双方签订的_____号人民币借款合同的规定，贷款资金用于该项目的建设，该项目的汽车销售收入应用于归还乙方的贷款本息，乙方对该项目实施如下监管：

1. 乙方按照该项目进度计划，确定一次性或分次发放、多次支取的方式，将贷款资金根据工程实际进度情况划入甲方的支出监管账户。乙方授权的监管员按甲方提供的项目用款计划、工程进度计划、材料设备采购计划及经核实的工程实际完成情况，对项目用款进行逐笔审核。

2. 乙方对甲方的下列收入进行监管，以保证项目回笼资金用于该项目的建设和归还乙方贷款本息：

（1）全部定金收入；

（2）全部汽车销售收入；

（3）全部汽车销售合同、材料设备供应合同、工程承包合同、市政配套合同等所形成的相关权益，包括甲方根据上述合同从索偿、仲裁或判决中应收或已收的全部收入。

第四条 项目用款审核方式

建店融资项目建设期内发生的工程建设费用实行监管审核制。甲方定期（按季/按月）就本季/本月内需要对外支付的费用，向乙方提供有关的用款依据，经乙方监管员审核并签章认可后，将支出监管账户或收入监管账户的资金对外支付。

第五条 双方权利与义务

一、乙方的权利与义务

（1）根据项目的实际情况，对项目建设过程中资金的用途、支付时间和金额进行财务监管和协调，保证项目资金专款专用，推动项目顺利实施。

（2）定期检查该项目的结算账户及有关企业账户，发现甲方有违反规定将资金挪用到其他地方等行为的，乙方有权立即停止对甲方的一切贷款的划付，并要求甲方提前还款。如甲方不还款，乙方有权处分抵押物或要求担保人承担保证责任。

（3）参加甲方通知的该项目有关会议，动态了解该项目的实施情况。

（4）随时了解该项目的建设和汽车销售情况，检查汽车销售资金的回笼情况。

（5）有权根据双方协商的还款比例要求甲方及时归还贷款。

二、甲方的权利和义务

（1）提供与该项目有关的资料（包括该项目权证、合同、预决算报告等）供乙方备案，并保证资料的真实性和时效性。

（2）定期（按月/按季）编制项目用款计划，交乙方核定。若在执行过程中确需超过该月/季已核定的额度，甲方应及时提出超额的原因及需追加的额度，经乙方核定后予以调整。

（3）根据乙方要求定期向乙方提供该项目对外支付明细情况，并随时接受乙方对该项目财务收支情况的检查与核对。

（4）有责任通知乙方参加与该项目建设有关的重要会议，包括涉及该项目的各项重大经济活动。

（5）每月向乙方提供汽车销售情况表，包括汽车销售合同、合同金额、付款计划表和资金回笼情况。

（6）甲方在签订汽车销售相关协议时，应在合同及协议中明确载明付款方应将资金划入甲方在乙方处开立的收入监管账户（账号为_____）。

（7）若甲方根据其与外界签订的合同支付了款项（如工程款、材料设备款、配套费等）而合同对方发生违约事件，甲方应及时书面通知乙方。

（8）在该项目建设期进行财务监管期间，主动配合乙方的监管工作，为乙方监管人员提供工作上的各种便利。

第六条　保证条款

一、甲方承诺

（1）在还清乙方贷款本息前，不将支出监管账户或收入监管账户的资金挪作他用；

（2）建店后的销售资金全部进入收入监管账户；

（3）向甲方提供的所有资料包括用款依据均真实、有效；

（4）在借款期间，建店后只使用乙方的网络进行销售，经营销售所产生的资金结算、代收代付等中间业务只在乙方办理。

二、如甲方未依约履行上述承诺，或未遵守本协议规定的其他义务，即构成违约，乙方将视情况采取以下一种或多种措施：

（1）宣布贷款额度部分或全部取消，乙方所承诺的放贷义务立即部分或全部解除；

（2）宣布贷款立即全部或部分到期，甲方立即清偿贷款本息及其他应付费用。

第七条　其他

该项目的财务监管期限，自开始发生贷款时起到贷款本息还清时止。其中，该项目回笼资金的监管期限，自甲方建店后进行汽车销售开始到贷款本息还清时止。

第八条　附则

本协议经甲乙双方法定代表人或授权代理人签字并加盖双方公章后生效，在执行过程中如发生变化，双方本着平等、互利互惠的原则友好协商解决。

本协议一式两份，甲乙双方各执一份。

甲方：（签章） 乙方：（签章）

法定代表人或 法定代表人或
授权代理人 授权代理人
日期： 日期：

【产品三十】棚户区改造项目贷款

【产品定义】

银行向从事棚户区改造项目的投资主体发放的,专项用于项目建设的贷款。

【基本条件】

申请客户应符合以下条件:

1. 有真实、合法的项目建设背景;
2. 资信状况良好,具备履行合同、偿还债务的能力;
3. 有健全的组织机构、经营管理制度和财务管理制度;
4. 在银行开立结算账户;
5. 银行评定的信用等级在 AA - 级(含)以上的企业,或经营正常、现金流量充足的未评级企业(低风险业务除外);
6. 无不良信用记录;
7. 投标项目须为省级(含)以上的重点项目;
8. 其他条件。

【适用客户】

一般是具有政府背景的开发商。

【营销建议】

城市扩容提质及新区建设涉及的棚改、"三旧"改造涉及的棚改、国有工矿及华侨农场涉及的棚改、新型城镇化建设涉及的棚改、重大项目和园区建设涉及的棚改。

【棚改项目申报及贷款审批流程】

项目申报及贷款审批流程详见图 1-49。

1. 政府提出棚改项目,由住建部门确定项目红线范围,同时开展摸底调查工作(由街道办或村组完成粗略的摸底调查即可,不需要达到每家每户上门调查的精确程度)。

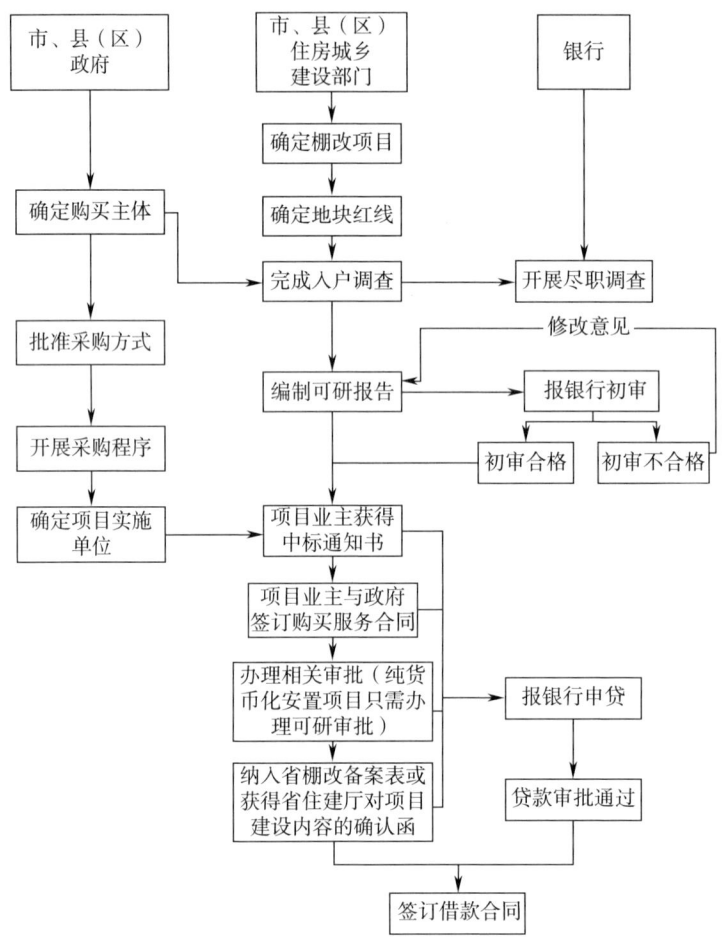

图 1-49　项目申报及贷款审批流程

2. 市、县（区）政府召开专题会议，出台相关文件或者形成会议纪要，明确棚改项目购买主体、采购方式（若采用非公开招标，需要报市财政局批复采购方式）。

3. 采购主体或拟确定的承接主体启动项目可研报告编制工作，银行可同时介入项目前期包装策划，开展尽职调查。可研报告初稿完成后报银行初审，银行提出修改意见和建议，直至可研定稿。

4. 采购主体及财政等相关部门配合，启动采购程序，确定承接主体。

5. 确定承接主体完成公示并获得中标通知书后，承接主体与采购主体签订购买服务协议，办理相关行政审批事项（纯货币化安置项目只需要办理可研审批），准备项目申贷资料，同时取得项目纳入省棚改备案表或获得省住建厅对项目建设内容的确认函后报银行申请贷款。

6. 银行编写评审报告并开会审议，审批通过后签订项目贷款合同及发放贷款。

【棚改项目资金使用流程】

棚改项目资金使用流程详见图 1-50。

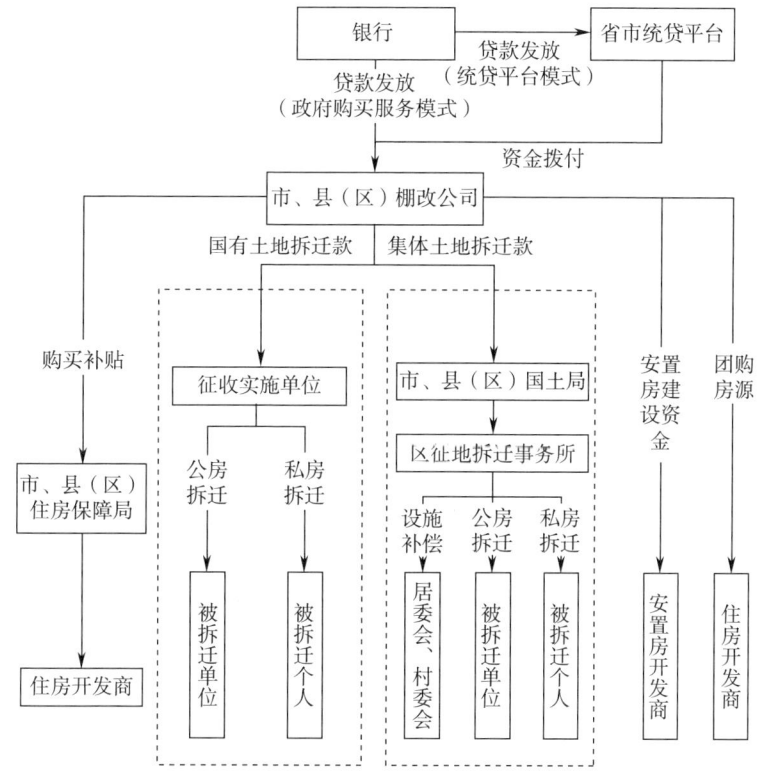

图 1-50 棚改项目资金使用流程

【政府购买服务模式】

政府购买服务模式以市、县（区）棚改公司作为借款人，以政府购买服务协议项下资金作为还款来源，以此承接银行棚改贷款。

统贷平台模式下，银行贷款先发放至省棚户区改造投资有限公司账户，然后再拨付至市、县（区）级平台公司账户。

政府购买服务模式下，银行贷款直接发放至市、县（区）棚改公司账户。

【资金支付路径介绍】

1. 实物安置方式

该安置方式主要指建设定向安置房用于安置被拆迁居民，也称为"产权调换"。银行根据工程计量资料，将贷款资金支付至安置房施工单位。

2. 纯货币安置方式

该安置方式主要指向被拆迁居民发放安置补偿款，也称为"拿钱走人"。采用此安置方式时，银行贷款资金先支付至征收实施单位，再由征收实施单位根据拆迁补偿协议签约情况支付至被拆迁单位和个人。

根据拆迁土地性质不同，拆迁实施单位也相应地有所区别。国有土地房屋拆迁一般由市、县（区）征收补偿办公室牵头组织实施，集体土地房屋拆迁一般由市、县（区）国土局牵头组织实施。

【政府组织购买安置房】

该安置方式是指政府组织购买房源，用于安置棚改拆迁居民。银行根据政府或有关部门选定的房源，根据购房协议，将贷款资金支付至房源提供方。

1. 购房补贴

如市、县（区）征收补偿政策有相关规定，被拆迁居民可享受购房补贴，银行可根据房源确定情况将购房补贴分批次支付至市、县（区）住房管理部门，再由管理部门账户支付至房源提供者。

2. 房屋拆除

对于棚户区改造过程中产生的房屋拆除费用，应根据市、县（区）借款人或政府指定部门与负责房屋拆除的公司签署的施工合同，向银行申请贷款资金支付，由银行直接支付至负责房屋拆除的公司。

【案例】

工商银行菏泽分行成功发放首笔棚户区改造项目贷款

工商银行菏泽分行发放首笔棚户区改造项目贷款1亿元,本次是该客户首次提款,后续还将实现3.8亿元的放款。棚户区改造项目贷款对菏泽市棚户区改造的顺利实施提供了积极支持。

棚户区改造是政府改造城镇危旧住房、改善居民住房条件的一项民生保障工程、民心工程。该行高度重视棚户区改造项目,全力支持棚户区改造项目实施。除积极为棚户区居民提供个人住房贷款服务外,在2016年政策允许商业银行直接受理棚户区改造项目贷款业务后,积极拓展棚户区改造项目市场,充分发挥工商银行在支持民生保障方面的作用。本次提款的鄄城县老城区二期广场片区棚户区改造项目总投资6.09亿元,在该行申请棚户区改造项目贷款4.8亿元,本次放款的1亿元全部用于支付209户拆迁户的拆迁补偿款。在达到贷款发放条件后,该行大客户服务项目团队人员加班加点,仅用两天时间便完成了贷款核准流程,用最短的时间为客户完成了贷款发放工作。

【产品三十一】水利建设设施项目贷款

【产品定义】

银行向从事水利建设设施投资的公司发放的定向项目贷款,以水利设施收费收入或国家财政补贴作为主要还款来源。

【政策规定】

2015年3月,国家发展改革委、财政部、水利部发布《关于鼓励和引导社会资本参与重大水利工程建设运营的实施意见》,鼓励和吸引社会资本参与水利建设运营。

【基本条件】

申请客户应符合以下条件:

1. 有真实、合法的项目建设背景;
2. 资信状况良好,具备履行合同、偿还债务的能力;
3. 有健全的组织机构、经营管理制度和财务管理制度;
4. 在银行开立结算账户;
5. 银行评定的信用等级在 AA-级(含)以上的企业,或经营正常、现金流量充足的未评级企业(低风险业务除外);
6. 无不良信用记录;
7. 投标项目须为省级(含)以上的重点项目;
8. 其他条件。

【适用客户】

国家172项重大水利工程、城市防洪排涝与内河治理工程、其他薄弱环节水利工程、贫困地区涉水项目。

【营销建议】

银行客户经理应当关注本地水利局网站,关注本地重点水利建设项目进展,获得信息源。

【额度】

一般为项目投资额度的 30%～50%。

【项目资本金】

项目资本金占总投资比例不低于 20%。

【贷款期限】

中长期贷款期限可长达 10～40 年，宽限期不超过项目建设期，且一般在 3 年以内。

【案例】

农发行紫云县支行贷款 1.5 亿元支持地方水利建设

农发行紫云县支行向紫云自治县长宏土地开发建设有限责任公司发放水利建设中长期贷款 15000 万元，用于支持紫云自治县海子河流域河道治理建设工程项目。该项目贷款审批金额 25000 万元，已全部投放到位。

海子河流域河道治理建设工程项目位于紫云自治县新城区。该项目的建设，能够带动新城区经济发展，消除洪灾影响，提高经济收入，加快当地城镇化建设和新农村建设，进一步提升紫云自治县新城区居住环境和生活条件，加快城乡统筹发展的步伐，提升紫云县城的整体形象。

【产品三十二】地下综合管廊项目贷款

【产品定义】

地下综合管廊是建设在城市地下,用于集中铺设电力、通信、广播电视、给水等市政管线的公共隧道。

地下综合管廊可有效杜绝"拉链马路"现象,让技术人员无须反复开挖路面,在管廊中就可对各类管线进行抢修、维护、扩容改造等,同时大大缩短管线抢修时间。

地下综合管廊项目贷款是指银行向管廊建设运营单位发放的,专项用于管廊建设的特定用途贷款。

【政策依据】

《国家发展改革委、住房和城乡建设部关于城市地下综合管廊实行有偿使用制度的指导意见》(发改价格〔2015〕2754号)

【基本条件】

申请客户应符合以下条件:

1. 有真实、合法的项目建设或商务贸易背景;
2. 资信状况良好,具备履行合同、偿还债务的能力;
3. 有健全的组织机构、经营管理制度和财务管理制度;
4. 在银行开立结算账户;
5. 信用等级在AA-级(含)以上的企业,或经营正常、现金流量充足的未评级企业(低风险业务除外);
6. 无不良信用记录;
7. 申请人当年施工资质须在国家二级(含)以上;
8. 投标项目须为省级(含)以上的重点项目;
9. 其他条件。

【适用客户】

各省市管廊建设运营管理有限公司。

【营销建议】

银行可以积极关注本地地下管廊建设投资情况，进行重点营销。

【项目资本金】

项目资本金占总投资比例不低于20%。

【贷款期限】

中长期贷款期限原则上最长不超过20年，宽限期不超过项目建设期，一般不超过3年。

【贷款利率】

实行优惠利率政策，第一批300亿元专项优惠资金，项目需纳入住建部项目库。

【案例】

农业银行黑龙江省分行向哈尔滨市成功投放首笔2700万元地下综合管廊项目贷款。该管廊系统全长25.5公里，农业银行总行核准该项目融资贷款总额为4.38亿元。该项目贷款的投放将迅速提升哈尔滨市基础设施建设水平，地下管廊系统将全市的供电、供水、燃气、供暖、通信、排水纳入一体化建设。

农业银行黑龙江省分行获知哈尔滨综合管廊项目信息后，主动对接哈尔滨市政府发展战略规划，帮助政府解决融资难题。该省分行领导带头攻关，发挥系统优势，强化高端对接，成功营销哈尔滨市地下综合管廊PPP项目落地农业银行。

据了解，综合管廊属国家倡导建设类型的基础设施，是城市高标准建设的需要，也是城市发展的需要。经评估论证，先期选择主城区的南直路、红旗大街、长江路、宏图街四条干线城市道路以及哈南工业新城、临空经济试验产业区进行综合管廊项目建设。

【产品三十三】海绵城市项目贷款

【产品定义】

银行向从事海绵城市建设的投资主体发放的,用于项目建设的特定用途贷款。

【政策依据】

《国务院办公厅关于推进海绵城市建设的指导意见》(国办发〔2015〕75号)。

【基本条件】

申请的客户应符合以下条件:

1. 有真实、合法的项目建设背景;
2. 资信状况良好,具备履行合同、偿还债务的能力;
3. 有健全的组织机构、经营管理制度和财务管理制度;
4. 在银行开立结算账户;
5. 信用等级在AA-级(含)以上的企业,或经营正常、现金流量充足的未评级企业(低风险业务除外);
6. 无不良信用记录;
7. 投标项目须为省级(含)以上的重点项目;
8. 其他条件。

【适用客户】

具有政府背景、从事海绵城市建设项目实施的主体。

【营销建议】

优先支持与棚户区改造、危房改造、老旧小区有机更新结合的建设项目;鼓励以总承包方式整体打包运作海绵城市建设项目,打造大型专业化建设运营主体;对海绵城市建设项目实施主体提供专项建设基金,补充项目资本金;对纳入住建部项目储备库并采用PPP模式整体打包运作的项目,给予贷款规模倾斜。

【额度】

贷款金额一般为2亿~10亿元。

【期限】

贷款期限为3~5年。

【案例1】

无锡市城市投资发展有限公司为无锡城市发展集团的全资子公司,履行城市建设资金的融资载体、重大建设项目投资主体职能,承担了无锡市环城古运河风光带综合整治等工程。北京建工与无锡市城市投资发展有限公司合作的项目正处于这一风光带沿线,合作协议包括以北京建工参与编制的《海绵城市建设实施方案》为蓝本的22类共计100余个海绵城市提升改造和建设项目,投资金额逾36亿元。

【案例2】

邮储银行宜春市分行成功发放江西省首笔2.65亿元海绵城市建设项目贷款。该笔项目贷款有力助推宜春市中心城区海绵城市建设,为城市建设与环境资源协调发展提供了资金保障,将进一步加快宜春城市整体建设水平,提升城区居民幸福指数。

【产品三十四】医疗卫生项目贷款

【产品定义】

银行向医院、卫生所、急救中心等机构发放的,专项用于医疗卫生设施建设的项目贷款。

【基本条件】

申请客户应符合以下条件:

1. 有真实、合法的项目建设背景;
2. 资信状况良好,具备履行合同、偿还债务的能力;
3. 有健全的组织机构、经营管理制度和财务管理制度;
4. 在银行开立结算账户;
5. 信用等级在 AA-级(含)以上的企业,或经营正常、现金流量充足的未评级企业(低风险业务除外);
6. 无不良信用记录;
7. 申请人获得当地卫生健康委员会批复文件;
8. 投标项目须为重点项目;
9. 其他条件。

【支持范围】

现有市、县人民医院及中医院改扩建;新建公立医院;儿童、精神、妇产、肿瘤、传染病、康复护理等专科医疗机构建设;标准化乡镇卫生院或社区卫生服务中心建设;医学检验检查机构、病理诊断机构、消毒供应机构和血液净化机构等建设;环境污染风险治理,如提高饮用水安全水平和无公害卫生厕所建设;药品生产、供应保障、流通领域改革项目;医学院校、重大科研项目;医养结合、健康服务项目;设备装备购置、医疗卫生服务购买;市政府、县政府关心的其他重点领域。

【项目资本金】

项目资本金占总投资比例不低于20%。

【贷款期限】

中长期贷款一般不超过 20 年，最长可达 30 年。医院项目的宽限期为"建设期+试营业期"，一般为 3～5 年。医药项目中长期贷款可达 15 年，宽限期为建设期，一般不超过 3 年。

【贷款利率】

执行优惠贷款利率。

【专项基金】

为医疗卫生项目提供资本金。

【产品三十五】教育设施项目贷款

【产品定义】

银行向中小学等发放的,专项用于校园建设的中长期项目贷款,以学校综合收入作为还款来源。

【基本条件】

申请客户应符合以下条件:

1. 有真实、合法的项目建设背景;
2. 资信状况良好,具备履行合同、偿还债务的能力;
3. 有健全的组织机构、经营管理制度和财务管理制度;
4. 在银行开立结算账户;
5. 信用等级在 AA-级(含)以上的企业,或经营正常、现金流量充足的未评级企业(低风险业务除外);
6. 无不良信用记录;
7. 申请人当年施工资质须在国家二级(含)以上;
8. 其他条件。

【支持范围】

中小学和职业学校的新建、改造和搬迁。

【项目资本金】

项目资本金占总投资比例不低于20%。

【贷款期限】

中长期贷款一般不超过10年,宽限期不超过项目建设期,且一般在3年以内。

【贷款利率】

执行优惠贷款利率。

【专项基金】

为教育项目提供资本金。

【案例】

中国农业银行青海省分行向西宁市教育局提供 20 亿元贷款用于校园改造

为扩大优质教育资源，促进教育均衡发展，西宁市教育局于 2012 年成立了以西宁市第十四中学、西宁市第五中学、西宁市第七中学等七所中学为核心的七大办学集团，同年农业银行青海省分行与西宁市教育局签署了"全面战略合作协议"，向西宁市教育局提供 20 亿元意向性贷款用于校园改造，对七大办学集团改（扩）建项目提供了信贷资金支持。

通过一期、二期项目已增加教学班 572 个（小学 168 个，初中 172 个，高中 232 个），完成改（扩）建校舍 41 万平方米。

【产品三十六】节能环保项目贷款

【产品定义】

银行向从事水环境保护项目、工业污染治理和循环经济项目、固体废物处理项目、土壤修复项目等项目的企业提供的特定贷款。

【支持范围】

水环境保护项目；工业污染治理、循环经济项目；固体废物处理项目；土壤修复项目。

【项目资本金】

项目资本金占总投资比例不低于25%。

【贷款期限】

根据项目情况确定。

【贷款利率】

执行优惠贷款利率。

【案例】

××绿色建筑产业有限公司资产规模近百亿元，全资、控股子公司30余家，员工4000余人，分布全国15个省市，主营业务涵盖绿色建筑、节能建材及装备、节能环保高新材料等领域。

在节能建材领域，公司长期致力于节能环保技术的进步与产业升级，引领行业发展。公司现有25条新型墙材生产线，年最大产能达25亿块折标砖，产能规模位居亚洲第一，可满足2000万平方米节能建筑的需求，实现了品牌化、规模化发展模式。每年可节约土地约4000亩，节约标煤60万吨，消纳工业固体废物400万吨。公司生产的高档装饰砖、路面砖、清水墙砖被誉为"文化砖"，出口日本、韩国和俄罗斯等国。下属的6家公司均为当地的循环经济和资源综合利用标杆企业。

在建材装备领域，公司在全国专业砖瓦设备制造行业率先通过了ISO9001质量体系认证，可针对用户不同的原料、工艺需求，提供包括设备研发、制造、安装及技术咨询、售后服务在内的集成服务。公司开发生产的粉煤灰、石粉制砖装备已在国内1000多条生产线上运行，并出口俄罗斯、沙特阿拉伯、巴西、罗马尼亚、南非等20多个国家和地区，在国内行业领先并具备了一定的国际竞争力，被评为中国建材机械行业龙头企业。

　　银行为该公司提供的授信超过6亿元，期限为5年，具体授信品种包括电子银行承兑汇票、保贴商业承兑汇票、反向保理等。

【产品三十七】健康养老项目贷款

【产品定义】

健康养老项目贷款是指银行向从事健康养老项目建设投资的主体企业发放的一种项目贷款。

健康养老项目具体包括以下几种：

1. 社区居家养老服务设施建设项目，主要包括城市社区日间照料中心、老年食堂、老年活动中心、养老服务信息平台、其他为改善老年人居住条件和生活环境的便利化社区养老服务设施。此类项目以市、县（区）为单位，实施整体融资支持。

2. 居家养老服务网络建设项目，主要包括支持为老年人上门提供助餐、助浴、助洁、助急、助医等涵盖生活照料、健康服务、文化娱乐、精神慰藉、法律咨询等服务的居家养老服务型小微企业以及各类规模化、连锁化、品牌化的组织发展，对于此类项目通过统贷方式批量化支持。

3. 养老机构建设项目，主要包括养老院、社会福利院、老年养护院、敬老院、养老社区等各类为老年人提供集中居住和照料等综合性服务的建筑及设施。

4. 养老服务人才培训基地建设项目，主要包括支持高等院校和职业院校增加养老服务相关专业和学科建设，培养相关专门人才；支持依托职业院校和养老机构开展养老服务培训实训基地建设，加强对相关人员的专业培训。

5. 养老产业相关项目，主要包括支持直接为老年人提供生活照料、健康服务、产品用品的企业。

【基本条件】

申请客户应符合以下条件：

1. 有真实、合法的项目建设背景；
2. 资信状况良好，具备履行合同、偿还债务的能力；
3. 有健全的组织机构、经营管理制度和财务管理制度；

4. 在银行开立结算账户；

5. 信用等级在 AA-级（含）以上的企业，或经营正常、现金流量充足的未评级企业（低风险业务除外）；

6. 无不良信用记录；

7. 申请人当年施工资质须在国家二级（含）以上；

8. 投标项目须为省级（含）以上的重点项目；

9. 其他条件。

【支持范围】

居家养老服务设施建设项目、社区养老服务设施建设项目、养老机构服务设施建设项目。

【项目资本金】

项目资本金占总投资比例不低于20%。

【贷款期限】

贷款期限最长不超过 15 年，宽限期应不超过项目建设期，且一般不超过 3 年。

【案例】

国家开发银行 2.3 亿元贷款支持广西首个养老 PPP 项目

国家开发银行广西分行完成南宁市第二社会福利院项目授信 2.3 亿元。该项目是财政部 PPP 示范项目之一，也是广西首例大型养老服务 PPP 示范项目。

南宁市第二社会福利院项目位于南宁市龙岗片区，总用地面积 243.63 亩，总投资 3.74 亿元，设计床位数 2000 张，建设内容主要有医疗康复综合楼、培训综合楼、社工楼及后勤保障房等。

这一项目采用政府和社会资本合作（PPP）模式，由南宁市民政局发起，南宁市社会福利院为政府出资方代表，国家开发银行广西壮族自治区分行为项目建设提供贷款融资 2.3 亿元。

【产品三十八】文化旅游项目贷款

【产品定义】

银行向从事文化旅游产业投资的主体发放的,定向用于项目建设的固定资产贷款。

【基本条件】

客户应符合以下条件:

1. 有真实、合法的项目建设背景;
2. 资信状况良好,具备履行合同、偿还债务的能力;
3. 有健全的组织机构、经营管理制度和财务管理制度;
4. 在银行开立结算账户;
5. 信用等级在 AA – 级(含)以上的企业,或经营正常、现金流量充足的未评级企业(低风险业务除外);
6. 无不良信用记录;
7. 申请人具备丰富的行业经验;
8. 投标项目须为重点项目;
9. 其他条件。

【适用客户】

从事文化旅游项目投资的主体。

【营销建议】

文化旅游产业属于长期投资,如果经营得法,经营现金流非常看好。

【贷款期限】

通常贷款期限较长,为 5~10 年。

【支持范围】

突出文化内涵的旅游景区及其基础设施;优秀文化传承保护、开发利用类项目;文化旅游实验区、示范区、特色产业集聚区;红色旅游精品示范区及其基础设施。

【项目资本金】

项目资本金占总投资比例不低于20%,文化企业并购项目资本金比例不低于40%。

【贷款期限】

贷款期限最长不超过15年,宽限期应不超过项目建设期,且一般不超过3年。

【贷款利率】

中长期贷款利率按照市场化原则定价。

【案例】

文化旅游产业成为工商银行信贷新增长点

截至6月末,工商银行在文化旅游产业的人民币贷款余额已达近900亿元,贷款余额在四年内翻了两番,成为该行信贷投放的重要增长点。

近年来,工商银行将文化旅游产业作为重点支持领域,积极开展"文化+金融"的融合创新,促进了文化旅游产业的健康发展和城乡居民文化旅游消费升级。在支持文化旅游产品和服务供给方面,工商银行综合运用投行、债务融资工具、租赁、资产证券化等多种方式,支持优秀文化旅游企业及时推出优质产品,仅在山东地区就支持了曲阜三孔、青州古城、台儿庄、坤河旅游、沂蒙山等一大批国内外知名的文化旅游项目,并先后为华侨城集团、广东长隆集团、首旅集团等数百家文化旅游企业提供了贷款、债券承销、投行顾问、融资租赁等全方位金融服务。

【产品三十九】共有产权房开发贷款

【产品定义】

银行对共有产权房产开发商提供的一种用于房地产开发的特定贷款。

共有产权房是地方政府让渡部分土地出让收益,然后低价配售给符合条件的保障对象家庭所建的房屋。保障对象与地方政府签订合同,约定双方的产权份额以及保障房将来上市交易的条件和所得价款的分配份额。中低收入住房困难家庭购房时,可按个人与政府的出资比例,共同拥有房屋产权。

房屋产权可以按照两种比例实现共有:当个人与政府的产权比例为7:3时,个人承担的价格相当于同期经济适用住房的价格;对仍无力购买的特殊困难家庭,可按5:5的产权比例进行购买,个人承担的价格则相当于同期经济适用住房的70%,即共有产权经济适用住房。

共有产权房的购买人随着收入的增加,可以申请购买政府部分的产权。按规定,自房屋交付之日起5年内购买政府产权部分的,按原供应价格结算;5年后购买政府产权部分的,按届时市场评估价格结算。

房屋出售时与此类似,出售所得按购房家庭与政府的产权比例进行分配。当购买者经济情况发生变化,家庭收入高于政府规定标准,进入中高收入群体时,政府也无须强制其搬出,而是对政府产权部分收取市场租金。

【基本条件】

申请客户应符合以下条件:

1. 有真实、合法的项目建设批文;
2. 资信状况良好,具备履行合同、偿还债务的能力;
3. 有健全的组织机构、经营管理制度和财务管理制度;
4. 在银行开立结算账户;
5. 信用等级在AA-级(含)以上的企业,或经营正常、现金流量充足的未评级企业(低风险业务除外);

【适用客户】

大型品牌开发商、具有政府背景的国有开发商。

【营销建议】

银行可以积极关注本地住建局网站,找到本地住建局发布的本地重点共有产权房产项目信息,进行重点开发。大型开发商纷纷从事共有产权房地产项目开发,非常值得银行深度拓展。

【授信额度】

授信金额占整个开发金额的70%左右、投资金额在5亿元左右的共有产权项目,需要开发贷款3.5亿元左右。

【授信期限】

一般在2年左右。

【案例】

工商银行北京市分行与北京市保障房中心、城建集团等签署住房租赁战略合作协议,支持北京市住房租赁市场建设。工商银行对外宣布将为租赁住房建设主体推出"租赁住房开发贷款",融资金额可达项目总投资的80%,期限可达25年;为个人承租者推出"个人租赁住房贷款",融资金额可达100万元,期限可达10年。

中国农业银行在北京正式发布"法人租赁住房贷款"和"共有产权住房贷款"产品。"法人租赁住房贷款"旨在提高住房租赁市场的供给质量和效率。贷款对象涵盖租赁住房的开发建设主体、购置并购主体、专业运营主体和其他出租主体,有效满足客户在房源获取阶段、装修改造阶段、项目运营阶段的合理融资需求。其中,针对国家正开展试点的利用集体建设用地建设租赁住房项目,农业银行研发了"集体建设用地租赁住房开发贷款"专项金融产品,此类项目开发成本较低,具有商业可持续性,将成为农业银行支持租赁住房业务的切入点和突破口。"共有产权住房贷款"重点满足客户在共有产权住房开发和销售环节的融资需求。农业银行北京市分行与北京市保障房中心、首创置业、北京城建、首开股份、中铁置业、北京建工集团签署合作协议,拟向六家企业合计提供2000亿元信贷资金,用于支持北京市集体建设用地租赁住房项目开发。此次签约活动是农业银行系列签约活动的第一站,后续农业银行还将与其他重点城市尤其是利用集体建设用地建设租赁住房试点城市开展多层面签约活动。

建设银行推出首个个人住房租赁贷款"按居贷",为租户提供纯信用贷款用于租房,贷款利率低于同期个人住房按揭贷款利率。据了解,建设银行"CCB建融家园计划"在深圳推出的一年里,共成交了306套长租房,租期为1~3年,其中发放一次性租房贷款34笔,供给474万元,最高的一笔是3年租期31万元。

【产品四十】特色小镇建设项目贷款

【产品定义】

特色小镇建设项目贷款是银行向符合政府规定的特色小镇投资方提供的，专项用于特色小镇建设投资的定向用途贷款。

特色小镇建设的特色性主要表现为产业上坚持特色产业、旅游产业两大发展架构；功能上实现"生产＋生活＋生态"，形成产城乡一体化功能聚集区；形态上具备独特的风格、风貌、风尚与风情；机制上是以政府为主导、以企业为主体、社会共同参与的创新模式。

国家发展改革委、财政部以及住建部决定在全国范围开展特色小镇培育工作，计划到2020年，培育1000个左右各具特色、富有活力的休闲旅游、商贸物流、现代制造、教育科技、传统文化、美丽宜居等特色小镇，引领带动全国小城镇建设。

特色小镇项目的融资模式将主要包括政府购买服务项目融资模式、政府授权公司自营项目融资模式、政府与社会资本合作项目融资模式等。

【基本条件】

申请客户应符合以下条件：

1. 有真实、合法的项目建设背景；
2. 资信状况良好，具备履行合同、偿还债务的能力；
3. 有健全的组织机构、经营管理制度和财务管理制度；
4. 在银行开立结算账户；
5. 信用等级在 AA－级（含）以上的企业，或经营正常、现金流量充足的未评级企业（低风险业务除外）；
6. 无不良信用记录；
7. 项目须为省级（含）以上的重点项目；
8. 其他条件。

【适用客户】

特色小镇投资企业。

【营销建议】

银行可以关注国内如下类型公司：

1. 大型开发商。
2. 大型施工企业。
3. 大型文化类公司。

【额度】

一般按照项目贷款进行管理，贷款金额可以界定为项目金额的50%左右。

【期限】

特色小镇建设贷款期限一般不超过15年。

【风控方式】

采用政府购买服务款质押、保证担保等灵活的担保方式。

【案例】

建设银行重庆市分行积极支持特色小镇（街区）示范点创建工作，实现同业首笔特色小镇专项贷款投放13.9亿元，为沙坪坝区磁器口特色街区的打造提供了强有力的资金支持。该项目的实施将有效地改善磁器口老街旧城区及居民住房条件和人居环境，有利于打造历史文化景区巴渝老街，促进磁器口景区扩容升级，提升城市形象，完善城市功能，具有良好的经济效益和社会效益。建设银行重庆市分行还将与市级相关主管部门建立紧密的信息沟通机制，支持重庆市重点打造的50个特色小镇和89个重点城镇。

建设银行"特色小镇"信贷产品具备以下鲜明特色：

一是覆盖面广。该产品依据特色小镇不同的"特色"类别，如传统产业特色小镇、新型产业特色小镇、文化旅游特色小镇、运动休闲等多类特色小镇，分别设置了不同的准入标准，给予了不同的支持政策。

二是用途灵活。贷款可用于特色小镇建设运营的各类支出，包括项目前期的设备购置、材料采购，建设期的工程款，建成后的运营维护和日常管理等。

三是担保方式多样。运用该产品可以使用信用、抵（质）押、连带保证等多种担保方式。此外，文化旅游类特色小镇的景区收费权亦可以作为担保方式进行质押。

建设银行特色小镇贷款针对性强，为特色小镇的建设与运营提供了良好的融资平台，对政府主管部门、潜在客户能产生较大的吸引力，有望对我国"特色小镇"建设起到如虎添翼的作用。

【产品四十一】公共租赁住房项目贷款

【产品定义】

公共租赁住房项目贷款是银行向从事公共租赁住房建设投资的政府背景公司提供的，专项用于公共租赁住房建设的贷款。

公共租赁住房是指限定建设标准和租金水平，面向符合规定条件的城镇中等偏下收入住房困难家庭、新就业无房职工和在城镇稳定就业的外来务工人员出租的保障性住房，是一个国家住房保障体系的重要组成部分。

公共租赁住房通过新建、改建、收购、长期租赁等多种方式筹集房源，可以由政府投资，也可以由政府提供政策支持、社会力量投资。

公共租赁住房由政府或公共机构所有，可以是成套住房，也可以是宿舍型住房。

【基本条件】

申请公共租赁住房项目贷款的客户应符合以下条件：

1. 有真实、合法的项目背景；
2. 资信状况良好，具备履行合同、偿还债务的能力；
3. 有健全的组织机构、经营管理制度和财务管理制度；
4. 在银行开立结算账户；
5. 信用等级在AA-级（含）以上的企业，或经营正常、现金流量充足的未评级企业（低风险业务除外）；
6. 无不良信用记录；
7. 为重点项目；
8. 其他条件。

【适用客户】

一般是具有政府背景的平台公司，从事公共租赁住房建设投资。

【营销建议】

公共租赁住房建设一般是当地发展改革委、国资委进行监管，银行可以积极关注本地政府网站，重点营销。

【额度】

一般来说，省级平台公司可以考虑授信 30 亿元以上，地市平台可以考虑提供 10 亿元授信额度。

【申请公共租赁住房，应当符合的条件】

1. 在本地无住房或者住房面积低于规定标准；
2. 收入、财产低于规定标准；
3. 申请人为外来务工人员的，在本地稳定就业达到规定年限。

具体条件由直辖市和市级、县级人民政府住房保障主管部门根据本地区实际情况确定，报本级人民政府批准后实施并向社会公布。

【须知】

1. 申请人应当根据市级、县级人民政府住房保障主管部门的规定，提交申请材料，并对申请材料的真实性负责。申请人应当书面同意市级、县级人民政府住房保障主管部门核实其申报信息。

申请人提交的申请材料齐全的，市级、县级人民政府住房保障主管部门应当受理，并向申请人出具书面凭证；申请材料不齐全的，应当一次性书面告知申请人需要补齐的材料。

对在开发区和园区集中建设面向用工单位或者园区就业人员配租的公共租赁住房，用人单位可以代表本单位职工申请。

2. 市级、县级人民政府住房保障主管部门应当会同有关部门，对申请人提交的申请材料进行审核。

对符合申请条件的申请人，应当予以公示，经公示无异议或者异议不成立的，登记为公共租赁住房轮候对象，并向社会公开；对不符合申请条件的申请人，应当书面通知并说明理由。

申请人对审核结果有异议的，可以向市级、县级人民政府住房保障主管部门申请复核。市级、县级人民政府住房保障主管部门应当会同有关部门进行复核，并在 15 个工作日内将复核结果书面告知申请人。

3. 配租对象选择公共租赁住房后，公共租赁住房所有权人或者其委托的运营单位应当与配租对象签订书面租赁合同。

租赁合同签订前，所有权人或者其委托的运营单位应当将租赁合同中涉及承租人责任的条款内容和应当退回公共租赁住房的情形向承租人明确说明。

4. 公共租赁住房租赁期限一般不超过5年。

5. 市级、县级人民政府住房保障主管部门应当会同有关部门,按照略低于同地段住房市场租金水平的原则,确定本地区的公共租赁住房租金标准,报本级人民政府批准后实施。

6. 政府投资的公共租赁住房的租金收入按照政府非税收入管理的有关规定缴入同级国库,实行收支两条线管理,专项用于偿还公共租赁住房贷款本息及公共租赁住房的维护、管理等。

7. 政府投资的公共租赁住房维修养护费用主要通过公共租赁住房租金收入以及配套商业服务设施租金收入解决,不足部分由财政预算安排解决;社会力量投资建设的公共租赁住房维修养护费用由所有权人及其委托的运营单位承担。

【案例】

中国银行北京市分行审批通过北京市第一笔公共租赁住房长期贷款——丰台区彩虹家园公共租赁住房收购项目贷款。这笔贷款将由北京市保障性住房建设投资中心(以下简称市投资中心)用于向开发商收购彩虹家园公租房项目。

这笔贷款是市投资中心自成立以来从商业银行取得的首笔公共租赁住房项目贷款,对拓宽保障性安居工程融资渠道、全方位构建保障性住房金融支持体系具有示范作用和标志性意义。

彩虹家园公租房项目位于丰台区西四环程庄路,有房屋312套,收购款合计近1.6亿元。其中,中国银行北京市分行发放的贷款授信金额约1.1亿元人民币,期限为15年,贷款利率执行人民银行同期基准利率,该项目的剩余款项由市投资中心出资。

中国银行北京市分行与市投资中心签订了总额300亿元的全面战略合作协议,开启了商业银行金融支持北京市保障性住房的新模式。此次,首笔项目贷款体现了银政合作创新金融支持:一是贷款期限长达15年,能够充分满足公租房运营资金的需求;二是为保证项目建设如期推进,银行方面创造性地采用了在市投资中心获得产权证之前进行信用放款,待取证后再行抵押的授信模式。

【产品四十二】地铁项目贷款

【产品定义】

银行向地铁投资建设方提供的中长期项目贷款,一般以地铁收入作为主要还款来源,地方财政提供部分补贴。

【基本条件】

申请地铁项目贷款的客户应符合以下条件:

(1) 有真实、合法的项目建设;

(2) 资信状况良好,具备履行合同、偿还债务的能力;

(3) 有健全的组织机构、经营管理制度和财务管理制度;

(4) 在银行开立结算账户;

(5) 信用等级在 AA-级(含)以上的企业,或经营正常、现金流量充足的未评级企业(低风险业务除外);

(6) 无不良信用记录;

(7) 地方政府提供行政支持;

(8) 项目须为省级(含)以上的重点项目;

(9) 其他条件。

【适用客户】

各地大型地铁投资建设公司。

【营销建议】

关注本地大型地铁建设投资、地铁投资给银行带来的巨大的商业营销机会,包括项目贷款、供应链融资、保函、保理等全线银行产品。

【授信额度】

地铁投资动辄过百亿元,银行可以考虑提供 10 亿~50 亿元的贷款金额。

【授信期限】

贷款期限一般为 15~20 年。

【案例】

南昌轨道交通集团与国家开发银行、工商银行、农业银行、中国银行、建设银行、邮政储蓄银行六家金融机构正式签订地铁4号线225亿元银团贷款协议。

【产品四十三】政府购买服务贷款

【产品定义】

政府购买服务贷款是指银行对承接政府购买服务的企业提供的特定用途的贷款。

【政策依据】

《财政部、民政部、工商总局关于印发〈政府购买服务管理办法（暂行）〉的通知》（财综〔2014〕96号）

【营销建议】

银行应当重点关注本地政府推出政府购买服务的基本措施，有重点地进行营销。

【授信额度】

银行可以考虑根据与政府签订的合同金额，提供七折左右的融资贷款。

【授信期限】

贷款期限一般为1~3年。

【文本示范】

应收账款质押专用账户管理协议（政府购买项下使用）

出　质　人：
住　　　所：
法定代表人：
邮政编码：
经　办　人：
电　　　话：
传　　　真：

质　权　人：
住　　　所：
法定代表人：
邮　政　编　码：
经　办　分　行：
经　办　人：
电　　　话：
传　　　真：

出质人于____年____月____日与质权人签订了编号为_____的贷款合同并签订了补充合同以及附属合同（以下简称主合同），同时_____作为出质人与质权人签订了《应收账款质押合同》（用于收费权益）。为确保主合同项下贷款得到偿还，出质人、开户行、财政部门和质权人经协商一致，订立本协议。

第一条　定义

应收账款质押专用账户指根据出质人和质权人签订的《应收账款质押合同》的约定，出质人在开户行开立的用于存入出质标的所指向的收费收入的专用账户（以下简称质押账户）。

第二条　质押账户

户名：

开户行：

账号为：

第三条　质押账户资金来源

本协议项下质押账户的资金来源包括：

1. 根据有关规定，出质人享有的政府购买服务项下收入；

2. 出质人的其他收入。

第四条　质押账户监管

（一）开户行应当勤勉尽责地代表质权人对本协议项下质押账户的资金进行日常监管，包括但不限于支付用途监管、存款余额监管和还本付息监管，并按质权人的要求完整及时地提供质押账户的对账单等资料和信息；

（二）质权人有权定期检查质押账户的资金流入、流出情况；

（三）本协议项下质押账户的资金用于偿还主合同项下债务，开户行对此负有监管义务；

（四）未经质权人同意，开户行不得从质押账户中扣收出质人对其所欠贷款本息或其他债务资金。

第五条　质押账户资金还款

（一）主合同项下债务到期时，出质人可用质押账户资金还款，也可用其他资金还款；在主合同项下当期债务到期日和每季度结息日当日，质权人有权要求开户行在质押账户中以特种转账方式扣收贷款本息。

（二）出质人未按主合同约定偿还到期债务的，质权人有权从质押账户无条件扣收还债资金。质押账户资金不足以清偿主合同项下全部到期债务的，质权人有权要求开户行直接扣划质押账户中的新增资金，直至出质人的到期债务全部得到清偿。

（三）质权人依照本条规定向开户行发出书面扣收通知后，开户行应在收到该通知当日履行扣款义务，并划交质权人。

（四）根据国家法律法规和规章关于结算问题的规定，质权人根据本协议约定实施扣款行为需有出质人授权的，视为出质人在签订本协议之时已事先对质权人作出必要授权。

第六条　出质人保证和承诺

（一）出质人保证在主合同项下当期债务到期日前10日和每季度结息日前10日，在质押账户中备有足够的资金，用于偿还当期债务本息。

（二）出质人保证，在本协议签订之前，出质人和其他人签订的法律文件均与本协议不冲突；在本协议有效期间，出质人不与他人签订损害质权人在本协议项下权益的法律文件。

（三）根据本协议的约定，质权人、开户行根据本协议约定实施扣款行为过程中的银行结算均已得到出质人的授权。

（四）质权人根据本协议行使监管、扣划等权利时，出质人、开户行、财政部门保证全面及时予以配合，包括但不限于按质权人要求提供文件、报表等资料，出具相关文件，为质权人行使权利提供便利条件等。

第七条　违约责任

（一）出质人违反本协议的约定，质权人有权要求出质人支付主合同项下借款余额1%的违约金；

（二）开户行违反本协议的约定（包括但不限于监管、扣款义务），给质权人造成损失的，应赔偿质权人由此遭受的损失。

第八条 协议的变更和解除

本协议各方当事人不得擅自变更或解除本协议。需要变更或解除本协议时，应经质权人和出质人双方协商一致，并达成书面协议。

第九条 争议的解决

出质人、财政部门、质权人和开户行在本协议履行过程中发生的争议，由各方协商解决；协商不成的，在质权人住所地人民法院通过诉讼解决。

第十条 其他事项

（一）本协议的任何附件、补充协议，都是本协议不可分割的组成部分，与本协议具有同等的法律效力。

（二）本协议未尽事宜，由质权人、出质人协商处理，或者按国家法律法规的规定办理；

（三）本协议一式两份，由出质人、质权人各执一份。

第十一条 协议的生效和终止

本协议自出质人、质权人签字或签章并加盖公章之日起生效，至出质人在主合同项下全部债务清偿之日终止。

出质人：　　　　　　　　　　（公章）

法定代表人：　　　　　　　　（签字）

（或授权代理人）

　　　　　　　　　　　　　　年　　月　　日

质权人：　　　　　　　　　　（合同专用章）

法定代表人：　　　　　　　　（签字）

（或授权代理人）

　　　　　　　　　　　　　　年　　月　　日

案例篇

- 交通行业供应链营销案例
- 杭州市城市建设投资发展有限责任公司财政项目过桥融资业务案例
- 贵阳运动城项目人民币80亿元银团贷款案例
- 30亿元社保基金投资南京保障性住房项目
- 天津市保障性住房建设获30亿元信托贷款
- 浙商银行保障性住房信贷业务

【案例1】 交通行业供应链营销案例

一、基本情况

山西省交通厅负责山西省内高速公路的建设、施工、资金筹措、资金管理、收费等业务。山西省交通厅对山西省高速公路的建设和运营坚持实行集中统一的管理体制，即统一制定规划、统一组织建设、统一收费还贷、统一运营管理。2008年各项规费收入128亿元，累计利用贷款554亿元，累计偿还贷款77亿元，高速公路贷款余额477亿元。

山西省交通厅是××银行核心客户，除传统业务存款、贷款及结算外，双方在利率互换、信托理财及公路票据通业务方面均进行了合作。2009年，该客户在银行贷款规模约36亿元，日均存款19亿元，结算资金规模300亿元，办理票据通23亿元，办理信托理财50亿元，实现利率互换收益1228万元，单户全年净收益约9000万元。

二、案例分析

（一）产业链条架构

上游客户：钢材供应商、水泥供应商、沥青供应商。

核心客户：山西省交通厅、山西省高速公路管理局、山西省高速公路建设局。

下游客户：各大施工企业、工程承包商。

（二）融资方案设计（见图2-1）

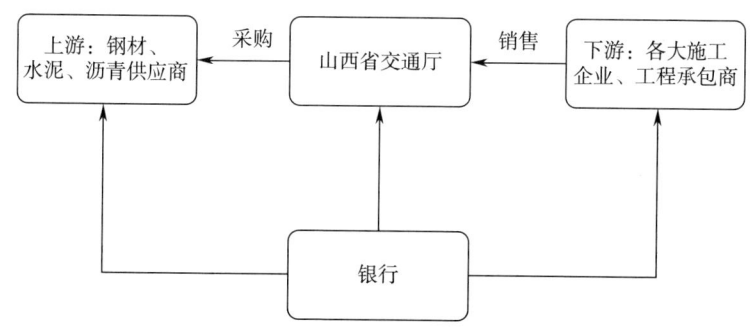

图2-1 山西省交通厅融资方案

1. 上游客户融资方案。山西省交通厅为确保重要工程的质量，有选择地统一采购钢铁、水泥、沥青等原料。在采购过程中，针对施工企业材料供应商，银行可应用保函、货押融资、应收账款质押、隐蔽型保理等金融产品。以沥青供应商为例，相关公司参与高速公路投标，需开具投标保函。中标后，授信品种主要是进口开证或开立国内信用证，可进行现货或未来货权质押（可采用到港监管再转至现货质押）。

2. 核心客户融资方案。山西省交通厅实行统贷统还式管理，贷款资金到账后，将划至山西省高速公路建设局，用于支付施工和材料费用。由于山西省交通厅在各家银行授信较多，传统贷款方式对其缺乏吸引力。为此，××银行认真分析其需求，从降低财务费用的角度出发，设计了如下方案：

（1）中长期流动资金贷款。随着高速公路逐步竣工和运营，项目融资陆续到期，道路的养护日益重要，在此阶段，适合做中长期流动资金贷款。

（2）公路票据通。由于贷款规模加大，山西省交通厅的财务负担沉重。因此，对于工程承包款项和劳务款项，可采用票据付款方式，降低财务成本。具体操作是以山西省交通厅作为授信主体，授权其下属单位山西省高速公路建设局使用其授信额度，办理银行承兑汇票及配套买方付息贴现业务，向供应商付款。目前，丹通线已经使用此类公路票据通业务。

（3）公路建设资金监管。建筑施工企业挪用项目建设资金、拖欠工人工资等现象时有发生，为此，银行可根据山西省高速公路建设局的资金监管要求，协助监管相应建设资金。具体操作如下：银行为山西省交通厅发放贷款，划入山西省高速公路建设局专户，银行与山西省高速公路建设局约定，委托银行对项目资金进行管理，银行与施工企业签订资金监管协议，对项目资金进行管理，对符合山西省高速公路建设局规定的资金予以支付。

3. 下游客户融资方案。建筑类施工企业在参与高速公路建设中可应用银行的产品较多，如开立信贷证明进行资格预审、缴纳投标保证金（可进行贷款）或开立投标保函、中标后开立履约保函和预付款保函并缴纳履约保证金（可进行贷款）。在工程建设过程中，山西省高速公路建设局按工程进度拨付资金，银行可根据工程进度提供中短期流动资金贷款或保理。

三、案例点评

××银行改变了传统的项目贷款融资方式，以山西省交通厅为核心客户，成功拓展了上游材料供应商、下游施工单位，针对资金支付与管理要求，设计了流动资金贷款、银行承兑汇票、买方付息票据贴现、保理、保函等多项融资产品和资金监管产品，降低了客户的财务成本，提高了银行的综合收益，具有较好的示范效应。

××银行有多家分行与当地交通厅合作关系紧密，其他银行应以××银行案例为参考，积极推动各地区的交通行业供应链营销。同时，高速公路建设涉及全国各地的大型建筑施工企业、材料供应企业。分行间可以积极配合，做好本地区企业的营销工作，形成资金在银行体系内的循环与沉淀。

【案例2】 杭州市城市建设投资发展有限责任公司财政项目过桥融资业务案例

一、客户简介

杭州市城市建设投资发展有限责任公司（以下简称杭州市城投公司）由杭州市国有（集体）资产管理委员会出资，是杭州市主要的城建投融资平台，主要受市政府委托进行资本运作和资产经营，承担城建投融资职能。目前，杭州市城投公司拥有杭州煤气、杭州港口、高速公路等股权。杭州市城投公司当前实收资本20亿元，资产规模33487亿元。

杭州市城投公司自成立以来充分发挥投融资功能，几年来累计投资23539亿元，其中投资建设的项目约达14879亿元，长期股权投资8660亿元。

二、融资业务操作

杭州市财政项目过桥融资业务详见图2-2。

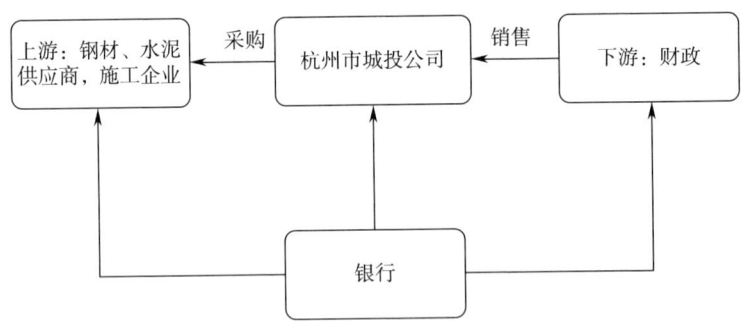

图2-2　杭州市财政项目过桥融资业务

银行向杭州市城投公司提供中长期融资授信12亿元，可以循环使用，期限为5年。杭州市城投公司在银行开立监管账户，杭州市财政局按季度将资金划拨至杭州市城投公司的监管账户。

该项目为杭州市政府委托杭州市城投公司建设，具有真实的业务背景，相关的立项批复文件等资料完整一致。该项目已经完成，并经杭州市审计局审计确认。

三、融资综合效益

银行向杭州市城投公司发放中长期融资 12 亿元。

杭州市财政局以文件批复同意杭州市城投公司在银行开展融资业务，确认具体融资金额及还款资金拨付计划；市财政局按季度拨付还款资金至杭州市城投公司开立在银行的监管账户。

该笔业务在执行对应期限基准利率的基础上，每年收取融资管理费，年费率为 5 年以上贷款基准利率与 3~5 年贷款基准利率之差。

银行要求杭州市城投公司在银行保持一定水平的存款日均余额，自叙做融资业务以来，杭州市城投公司在银行对公存款日均余额一直维持在 2 亿元以上。

【案例3】贵阳运动城项目人民币80亿元银团贷款案例

一、借款人基本情况（开发经营能力综合分析、竞争优势分析、财务报表综合分析等）

（一）借款人基本情况

借款人贵阳利合房地产开发有限公司。

（二）借款人的核心竞争优势

1. 强大的股东实力支持

借款人股东实力雄厚，均为我国房地产行业中的强势企业，自身的经营状况较好，现金流充足，每年各个股东超过百亿元的销售收入及现金流完全可以保证银团贷款的准时归还。项目公司的股东在各家银行的信用记录良好。项目公司在项目开发上不仅拥有充足的资金支持，还汇聚了各优势房地产开发商的项目开发经验。

2. 政策支持优势

贵阳都会区空间布局的基本取向为"南拓、北优、东进、西联"。贵阳新城是"南拓"的重要组成部分。《贵阳市城市总体规划（2011—2020年）》明确贵阳将全力构建"两心四城"的空间结构。"两心"是指天河新城市中心、贵阳新城中心，贵阳新城将成为继天河区之后的另一个城市中心区域。因此，该项目在政策扶持以及资金支持上不仅拥有得天独厚的优势，而且具有良好的社会效益。

二、项目基本情况

（一）项目简介

1. 项目现场竞价

竞价结果为富力、雅居乐和碧桂园的联合体（以下简称联合体）中标，价格为255亿元，折合楼面地价为5822元/平方米。联合体经过拍卖，获得了两项物业：一是已经建成的亚运村约107万平方米物业（包含住宅和商业），联合体为此已经支付了102亿元；二是未来331万平方米的可建筑面积用地，联合体为此需要再支付153亿元。

2. 项目概况

（1）地理位置。项目位于贵阳市贵阳新城东部莲花山麓，距市中心约28公里，30分钟内可到达市中心，地理位置优越。

（2）项目具体技术指标。贵阳运动城此次整体出让的地块总用地面积为273.723万平方米，地上总建筑面积为438万平方米（赛时已建成物业约106.65万平方米）。其中，居住建筑面积384.88万平方米，商业建筑面积20.76万平方米，公建及其他配套设施建筑面积32.36万平方米（赛后建设的居住建筑面积304.54万平方米）。运动城已建成物业的所有权及其占用地的国有建设用地使用权出让款，为运动城整体项目出让价款的40%，即整体出让金的首付款102亿元；购买未开发用地国有建设用地使用权，占整体出让金的60%，即153亿元，合计需支付255亿元。

（3）项目规划及定位。赛后，运动城将成为"贵阳新城"的一部分，运动城内的运动员村、媒体村、技术官员村等将改为中高档居住小区出售，主媒体中心赛后将扩建为主题商城。综合体育馆将成为集体育、商业、公共服务等功能于一体的建筑综合体。

（4）项目现状及"四证"情况。地块已经平整完毕，大部分道路及绿化已经完成。运动场馆、媒体村、运动员村、技术官员村及其配套已经基本完成土建工作。项目已建部分取得了"四证"。

（二）项目本身优势

1. 交通便利

（1）距市中心28公里，车程约半小时。

（2）地块周边路网已经比较成熟。

（3）地铁3号线、4号线开通，基本保证了贵阳新城快捷通达市区；另外，规划中的多条地铁线路都经过该区域，将大大促进贵阳新城与贵阳中心区、番禺区的快速便捷连通。

（4）清河路、京珠高速可连接南沙快线、华南干线等高速路网。

（5）便捷水路交通往来香港，每天10个航班，航程1小时50分。

（6）距贵阳新火车站约15分钟车程。

2. 周边配套完善

（1）按照规划完全可以满足10万人口的生活需求，是贵阳地区少有的配套先行的大型住宅区。

（2）教育：幼儿园6个，小学4个，初中2个，高中1个（引进省一级中学广铁一中）。

（3）医疗：医院1家，为贵阳医学院附属第四医院。

（4）休闲：公共绿地公园4个，体育馆2个，还有其他亚运保留景点。

（5）商业购物：商业面积已建成6.58万平方米（不包括原有及番禺城区的配套设施）。

3. 周边环境优美，旅游资源丰富。

4. 周边创意产业、体验经济、总部经济等发展成熟，产业人口进入和增加，亚运村成为成熟居住社区。

5. 项目股东为国内房地产行业实力雄厚的开发商联合体，拥有充足的资金支持与多年经营房地产的经验。

(三) 项目效益预测

此项目是贵阳市标志性项目，将有力地支持贵阳新城整体规划的落实。项目分为两部分：一部分是已建成物业部分，另一部分为未开发土地部分。其中，主要利润集中在未开发土地部分，此笔授信用于归还已建成物业股东投入的部分资金。

1. 项目房产单价预测。鉴于上文中分析的各项优势，考虑到项目周边的房价以及项目本身自带高品质装修，预计住宅销售均价为1.4万元/平方米，商业销售均价为2万元/平方米。

2. 项目销售收入预测。住宅部分销售收入 = $1.4 \times 80.34 = 112.48$（亿元），商业部分销售收入 = $2 \times 6.58 = 13.16$（亿元），项目总销售收入为125.64亿元。

3. 项目预计成本。项目购入成本为102亿元，根据出让合同，运动城已建成物业的所有权及其占用地的国有建设用地使用权出让款为运动城整体项目出让价款的40%，即整体出让金的首付款为102亿元。

项目融资借款利息为11.52亿元，项目总成本为113.52亿元。

4. 项目预计利润。项目利润总额 = $125.64 - 113.52 = 12.12$（亿元），项目净利润为 $12.12 \times (1 - 25\%) = 9.09$（亿元）。

综上所述，首先，项目整体效益良好，预计销售收入和净利润分别为125.64亿元和9.09亿元，足以保障本笔银团贷款准时还本付息；其次，根据项目的现金流预测数据,项目每年的现金回笼量充足,可以保证借款人按照还款计划准时还本付息。

三、贷款基本情况(金额、利率、贷款期限、担保方式等)

此次银团贷款由××银行贵阳分行作为牵头行,牵头行根据各参与行最终的批复情况及可投放款额度情况确认最终各行成员行参与份额,牵头行对于银团贷款额度采取兜底承接方式。贵阳运动城项目银团贷款详见图 2-3。

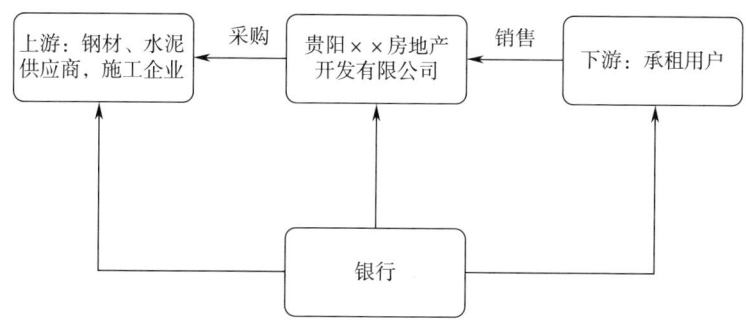

图 2-3 贵阳运动城项目银团贷款

授信方案如下:

1. 借款单位:项目公司。
2. 借款金额:80 亿元(银行拟参与银团贷款额度 10 亿元)。
3. 期限:5 年。
4. 用途:用于贵阳运动城项目,归还股东已投入的部分资金。
5. 担保方式:由股东按股权比例提供连带责任担保。
6. 利率:按同期中国人民银行基准利率。
7. 贷款方式:银团贷款。
8. 还款计划:额度有效期 1 年,贷款期限 5 年(含宽限期 1 年),贷款按约定偿还,宽限期后每年还款额不低于 20 亿元。具体还款时间根据项目的销售进度按比例逐年归还(见表 2-1)。

表 2-1　　　　　　　　　　　还款计划

时间	还款金额
贷款发放日计第 2 年	20 亿元
贷款发放日计第 3 年	20 亿元
贷款发放日计第 4 年	20 亿元
贷款发放日计第 5 年	20 亿元

四、合作方案基本情况（封闭运作方案、公私联动方案、银行效益测算及风险防范措施等）

该项目采用银团贷款授信，贷款金额为 80 亿元，银行拟参与银团份额 10 亿元。

（一）银行综合收益预测

1. 此笔贷款为中国人民银行基准利率，可带来约 1.4 亿元的利息收入。

2. 通过参与该银团项目，可以营销其上下游关联企业在银行开户，争取其工程款、材料采购款、设备采购款等支付款直接沉淀银行，可带来一定的存款沉淀。

3. 通过此次合作，银行将积极给该项目配套个人按揭贷款业务，待项目建成后，在该项目内积极营销银行对私理财产品、个人网银等业务产品，有效拉动银行对私业务的快速发展。

4. 贵阳运动城项目是贵阳市标志项目，其完成体现了贵阳新城整体规划的落实，参与该银团贷款有利于提高银行在当地乃至全国的品牌影响力。

（二）风险防范措施

房地产行业利用银行贷款直接将最终产品制造出来，面向市场销售，一旦无法实现销售，那么企业的资金链就会面临断裂的风险，从而直接导致银行的坏账，具体到贵阳运动城项目上，由于开发商素质较高，直接依托强势股东和政府政策扶持，参考股东以往开发项目的销售状况可以预见，该项目的销售前景较好，项目投入资金能够正常回笼，且能够带来可观的利润，风险可控。

【案例4】30亿元社保基金投资南京保障性住房项目

一、企业基本情况

南京市保障住房建设发展有限公司统一全市的政策性住房建设，这在全国尚属首例。该公司由四家市级单位共同构成：房地产管理局、国土资源局、交通集团和城建集团。公司的成立将形成统一平台，整合保障性住房的规划、融资、建设、管理等多个环节。

二、授信方案

全国社会保障基金理事会委托江苏省国际信托有限责任公司向南京市保障房建设发展有限公司（以下简称南保公司）发放信托借款人民币30亿元，用于支持由南保公司主管的南京市保障性住房项目建设，中国民生银行股份有限公司南京分行（以下简称民生银行南京分行）为该信托借款提供保证担保。

根据约定，该项信托借款中的人民币3.2亿元将用于南京江宁上坊保障性住房项目，操作该项目的万科企业股份有限公司的全资子公司南京万晖置业有限公司（以下简称万晖公司）为3.2亿元借款向民生银行南京分行提供反担保。

该反担保以万晖公司取得的3.2亿元借款为限，担保期限为民生银行南京分行承担担保对外付款之日起至担保费支付期限届满之日止两年，如果民生银行南京分行未发生对外付款，则万晖公司不承担担保责任。

万晖公司为3.2亿元借款向民生银行南京分行提供反担保，是为了促进上坊保障性住房项目的开发。该项目由南京市政府主导，是政府打造的年度重点工程之一。项目进展顺利，经营良好。万晖公司为有关借款向民生银行南京分行提供反担保，符合风险控制的规范要求。

【案例5】天津市保障性住房建设获30亿元信托贷款

一、企业基本情况

天津市保障住房建设投资有限公司注册资本25亿元，是按照天津市保障性住房建设规划确定的目标，专门承担危陋房屋拆迁和安置房建设的投融资公司，主要负责对危陋房屋拆迁安置和保障性住房建设项目投融资、资金使用情况监管，以及投资地块的拆迁、整理、委托出让。公司采取股权多元化方式，由市政府和市内六区、环城四区政府共同出资组建，采取货币和土地使用权作价等方式出资，通过增资方式逐步完成注入。

二、银行授信方案

全国社会保障基金理事会以信托产品的形式，为天津市提供30亿元贷款，专项用于天津市公共租赁住房项目建设。

全国社会保障基金正式涉水保障房，将一共拿出150亿元投资全国多个城市的保障性住房建设。此次全国社会保障基金落地天津市，由浙商银行提供担保，天津市保障住房建设投资有限公司以土地使用权向浙商银行提供反担保，还款来源为公租房银团贷款或者是浙商银行发放的短期贷款。

【案例6】浙商银行保障性住房信贷业务

一、企业基本情况

浦东三林是上海市较大的保障性住房建设基地，建筑总量达209万平方米，轨道交通8号线将直通该基地，各项公建配套设施也已基本确定。该规划正是为了兑现此前宣布的2008年内保障性住房开工数达400万平方米、未来5年内建成2000万平方米的30万套经济适用房的政府承诺的行动之一。上海市住房保障和房屋管理局同时发布上海市5个保障性住房项目招标公告。第一批经济适用房由静安、黄浦、卢湾、浦东等房地产保障部门进行招标出让。

其中，土地面积7591公顷的三林保障性住房基地七号地块，开发商即为有政府背景的上海静安地产（集团）有限公司。

二、银行授信方案

浙商银行与上海静安地产（集团）有限公司签订了信贷协议，为该公司提供超过5亿元贷款。这批保障性住房用地出让价格在3000元/平方米（建筑面积）左右，按照出让合同，未来政府将以固定价格进行回购，回购价格确定为7200元/平方米。由于政府负责回购，大大降低了资金回笼的风险。

三、点评

保障性住房项目主要的风险点在于政府的财政实力和还款意愿。对于政府财力比较雄厚的地方，银行可以提供三方协议融资，银行提供融资，并要确保这些资金的封闭式运作，防止被挪用，由政府提供回购承诺，开发商提供完成项目的履约担保。

附　录

☐ 固定资产借款合同（示例）
☐ 贷款受托支付通知书
☐ 不可撤销担保书
☐ 担保书

附 录

固定资产借款合同（示例）

合同编号：_____

贷款方：_____

地址：_____

电话：_____

借款方：_____

地址：_____

电话：_____

应借款方_____年____月____日提出的借款申请，贷款方愿意向借款方提供固定资产贷款。借贷双方根据《中华人民共和国民法通则》《中华人民共和国合同法》以及其他有关规定，经过平等协商，现达成以下条款，以资共同遵照执行。

第一条 贷款种类

本合同项下的贷款为固定资产贷款，贷款的具体用途必须是借贷双方确认并经国家有关主管部门正式批准的项目。此贷款项下的资金不得挪作他用。

第二条 贷款币种及金额

币种：_____，金额：_____（小写），_____（大写）。

第三条 贷款用途

此笔贷款用于借款方经_____（批准单位）_____号文批准的_____项目。上述有关批准文件应作为此贷款合同的附属文件交贷款方存档备查。此笔贷款的用途是唯一的，借款方不得在此贷款合同规定之外的任何项目上使用。

第四条 贷款期限

自贷款方第一笔拨款之日起到借款方全部还清本息之日止，共计_____个月（_____年）。

第五条 起息日与到期日

起息日：本贷款合同项下全部或部分资金自贷款方账户划出之日为该

笔资金的起息日，自该日起对划出的资金开始计息。

到期日：本贷款合同项下的到期日为借款方将偿付资金汇至贷款方账户之日。如借款方在规定的到期日未能将规定偿付的金额划至贷款方账户，则按逾期处理，借款方应按规定支付逾期利息。

第六条 利率与计息结算

1. 贷款利率：本贷款利率为月息_____‰。在本合同有效期间，如遇利率调整或计息办法变更，自公布或生效之日起，本贷款上述利率或计息办法亦做相应调整，并以贷款方通知为准。

2. 计息结算：利息按贷款实际发生额每_____个月结算一次。上半年3月20日、6月20日，下半年9月20日、12月20日为固定结算日。借款方在结算日应偿付的本息如未能如期划至贷款方账户，则贷款方自将未偿付部分金额转入本金复利计算。

第七条 费用

1. 手续费：本合同规定贷款方将向借款方收取贷款手续费。手续费率为本合同贷款总额的_____%；借款方应于第_____个计息结算日一次性支付贷款手续费，支付形式与该期支付的本息支付方式相同。

2. 承诺费：贷款方有权在提款期内向借款方收取承诺费。承诺费费率为年率_____；承诺费起算日为_____，并在_____日计收。计费方法：以360天为一年，按未提金额和实际未提天数计收承诺费。承诺费由贷款方主动从借款方存款账户中扣收。

3. 管理费：借款方应在第一次提款时按合同借款金额的_____%向贷款方一次性支付管理费，管理费以人民币支付（以支付当日国家外汇管理局公布的外汇中间价折算）。

4. 凡因签订与履行本合同及其附属文件而发生的其他费用均由借款方承担。

第八条 计息宽限期

本合同规定该笔贷款每笔发生额自起息日起有_____个月的计息宽限期，即自起息日起有_____个月不支付利息。宽限期内利率不变，但遇结息日时不复利计算。宽限期结束后自第_____个月开始正常计息，如该月有固定结算日，则自起息日起到该固定结算日止的全部利息在该日支付；如该月无固定结算日，则该月的_____日定为宽限期后的第一个结算日，结算方法与固定结算日相同。

第九条 固定资产保险

该固定资产贷款项下形成的固定资产由借款方负责向保险公司办理财产保险。无论是人为或自然等任何原因引起的固定资产灭失或损坏，均不影响本合同的法律效力，借款方不得以任何理由拒绝向贷款方支付贷款本息和有关费用。

第十条 贷款的拨付和作用

贷款方在本合同规定的用途和金额内，按照借款方提供的、经借贷双方协商同意的用款计划，逐笔核贷，供给资金。借款方须于每次用款日前_____天以电报（加注双方确定的编码）或信函（信托放款支付凭条）方式通知贷款方用款的具体日期、金额。贷款方接到上述通知后，即按要求用款日期、金额将款项以电汇方式划拨至借款方_____在_____行开立的人民币第_____号账户内。借款方须在发出上述用款通知的同时将签字、盖章的贷款借据寄贷款方。

借款方须按用款计划用款。如延迟用款，除须于该次计划用款日前_____书面通知贷款方外，借款方将对延迟用款金额部分自延迟之日起，按实际延迟天数，收取本贷款利率之50%的承担费。如延迟天数超过_____天，贷款方有权终止贷款，并保留立即对已贷款部分本息的追索权。

如提前用款，借款方须于该次提前用款日前两个月书面通知贷款方，经贷款方同意后生效，否则贷款方因资金不便、不能适时供应资金之责任，由借款方自负。如国家计划或政策变化等因素使贷款方不能按原用款计划供应资金，贷款方不承担违约责任。

第十一条 贷款管理

借款方须按时向贷款方提供每月、季、半年及年度财务报表，并每半年向贷款方提供本贷款使用和效益情况报告。贷款方有权在其认为必要的时候检查本贷款的使用情况以及借款方的生产经营活动和财务状况，借款方有义务向贷款方提供一切必要的资料，并给予协助和提供方便。借款方如发生任何影响本贷款按期还本付息的固定资产或其他债务之增加，须事先经贷款方同意。

第十二条 还款

1. 借款方应严格按还款计划或本合同的规定偿还贷款本息及有关费用。

2. 按_____贷款惯例，此合同项下的贷款不能提前偿还，如借款方因故需提前还款，应在预计偿还日前十五天书面通知贷款方并获得贷款方的许可。对不经贷款方许可而提前归还的贷款部分，贷款方将向借款方一次性收取实际提前偿付金额总额_____%的承担费。

3. 借款方确因正当理由而无法按期还款时，应于规定还款日前一个月向贷款方提出延期付款的申请，并准备必要的材料以便办理有关展期的手续，经贷款方批准同意展期的贷款部分，贷款方将不予罚息。贷款展期只限一次，展期到期后贷款将按逾期处理。

第十三条 保证

1. 借款方保证向贷款方提交的所有材料或文件都是合法、真实、有效的。

2. 借款方保证本合同项下的贷款专款专用，不挪作他用。

3. 借款方保证按时向贷款方提交使用贷款的有关材料（包括技改项目或工程建设进度的材料、设备进口或购置方面的材料、设备投入运行或工程完工后企业的财务状况和经营情况资料等），接受贷款方的监督和检查。

4. 借款方由于变更、改制、承包或经主管部门批准实行关、停、并、转时，借款方保证最迟于上述事件发生之前一个月通知贷款方，并立即清偿与贷款方之间的所有债务。经贷款方同意，借款方可将债务转移给接收单位或新设单位（在债务转移的过程中，借款方应向贷款方出示并送交其主管部门或发包方的发文或有关文件），但接收债务的单位必须与贷款方重新签订贷款合同，合同签字以前，贷款方随时有向借款方或借款方接收人追偿债务的权利。

5. 贷款方保证按照合同的有关条款或用款计划及时向借款方提供贷款。

第十四条 违约责任

1. 如借款方不按本合同规定的用途用款，贷款方有权停止贷款，部分或全部收回已发放的贷款，并对其挪用金额部分自挪用之日起，在本合同利率基础上加收100%的罚息。

2. 如借款方不按本合同（包括用款计划书）的规定按期偿还贷款本

息，贷款方有权对逾期偿还金额部分，自逾期之日起，在本合同利率基础上加收30%的罚息。

3. 在发生下列情况之一时，贷款方有权停止发放贷款，并立即或限期提前收回已发放的贷款：

（1）借款方向贷款方提供的情况、报表、资料不真实或拒绝贷款方对本贷款的上述合理管理或检查；

（2）借款方与第三者发生诉讼，经法院判决败诉，从而影响了其还款能力；

（3）借款方的资产总额不足以抵偿其负债总额；

（4）借款方的担保人违反或失去担保书中的条件；

（5）借款方或其担保人在本合同履行期内濒临破产。

4. 凡借款方对除本贷款之外的其他债务有违约行为，或其他债务已经（或可以）加速到期，或借款方经司法程序宣告破产或借款方承认无力清偿已到期债务，或将其财产让与其他债权人，则均被视为对本合同同时违约，本贷款亦须同时（以同等比例）加速到期受偿或同时（以同等比例）分配借款方的让与及清偿财产。

第十五条 还款担保

本合同项下的贷款本息由＿＿＿＿＿＿＿＿作为借款方的担保人，并由担保人向贷款方出具担保函，作为本合同不可分割的组成部分，一旦借款方不能按期偿还贷款本息，经贷款方发出书面通知，由担保单位承担还本付息责任。

第十六条 合同的变更和解除

订立合同所依据的国家计划及有关的概算预算经计划下达机关批准修改或取消的，允许变更或解除合同。

第十七条 声明及保证

（一）借款方

1. 借款方为一家依法设立并合法存续的企业，有权签署并有能力履行本合同。

2. 借款方签署和履行本合同所需的一切手续＿＿＿＿＿＿＿＿均已办妥并合法有效。

3. 在签署本合同时，任何法院、仲裁机构、行政机关或监管机构均未作出任何足以对借款方履行本合同产生重大不利影响的判决、裁定、裁决或具体行政行为。

4. 借款方为签署本合同所需的内部授权程序均已完成，本合同的签署人是借款方的法定代表人或授权代表人。本合同生效后即对合同双方具有法律约束力。

（二）贷款方

1. 贷款方为一家依法设立并合法存续的企业，有权签署并有能力履行本合同。

2. 贷款方签署和履行本合同所需的一切手续_____均已办妥并合法有效。

3. 在签署本合同时，任何法院、仲裁机构、行政机关或监管机构均未作出任何足以对贷款方履行本合同产生重大不利影响的判决、裁定、裁决或具体行政行为。

4. 贷款方为签署本合同所需的内部授权程序均已完成，本合同的签署人是贷款方的法定代表人或授权代表人。本合同生效后即对合同双方具有法律约束力。

第十八条 保密

双方保证对从另一方取得且无法自公开渠道获得的商业秘密（技术信息、经营信息及其他商业秘密）予以保密。未经该商业秘密的原提供方同意，一方不得向任何第三方泄露该商业秘密的全部或部分内容，但法律、法规另有规定或双方另有约定的除外。保密期限为_____年。

一方违反上述保密义务的，应承担相应的违约责任并赔偿由此造成的损失。

第十九条 不可抗力

本合同所称不可抗力是指不能预见、不能克服、不能避免并对一方当事人造成重大影响的客观事件，包括但不限于自然灾害如洪水、地震、火灾和风暴等，以及社会事件如战争、动乱、政府行为等。

不可抗力事件的发生导致合同无法履行时，遇不可抗力的一方应立即将事故情况书面告知另一方，并应在_____天内，提供事故详情及合同不能履行或者需要延期履行的书面资料，双方认可后协商终止合同或暂时延迟合同的履行。

第二十条 通知

1. 根据本合同需要发出的全部通知以及双方的文件往来及与本合同有关的通知和要求等，必须用书面形式，可采用＿＿＿＿＿＿＿（书信、传真、电报、当面送交等）方式传递。以上方式无法送达的，方可采取公告送达的方式。

2. 各方通信地址如下：＿＿＿＿＿＿＿＿＿＿＿＿＿＿＿＿＿＿。

3. 一方变更通知或通信地址，应自变更之日起＿＿＿＿＿＿日内，以书面形式通知对方；否则，由未通知方承担由此而引起的相应责任。

第二十一条 争议的处理

（一）本合同受＿＿＿＿＿＿＿＿国法律管辖并按其进行解释。

（二）本合同在履行过程中发生的争议，由双方当事人协商解决，也可由有关部门调解；协商或调解不成的，按下列第＿＿＿＿＿＿种方式解决：

1. 提交＿＿＿＿＿＿＿＿仲裁委员会仲裁；

2. 依法向人民法院起诉。

第二十二条 解释

本合同的理解与解释应依据合同目的和文本原义进行，本合同的标题仅是为了阅读方便而设，不应影响本合同的解释。

第二十三条 补充与附件

本合同未尽事宜，依照有关法律法规执行，法律法规未做规定的，双方可以达成书面补充协议。本合同的附件和补充协议均为本合同不可分割的组成部分，与本合同具有同等的法律效力。

第二十四条 合同效力

本合同自双方或双方法定代表人或其授权代表人签字并加盖公章之日起生效。有效期为＿＿＿＿＿＿年，自＿＿＿＿＿＿年＿＿＿月＿＿＿日至＿＿＿＿＿＿年＿＿＿月＿＿＿日。本合同正本一式＿＿＿＿＿＿份，双方各执＿＿＿＿＿＿份，具有同等法律效力；合同副本＿＿＿＿＿＿份，送＿＿＿＿＿＿留存一份。

借款方（公章）＿＿＿＿＿＿　　　贷款方（公章）＿＿＿＿＿＿

代表人（签字）＿＿＿＿＿＿　　　代表人（签字）＿＿＿＿＿＿

经办人（签字）＿＿＿＿＿＿　　　经办人（签字）＿＿＿＿＿＿

＿＿＿＿＿＿年＿＿＿月＿＿＿日　　　＿＿＿＿＿＿年＿＿＿月＿＿＿日

签订地点：＿＿＿＿＿＿　　　签订地点：＿＿＿＿＿＿

贷款受托支付通知书

客户填写	根据编号为_____的购销/交易合同约定，现委托你行办理以下款项支付： 付款人名称：_____ 付款人账号：_____ 收款人名称：_____ 收款人账号：_____ 收款人开户行：_____ 开户行地点：_____省_____市/县_____ 金额（币种）（大写）：_____ 金额（小写）：_____ 客户签章（账户预留印鉴） 委托日期：
经营单位填写	经营单位意见： 经办人：　　　　日期： 负责人：　　　　日期：
放款审核中心填写	放款审核中心意见： 经办人：　　　　日期： 负责人：　　　　日期：

注：1. 本表一式三联。第一联为会计部门记账凭证，第二联为客户回执，第三联由放款审核中心作为信贷档案保管。

2. 客户应在第一联"客户签章"处加盖付款账户的预留印鉴。

3. 付款人账号应与相应贷款借据/凭证上的存款账号保持一致。

不可撤销担保书

_____银行：

根据_____（借款人）的申请，贵行同意向其提供外汇贷款（大写）_____美元（或其他外币），配套人民币贷款（大写）_____元。本保证人同意为该项贷款担保。特此开立本保证书，向贵行担保下列各项：

一、本保证书为无条件、不可撤销的保证书，担保贷款本金为_____元整（大写）。

二、本保证书保证归还借款人在_____字第_____号贷款合同项下不按期偿还的全部或部分到期贷款本息，并同意在接到贵行书面通知后十四日内代为偿还借款人所欠借款本息。我单位不能履行上述担保责任时，接受贵行委托我单位开户行从我单位账户中扣收全部贷款本息，如账户中存款不足，我单位将继续负责偿还借款人应偿付贷款本息及费用。

三、本保证书在贵行同意借款人延期还款时继续有效。

四、本保证书是一种连续担保和赔偿的保证，不受借款人接受上级单位任何指令和借款方与任何单位签订的任何协议、文件的影响，也不因借款人是否破产、无力清偿借款、丧失企业资格、更改组织章程以及关、停、并、转等各种变化而有任何改变。

五、本保证人是经上级主管部门批准成立、工商行政管理部门颁发营业执照的法人，并有足够偿还借款的财产做保证，保证履行本保证书规定的义务。

六、本保证书自签发之日起生效，至还清借款人所欠的全部借款本息和费用时自动失效。

保证人：（公章）　　　法定代表：（盖章）

保证人地址：

保证人开户银行及账号：

担保书

编号：_____

银行：_____

鉴于你行向_____（以下简称借款人）提供贷款（金额）_____（以下简称贷款）。

该借款合同（以下简称合同）编号为_____。贷款期限为_____，利率为_____，用于_____。本保证人已了解并同意合同所有条款，应借款人要求，现本保证人同意为上述贷款全额担保，特此开立以你行为受益人的无条件的、不可撤销的担保书，向你行保证如下：

一、本保证人保证借款人全面履行合同。如借款人未能按合同规定偿付各期到期（包括被宣布到期）应付款项，包括本金、利息、费用、罚息、违约金和赔偿金（以下简称到期应付款项），无论由何原因造成，对此全部和任何到期应付款项，本保证人保证按下述第二条规定承担连带偿付责任和/或连带赔偿责任。

二、如果借款人未能按合同规定如数偿付上述到期应付款项，你行即有权直接向本保证人索偿，而无须先行向借款人追偿或/和处分抵押品，本保证人保证在收到你行第一次书面索付通知后十五日内，即无条件按通知要求将上述借款人的全部到期应付款项以合同规定的币种主动支付给你行，应支付额计算至本保证人实际支付日。上述索付通知书即作为付款凭证，对本保证人具有法律约束力。

三、如果本保证人未能按前条规定期限履行上述担保责任，由此造成的延付利息和你行的其他经济损失由本保证人承担；同时，你行有权从本保证人存款账户中扣收上述全部到期应付款项和延付利息。本保证人保证不提出异议和抗辩。

四、本保证人同意，今后若需追加贷款金额，对不超过合同金额_____%的追加贷款部分，按本担保书规定承担担保义务。

五、在合同项下全部应付款项清偿完毕之前，本保证人不能行使由于履行本保证项下义务而获得的任何代位权和索偿权。如果借款人向本保证人提供抵押品，非经你行书面同意，本保证人也不应行使抵押项下的权利；如果经你行同意处理抵押品，其所得全部款项保证首先用于向你行偿付上述到期应付款项。

六、本保证人在此同意，发生下列任何一种或数种情况时，本担保书第一条、第二条、第三条、第四条规定的连带偿付责任和/或连带赔偿责任丝毫不受影响，本担保书继续有效。

1. 本担保项下所有当事人变更各自的名称、地址、合资合作合同、企业章程、法定代表人、经营范围、企业性质，或借款人合并、分立、停业、撤销、解散、破产等。

2. 你行延缓行使合同规定的权利和/或本担保项下的权利，或对贷款项下的还款给予任何宽限，或与借款人之间达成其他任何形式的和解或变通执行方式，无论是否通知本保证人。

3. 借款人执行其上级主管部门下达的任何行政指令和规定，或借款人与任何单位签署任何合同、协议、契约及其他文件；本保证人执行上级主管部门下达的任何行政指令和规定。

七、如果全部或部分到期应付款项由借款人清偿以后，发生借款人破产被清盘，而根据法律规定该全部或部分清偿无效，届时，本担保书对该全部或部分到期应付款项继续承担本担保书规定的担保义务。

八、本保证人在此同意及确认，如你行与借款人修改、补充、删除合同条款，丝毫不影响上述第一条、第二条、第三条、第四条规定的担保责任和义务，但是变更贷款用途条款者除外。除贷款用途条款变更以外，合同中其他条款的变更无须征得本保证人同意。合同中与担保金额和期限有关的条款变更以后，本担保书的担保期限即自动顺延，上述担保义务不变，除非本保证人主动偿付全部到期应付款项；担保金额则按本担保书规定的范围及上述期限变更后的贷款利率执行，除非本保证人另有书面承诺。

九、本保证人将按你行要求定期提供有关的财务报表，并将上述第六条第1款中本保证人的变更情况及时通知你行。

十、你行可自主转让本担保项下的全部或部分权利，本担保书的受益人包括你行、你行的继承人和受让人。

十一、本保证人的继承人、代理人或受让人将受本担保书所有条款的约束，承担本担保项下的全部担保责任。但非经你行书面同意，本保证人不会转让任何担保义务。

十二、本担保书是连续性的担保，自开立之日起生效，直至合同项下全部到期应付款项偿清后自动失效。

十三、在执行本担保书过程中如有争议，应通过友好协商解决。经协商不能解决的，应向本担保项下受益人所在地法院提起诉讼。

十四、本担保书正本一式四份，你行执两份，本保证人和借款人各执一份。

保证人名称：（法人公章）

签发人：（签字）

职务：

开立日期：　　　年　　月　　日

保证人法定代表人：

保证人法定地址：

保证人开户银行：

结算户账户：

立金银行培训中心名言

1. 银行客户经理应该看四大名著。读《三国演义》,你可以悟出人应该成就一番事业,人生要轰轰烈烈,没有雄心壮志,成不了优秀客户经理;读《水浒传》,你可以悟出如何与朋友相处,与客户成为兄弟,与客户真正做到情感相融;读《红楼梦》,你可以悟出如何关心你爱的人;读《西游记》,你可以悟出执著,无论这世界如何花红柳绿,如何充满诱惑,你都不要乱了分寸,银行客户经理经常接触形形色色的客户,要有足够的定力。悟透这四本书的含义,你才有可能赢得整个天下。

2. 产品维系与客户关系。银行现有公司系列产品较多,在营销过程中,结合企业行业特征、企业实际需求,以按需而做、量身定做为原则设计营销方案,尽可能以产品为主。营销尽量做到方便快捷、低成本。

3. 银企共赢。银行为利润和存款而授信,企业为商业利益而融资。客户经理设计授信方案时要兼顾银企双方利益,银行与企业合作要维持双赢,平衡木的单方面倾斜是不长久的,只有保持共赢,客户才会对银行更加忠诚和依赖,而银行也才会源源不断地向客户提供支持。

4. 产品就是银企合作支点,没有支点,根本无法撬动客户;感情就是推力,感情可以把支点不断向前推,扩大合作的效果。有了较好的感情,加上产品的深度合作,可以最大限度地挖掘客户的价值,达到四两拨千斤的目的。

5. 银行客户经理用心与客户相处,就像追求你爱的人。不是你富有、你英俊、你才华横溢,你爱的人就会嫁给你,你爱的人只会嫁给对她最用心的人。

6. 送礼物绝对不在于贵贱,你要精心挑选,让客户觉得你很用心、很细心、很在意。

7. "以利相交,利尽则散;以势相交,势去则倾;以权相交,权失则弃。唯有以心相交,方能成其久远。"银行客户经理需要用心与我们的客户相处。

8. 庖丁解牛,步步为营:

第一阶段，初识银行产品。客户通过银行客户经理的介绍，对银行产品有了一点认识，产生了一点兴趣，为被动接受信息。

第二阶段，主动询问。客户主动联系客户经理，希望进一步了解产品详细信息。

第三阶段，初始合作。客户开始少量尝试银行业务，如办理小金额贷款或贴现。

第四阶段，主动学习。客户若感觉银行产品效果较好，会投入更多时间关注、了解产品，且尝试更多产品。

第五阶段，答疑解惑。客户使用一段时间后，会遇到这样或那样的问题，希望客户经理进一步改进授信方案。

第六阶段，忠实客户。客户熟悉银行产品后，会主动介绍其他客户进行产品消费。

9. 以专业服务培育客户。你必须非常了解你的客户，客户需要什么、客户有什么、你能给客户带来哪些价值，必须非常清楚。此外，还必须非常了解客户到底是做什么的，客户拿信贷资金到底做什么、靠什么还款。

10. 只有在你这家银行做结算流水的客户，才是你的忠诚客户；简单给点存款、发放点贷款的客户，不是你的忠诚客户。